Police Administration

경찰행정학

김형중 · 김순석 · 정의롬

박영사

제2판 머리말

"우리가 발걸음을 내딛는 매 순간마다 길은 달라지고 우리는 늘 새로운 길을 배워 간다. 이 세상에 영원히 변치 않는 것이란 많지 않다. 인생에 있어 연습이란 없다."고 한 어느 인디언 추장의 말처럼 학문에도 또한 연습이란 없고, 왕도(王道)는 없는 것이다. 천천히 그리고 꾸준히 열심히 하는 자만이 커다란 열매를 따 먹을 수 있는 것이다.

현재 우리나라에서 「행정」이라는 동일한 현상을 연구대상으로 하는 학문은 「행정법」과 「행정학」을 들 수 있으며, 여기서 분파된 학문이 「경찰행정법」과 「경찰행정학」이라고 볼 수 있다. 그러나 「경찰행정법」과 「경찰행정학」은 성립과정과 그 내용에 있어서 현격한 차이가 있다. 「경찰행정법」은 「국민의 권익」을 보호하는 데 치중하는 편이고, 반면 「경찰행정학」은 「막대한 자원이 투입되는 경찰행정의 합리화」에 치중한다고 할 수 있다. 그렇다면 경찰행정학적 행정개념은 어떻게 정의되고 있는가?

경찰행정학적 행정개념은 '사회의 범죄와 다양한 비범죄적 위난으로부터 국민의 생명과 신체 그리고 재산을 보호하는 권력적 규제활동과 비권력적 활동, 그리고 다양한 사회봉사활동을 성공적으로 수행하기 위한 구성원들의 협동행위이다. 따라서 경찰행정조직은 다양한 유인제도나 보상체계 그리고 조직관리 체계를 형성하고 유지하는 것'이라고 볼 수 있다.

이런 측면에서 보면 경찰행정학은 실제와 차이가 함께 공유하는 실제적 학문이라고 볼 수 있다. 예컨대, 치안 및 범죄문제, 공해문제, 수질오염문제, 환경문제 등은 모두 경찰행정이 직·간접적으로 담당해야 할 몫이다.

최근 행정을 둘러싼 환경이 급속히 변화하고 있다. 세계화, 지방화, 정보화가 급속히 진행되면서 국가경쟁력 강화, 규제완화와 민영화, 고객 지향적이고 성과 지향적인 행정추구 등의 행정개혁을 위한 노력이 계속되고 있다. 이러한 추세에 맞추어 경찰행정도 새로운 모습으로 탈바꿈하려는 자세가 요구되는 시점이기도 하다.

행정학을 출간한 지 어언간 5년이 지났고, 그동안 경찰인사행정 영역에서 많은 법제 변화가 있었다. 이에 따라 경찰공무원 채용 등에 관련된 조항들을 전면 수정하였고, 내용상 미비한 부분도 아울러 손질을 하여 보다 체계화되고 가독성 있는 책으로 만들려고 노력하였다.

책을 만들고 나면 아쉬움이 항상 남기 마련이다. 아직도 미진한 점과 오류가 많이 있을 것이라고 생각되며 이 점에 대해서는 지속적인 수정과 보완을 약속드리면서 … 끝으로 이 책이 나오기까지 물심양면으로 지원을 아끼지 않은 안상준 대표님, 박세기 부장님 그리고 특히 윤혜경 님께도 이 자리를 빌려 감사의 말씀을 드리면서 …

2021년 2월
해송정에서
저자 김형중

차　　례

제 1 장 경찰행정학 서론

제 3 장 경찰인사행정

제 5 장 경찰장비관리와 보안관리

제 6 장 경 찰 홍 보

제 7 장 경찰책임과 통제

제 1 장

경찰행정학 서론

제 1 장 경찰행정학 서론

제 1 절 행정의 개념

Ⅰ. 의 의

행정(Administration)의 어원인 Administer의 개념에는 집행과 봉사의 의미가 담겨 있다. 행정이란 「정부가 하는 일」로서 보통 「국민들의 사회적 욕망을 충족시키기 위한 정부의 노력이나 활동」으로 정의되나 행정의 개념은 유동성 및 다양성을 띠고 있어 단일의 개념을 도출하거나 한마디로 정확하게 규명하기에 어려움이 있다. 역사적으로 행정개념은 서구근대국가의 등장과 더불어 주장된 로크(Locke)의 입법·집행의 2권 분립과 몽테스키외(Montesquieu)의 입법·사법·행정의 3권 분립의 권력분립이론을 배경으로 입법·사법과 대립되는 개념으로서 성립·발전되어 왔다. 그리고 행정개념은 크게 규범적 측면(행정은 법의 집행이어야 한다)을 중시하는 행정법학적 접근과 현실적·사실적·경험적 측면을 중시하는 행정학적 접근방법으로 구별할 수 있다[1)]

---

1) 김형중, 경찰행정학, 태평서, 2014, p.7.

Ⅱ. 행정의 개념

1. 행정법학적 행정개념

실질적 개념설(공익이냐 사익이냐 하는 성질·작용 중심)과 형식적 개념설(국가냐 기업이냐 하는 기관·주체 중심)로 대별되며, 오늘날은 실질적 개념설이 지배적이다. 실질적 개념설은 구별긍정설과 부정설 그리고 행정과정설로 구분된다.

2. 행정학적 행정개념

미국 행정학자들은 행정의 범위 또는 소재(Locus)를 정치(정책결정기능)와 경영의 연관성에 기초하여 다음과 같이 제시하고 있으나, 행정의 다양성·복잡성과 문화적·환경적 제약성 때문에 단일의 행정개념을 도출하기는 어렵다고 보아야 한다.[2)]

1) 행정관리설(1880년대~1930년대)

엽관주의의 폐단을 극복하기 위한 행정학 성립기의 개념으로 가장 고전적인 행정의 관점이다. 이 견해는 행정을 「수립된 법이나 정책을 구체적으로 관리·집행하는 관리기술체계」라고 정의하고 있다. 따라서 정치와 행정의 분리, 행정을 인력과 물자의 「관리(Management)」로 보고 경영과 동일시한다(정치행정이원론, 공사행정일원론). 한편, 과학적 관리와 원리접근을 중시하며 행정의 능률성(Efficiency)을 강조한다.

2) 통치기능설(1930년대~1940년대)

이 견해는 1930년대 경제대공황을 계기로 나타난 행정국가하의 개념으로 행정은 '사회문제(시장실패)를 적극 처방하기 위한 가치판단기능'이라고 보는 입장이다(기능적 행정학). 따라서 행정을 「정책의 구체화 + 정책결정과 형성 및 준입법적 기능」으로 본다(정치행정일원론, 공사행정이원론). 정치와 행정의 연계, 사

2) 김형중, 상게서, 2014, pp.8－11.

회적 능률 및 행정의 가치지향성·기술성(처방성)을 중시한다.

3) 행정행태설(1940년대~1960년대 초)

사이먼(Simon)의 행태과학적 견해로써 '행정은 가치가 배제된 사실중심의 합리적인 의사결정과정'이라는 입장으로 구성원들의 협동적 집단행동을 강조한다. 행정행태설은 외면적으로 표출된 행태에 대한 과학적 연구에 초점을 두고 있다. 따라서 자연과학적인 논리실증주의에 의하여 가치와 사실을 분리하고, 행정연구의 과학화 및 사회심리학적 접근, 종합적 능률을 중시한다(정치행정새이원론, 공사행정새일원론).

4) 발전기능설(1960년대)

1960년대 발전행정론을 토대로 한 개발도상국에서 강조되는 입장으로 '국가발전을 위한 행정의 적극적인 사회변동기능(계획적 변동)'을 강조하는 견해이다. 따라서 행정을 '국가발전목표를 설정하고, 정책결정 및 기획에 준거하여 이를 집행하는 과정'으로 본다.

5) 정책화기능설(1970년대)

행정의 핵심을 '공공정책의 형성 및 집행과정'으로 본다. 후기행태주의나 정책과학 등의 정책 및 가치지향적인 신행정론의 입장이다. 정책결정과정에서의 갈등상태 해결에 역점을 둔다는 점에서 통치기능설과 차이가 있다.

6) 국정관리(Governance)설 — 신공공관리(1980년대)

1980~1990년대 신자유주의와 신공공관리론의 견해(정치행정이원론의 성격이 강함)로써, 행정국가에 의한 정부실패를 치유하기 위하여 정부기능의 축소를 주장하는 입장이다. 이는 행정의 경영화·시장화를 중시하며, 행정을 '국가에 의한 일반적인 통치나 지배가 아니라 국가와 국민을 동반자관계로 보는 시장원리에 입각한 거버넌스, 즉 국정경영(Governance)'으로 본다(Peters).

7) 신국정관리(New Governance)설(1990년대~)

1990년대 들어서면서 '다양한 주체 간의 신뢰와 협조를 근간으로 하는 서비스연계망(공동체)에 의한 행정'을 중시하는 뉴거버넌스(New Governance), 즉 '신국정관리모형'이 등장하였다(Rhodes). 가장 최근의 행정개념은 한마디로 '거버넌스'로서 이는 정부에 의한 독점적 서비스가 아니라 '정부·준정부·비정부·비영리·자원봉사조직 등 다양한 조직에 의한 협력적 공공활동'으로 정의되고 있다. 따라서 일방적 통치가 아니라 경영의 뉘앙스가 강한 측면이 있다(Frederickson).

Ⅲ. 행정의 특징

1. 행정의 일반적 특징

행정은 일반적으로 ① 공공성과 공익성, ② 가치판단기능(정책성)을 내포한 가치성과 규범성, ③ 정치적 영향의 불가피성(권력성·정치성, 정치권력을 배경), ④ 안정성과 계속성, ⑤ 목표달성을 위한 협동행위로 협동성과 집단성, ⑥ 목표달성에 대한 합리적 수단으로서의 적합성(합리성·기술성), ⑦ 민간조직과의 관계에서 볼 때 보편성(목표달성을 위한 협동행위)과 아울러 특수성(정부관료제의 행위)을 지니고 있는 것을 특징으로 한다.

2. 공공재로서의 행정의 특징

1) 재화의 유형

공공서비스는 소비의 경합성과 배제성이라는 두 가지 기준[3]에 기초하여 소비가 경쟁적이냐 또는 비경쟁적이냐, 소비에 있어 배제가 가능한가 또는 불가능한가에 따라 다음과 같은 네 가지의 형태로 구분할 수 있다.

---

3) 경합성이란 특정인의 소비가 다른 사람의 소비를 감소시키거나 당해 재화의 효용·가치를 감소시키는 현상이며, 배제성이란 비용부담을 하지 않을 경우 재화를 이용할 수 없는 현상을 말한다.

〈표 1〉 재화의 유형

	비경합경(비분할성)	경합성(분할성)
비배제성	공공재(집합재)	공유재
배제성	요금재	민간재

(1) **민간재**(Private Goods)

개별적 소비(경합성)와 배제가 가능하기 때문에(배제성), 시장메커니즘에 의하여 수요·공급의 법칙에 따라 자동적으로 조절·공급될 수 있는 사적재(공공재에 대비되는 재화, 즉 민간재)를 말한다(빵·구두 등 일반 시장 상품).

(2) **요금재**(Toll Goods)

공동으로 소비하지만(비경합성) 요금을 지불하지 않으면 배제가 가능하기 때문에(배제성), 공기업이나 시장에서 공급될 수 있는 재화를 말한다(유선텔레비전·교통·통신·전기·가스·상하수 등).

(3) **공유재 또는 공동재**(Common－Pool Resources)

소비는 경쟁적이지만(경합성), 배제가 불가능한 재화(비배제성)이다. 구성원 모두가 공유하는 자연자원(동식물·강·호수 등의 자연자원, 물, 공기, 흙, 바닷속의 고기, 개울가의 수석)으로 소비가 경쟁적이어서 '고갈 상태(공유재의 비극)'를 초래할 수 있다. 시장에 맡기기 곤란하며 정부의 규제나 구성원 간 합의가 필요하다.

(4) **공공재**(Public Goods)

배제성과 경합성을 띠지 않는 전형적인 공공서비스(국방·치안·외교 등)로서 시장에서는 공급될 수 없는 재화를 말하며, 가치재[4]와는 구별되는 개념이다.

---

4) 가치재(Worthy Goods)란 의료, 교육, 주택, 교통 등 최소한 일정 수준 이상 소비하는 것이 바람직한 재화나 서비스를 의미한다. 국가가 기본적인 수준에 대해서는 시혜를 베풀어야 하므로 온정적 간섭주의의 성격을 띠고 있다. 따라서 구성원의 자유로운 선택에 맡겨야 한다는 시장의 소비자주권주의와는 상충되는 측면이 있다. 또한 가치재는 공공재와 동일하지는 않으며 가치재는 국가가 일부(최소수준) 공급하고 민간도 일부 공급한다.

2) 공공재(집합재)로서의 행정의 특징(R.A.Musgrave)

공공재(Public Goods)의 특성을 민간재(사적재, Private Goods)와 비교하면 다음과 같다.

(1) **등량소비성**: 많은 사람이 동일한 재화를 동시에 소비하여 동일한 이익을 얻을 수 있다.

(2) **비배제성**: 불특정다수인에게 공급되므로 특정인이 이를 이용하는데 배제당하지 않는다.

(3) **무임승차성**(Free Ride): 비용부담을 하지 않은 국민도 행정서비스 이용에 불이익을 받지 않는다(비용과 수익의 절연으로 수익자부담의 원칙이 적용되지 않기 때문임).

(4) **비분할성**(공동소비성): 공공재는 특정인에게만 분할하여 배타적으로 공급될 수 없는 집합재를 말한다.

(5) **비시장성**: 시장에서 공급되기 힘들고, 이윤을 추구하지도 않으며, 성과나 가치를 화폐로 표현하기 곤란하다(서비스의 가격이 없음).

(6) **파생적 외부효과**: 의도하지 않은 잠재적 효과(제3의 효과)나 부작용으로서 주로 정치적 개입에 의한 졸속행정이 그 원인이 된다(예컨대 주택공급 촉진을 위한 신도시건설정책이 부동산투기를 유발하는 현상). 그러나 파생적 외부효과는 시장에서 나타나는 시장실패의 원인인 '외부효과' 개념[5]과는 다르다.

(7) **무형성**: 활동의 성과가 가시적이지 않고 계량화하기 곤란하다.

(8) **비경쟁성**(독점성): 정부단독으로 공공재를 공급하는 독점체제이다.

(9) **비경합성**: 타인의 소비로 자신의 소비가 영향을 받지 않는다.

---

5) 외부효과(외부성)란 한 경제주체의 행동이 비의도적으로 대가 교환 없이 다른 주체에게 이득(외부경제) 또는 손해(외부불경제)를 주는 현상으로 시장실패의 원인이다.
(1) 외부경제(긍정적 외부효과): 특정 활동에 의하여 제3자가 이득을 보는 데도 아무 대가를 받지 못하는 것(교육, 자선사업 등 이런 재화는 과소공급되므로 정부가 보조금 지급 등으로 지원)
(2) 외부불경제(부정적 외부효과): 제3자에게 손해를 끼치는 데도 아무런 비용을 지불하지 않는 것(환경오염유발 기업 등). 모든 공공재는 기본적으로 외부성(외부경제)을 지닌다. 따라서 공공재는 시장에서 공급될 수 없고, 공공재의 존재(필요)는 시장실패의 원인이 된다고 볼 수 있다.

(10) **비축적성**(비저장성): 생산과 소비가 동시에 이루어지므로 서비스를 저장·축적할 수 없다(국방 등).

(11) **기타**: 다양성, 공익성, 평등성, 책임성, 규범성, 권력성, 안정성 등을 들 수 있다.

Ⅳ. 정치와 행정

1. 의 의

정치는 원래 입법부를 무대로 한 가치지향적인 목표설정 및 정책결정활동 즉, 목적·이상·가치·당위·투입기능 또는 국민의사가 종합화되고 형성되는 과정이고, 행정은 행정부가 담당하는 사실관계적인 집행적 활동, 즉 수단·사실·존재의 법칙·산출기능 또는 국민의 의사가 구체적으로 집행되는 과정이라고 할 수 있다.

정치와 행정은 대체로 연속과정이며 통합과정으로, 정치·행정관계의 변천사는 곧 근대행정학의 발달 역사라고 볼 수 있다.

2. 정치행정이원론

1) 정치행정이원론의 성립배경

정치행정이원론은 다음과 같은 요인 등을 배경으로 하여 성립되었다.

(1) 실질주의 확립이 필요성과 과학적 관리론의 영향

19세기 말 미국사회는 엽관주의의 만연으로 대부분의 공무원들은 기회주의·무사안일주의에 빠져 행정의 무능함과 비능률이 극에 달하고 있었다. 이러한 상황을 바로잡고 부패된 정치로부터 행정을 분리·독립시켜 실적주의를 확립할 필요성이 대두되었다. 또한 당시 미국의 경영학자 테일러(F. W. Taylor)에 의하여 개발된 과학적 관리론(사기업의 경영합리화 운동)에서도 정치와 행정은 분리되어야 한다고 주장하여, 행정을 중립적인 비권력적·관리적 현상으로 이해하는 데 기여하였다.

(2) 행정의 독자성 확보를 위한 노력과 행정개혁운동

정치행정이원론은 정치로부터 행정을 분리하여 독자적인 행정학을 정립하고자 하는 윌슨(W. Wilson) 등의 노력도 한 요인이 되었다. 한편, 엽관주의 폐해로 인하여 공무원의 사기는 저하되고 부정부패가 성행되었다. 이와 같은 이유로 행정의 질과 서비스의 수준을 향상시키고 무능력과 부정을 없애기 위한 행정개혁운동이 시작되었다.

따라서 행정기능의 양적 확대와 질적 전문화에 대응하기 위한 행정개혁운동[6]의 전개도 정치행정이원론의 성립배경에 기여한 바가 크다(행정기능의 양적 확대와 질적 전문화).

2) 정치행정이원론의 내용

행정을 정치적 성격(정책결정 등 가치판단)이 없는 순수한 관리·기술현상(인력과 물자를 관리하는 내부적인 관리행위)으로 파악하고, 행정은 정치인들이 아닌 전문행정가가 수행해야 한다고 보는 견해이다.

행정학의 창시자인 윌슨(W. Wilson)은 1887년 「행정의 연구」라는 논문에서 「행정의 분야는 사무의 분야이며 행정은 정치의 고유영역 밖에 존재하고 행정문제는 정치문제가 아니다」라고 주장하였다. 화이트(L. D White)는 행정이란 권력현상이 아니라 관리현상이라는 전제하에 행정에 관한 연구는 관리적 측면에서 이루어져야 한다는 점을 「행정학 입문」에서 강조하였다. 그 외 Gulick(POSDCORB와 행정에서의 절약과 능률을 강조), Goodnow(정치와 행정, 1900), Willoughby(행정의 원리) 등을 들 수 있다.

---

6) 1881년 전국공무원제도개혁연맹(Curtis가 주도한 민간단체), 1906년 뉴욕시정연구회(능률과 절약 및 시정의 과학적 연구), 1910년 절약과 능률에 관한 대통령위원회(Taft 대통령이 설치한 행정개혁위원회) 등.

3) 정치행정이원론이 행정에 미친 영향과 한계

(1) 공헌

① 정치행정이원론은 독자적인 사회과학으로서의 행정학을 구축하는 데 기여하였다. 즉, 행정을 정치의 영역으로부터 분리·독립시켜 행정현상을 별도의 주제로 하는 연구영역을 처음으로 확보하였고, 정체성(주체성)을 갖는 학문으로서의 행정학이 구축되는 계기를 마련하였다.

② 정치행정이원론은 엽관주의를 타파하고 실적주의의 확보를 위한 이론적 정당성을 제공하였다.

③ 정치행정이원론은 행정관리의 합리화·능률화에 기여하였는데, 이는 정부행정의 관리와 기업경영을 동일시하는 공사행정일원론과 과학적 관리론의 영향 때문이었다.

(2) 한계

① 정치행정이원론은 행정의 정치적 성격 내지 가치판단적인 기능을 무시하고 관리상의 능률성 확보에 치중한다는 점이다. 즉, 정치행정이원론은 사회문제 해결을 위해 자유재량이나 정책결정을 행하는 범위가 확대되고 있는 현대 행정국가하에서 행정과 정치(가치판단 기능)를 완전히 분리한다는 것은 불가능하다는 비판을 받고 있다.[7)]

② 정치행정이원론은 공행정과 사행정의 차이를 무시하고 양자를 동일시하므로, 공행정 또는 정부행정의 특수성을 설명하기 어렵다는 지적을 받고 있기도 하다.

3. 정치행정일원론

1) 정치행정일원론의 성립배경

정치행정일원론은 다음과 같은 요인 등을 배경으로 하여 성립되었다.

(1) 1930년 경제대공황 시 뉴딜(New Deal) 정책에 따른 행정기능 확대·강

---

7) 오석홍, 행정학, 박영사, 2013, p.10.

화(정치와의 불가분성), (2) 행정의 전문화·기술화 및 위임입법의 증가(행정의 재량권 확대, 준입법권·준사법권의 증대), (3) 입법국가 및 경찰국가의 변모와 대의제 원리의 이상과 현실 간의 모순 격화로 인하여 그동안 작은 정부 및 민주주의의 논리적 기초로 작용해 왔던 '국가와 사회의 이원적 대립관계'[8]가 극복되어 '국가와 사회의 동일화'의 인식이 확대, (4) 기계적 능률관에 대한 비판과 동시에 사회적 능률관이 중시되기 시작하였다. 그 결과 죄수의 딜레마나 공유지의 비극[9]이 시사해 주는 바와 같이, 개인적 효용의 총합이 사회의 전체효용과 같지 않음으로 인하여 초래된 '시장의 실패(Market Failure)'를 치유하기 위한 정부의 적극적 개입 필요성이 등장하게 되었다.

2) 정치행정일원론의 내용

행정현상을 포괄적으로 보고 행정의 정치적 성격(행정은 정책결정 등 가치판단 기능을 적극 수행하거나 정치적 통제의 대상이 됨)을 인정한다.

디목(M. E. Dimock)은 "통치는 정치와 행정, 즉 정책결정과 정책집행으로 이루어지며 이 과정은 배타적이라기보다는 연속선상에 있는 것이라고 보고, 기

---

8) 국가와 사회의 이원적 대립관계와 동일화의 인식 확대
19세기 근대입법국가하에서는 정부가 많은 일을 수행할수록 국민의 자유와 권리는 침해받는다는 이른바 '국가(정부)와 사회(민간)의 이원적 대립관계'에 기초를 두고 대의제 원리에 의하여 의회가 정부를 견제하고 유권자의 이익을 대변해 주는 것이 최선이라고 믿었으나, 20세기 행정국가(복지국가)가 대두되면서 경제적·사회적으로는 시장실패, 정치적으로는 의회민주주의의 한계를 경험하게 되면서 이제 정부의 기능이 커질수록 국민의 복지도 증대한다는 '국가(정부)와 사회(민간)의 동일화'의 인식이 확대되었다.

9) 죄수의 딜레마(Rappaport) 이론은 원래 게임이론의 일종으로 수학자 폰노이만(V.Neumann)이 제창하여 심리학자 Rappaport가 발전시킨 개념으로 두 사람의 공범자들이 조사과정에서 자신이 자백하고 상대가 자백하지 않는 경우에 최소형을 받게 되지만, 반대로 자신이 자백하지 않고 상대가 자백을 하게 되면 자신은 최고형을 받게 되므로 결국 두 사람 모두 자백하게 되어 두 사람 전체적으로는 중형을 받게 된다는 것이다. 공유지의 비극(Hardin)은 농민들이 목초지에 양들을 경쟁적으로 방목할 경우 개인 농가소득은 늘어나지만 목초지는 황폐하게 된다는 이론(경제적·개인적 합리성이 반드시 정치적·집단적 합리성을 보장해 주지는 못한다는 모형)이다. 이들 모형은 '구명보트의 윤리배반모형(정원초과 시 보트가 가라앉는 현상)'과 함께 개인의 합(사적극대화)이 전체의 합(공적극대화)과 같지 않다는 '시장실패'를 설명하는 모형으로, 이의 치료를 위해서는 정부의 적절한 개입(공권력)이 필요하다는 논리를 제공한다.

계적 능률 대신 사회적·인간적 능률"을 주장하였다. 한편 애플비(P. H. Appleby)는 「정책과 행정(1949)」에서 정치와 행정의 현실을 양자의 혼합으로 보며 정책결정은 행정과정에서도 이루어진다고 하였다. 이외에도 정치에 대한 행정의 절대적 우위를 주장하는 러너(M. Lerner)의 정부책임론, 번햄(J. Burnham)의 관리자혁명론 등도 크게 보면 이 범주에 해당한다.

4. 새이원론과 새일원론

1) 새이원론(행정행태론)

1940년 중반 이후 사이먼(H. A. Simon)을 중심으로 한 행태론의 입장이다. 논리적 실증주의(Logical Positivism)에 입각하여 가치와 사실을 구분하여 행정의 연구대상으로 가치판단을 요하는 것은 배제하고, 경험적 검증가능성이 있는 사실명제만을 그 대상으로 한다.[10]

정치·행정이원론과 다른 점은 종전의 원리접근법(형식적 과학)을 배격하고, 행정이론의 엄격한 과학화를 위해 논리실증주의를 적용함으로써 경험적 과학성을 추구한다는 것이다.[11]

2) 새일원론(발전행정론과 신행정론)

1960년대 발전행정론의 경우 신생국이 조속한 발전을 이룩하기 위해서는 정치보다는 오히려 행정이 직접 발전목표를 설정·집행하고 사회변동을 적극 유도하여야 하며, 이를 위해 정부는 다양한 정책을 수립하는 등 고도의 자율성을 가지고 선도적인 역할을 담당해야 한다는 것이다(행정우위론적 일원론).

1970년대 신행정론의 경우도 '소용돌이의 장'[12]과 같은 불확실성의 환경하

---

10) 사이먼(Simon)은 행정을 '합리적인 의사결정과정'으로 이해하였지만, 그것은 가치결정이라기보다는 '제한된 합리성'에 기초한 '사실결정'에 국한된 것이었다.

11) 김형중, 전게서, 2014, p.17.

12) '소용돌이의 장'이란 매우 복잡하고 급격한 변화가 자주 일어나는 변화를 말한다. '소용돌이의 장'은 그것이 매우 복잡한 데다 그 구성원들이 서로 얽히고설키며 변화무쌍하게 격동하기 때문에, 이를 '격동의 장'이라고 부르기도 한다.

에서, 행정의 적실성을 추구하기 위해서는 가치절연적인 행태론을 탈피하고 사회문제 및 가치를 적극 다루어야 한다고 주장하였다(가치주의).

3) 새이원론과 새일원론의 재등장(신공공관리론, 거버넌스)

공공부문의 민간화와 행정의 시장화(경영화)를 중시하면서 공공행정에 경영기법의 도입을 강조하는 최근의 신공공관리론(1980년대 이후)은 대체로 정치행정이원론, 공·사행정일원론의 입장에 속한다(신관리주의). 그러나 1990년대 이후 강조된 거버넌스(뉴거버넌스)에서는 행정의 정치성(시민의 정치적 참여)이 다시 강조되고 있다.[13)]

5. 정치·행정관계의 방향

1960~70년대까지는 발전행정론, 신행정론 등에 입각하여, 행정이 고도의 정책결정기능(정치적 기능)을 수행해 왔었다. 그러나 최근 신공공관리론 등에서 강조하는 '기업형 정부' 등은 행정의 경영성을 강조하고 있고, 반면, 거버넌스에서는 행정의 정치성이 강조되고 있는 실정이다.

제 2 절 경찰행정학의 학문적 접근

Ⅰ. 경찰행정의 개념

경찰행정의 개념은 크게 경찰행정법학적 경찰개념과 경찰행정학적 경찰개념으로 나누어 볼 수 있다. 현재 우리나라에서 「행정」이라는 동일한 현상을 연구대상으로 하는 학문은 「행정법」과 「행정학」을 들 수 있다. 그러나 행정법과 행정학은 성립과정과 그 내용에 있어서 현격한 차이가 있다. 행정법은 독일의 절대군주제하의 관방학[14)]의 뒤를 이어 19세기 유렵의 민주화의 과도기적 과정

13) 김형중, 전게서, p.18.
14) 관방학이란 17~18세기 독일·오스트리아에서 발달한 행정지식·행정기술 등을 집대성한

에서 행정권을 규제·통제함으로써 민권을 옹호하는 한편, 한정된 범위에서 행정권의 특권성을 종래대로 옹호·보존하려는 두 가지 이념을 동시에 추구하려는 성격을 갖고 탄생하였다. 반면, 영미에서는 행정법의 필요보다는 행정의 능률을 위한 경험과학으로서의 행정학이 탄생하게 되었다. 왜냐하면 영미의 경우 이미 민주화의 길로 들어서는 상황이었기 때문에, 19세기까지만 해도 행정법에 대한 특별한 인식이 없었다. 이처럼 「행정법」과 「행정학」의 성립배경과 그 내용에 있어서 차이가 있다 하더라도, 두 학문은 크게 보면 「행정의 민주화」에 공헌하고 있다는 점에서는 차이가 없다. 즉, 「행정법」은 「국민의 권익」을 보호하는 데 치중하는 편이고, 「행정학」은 막대한 자원이 투입되는 「행정의 합리화」에 치중한다고 할 수 있다.

1. 경찰행정법학적 경찰행정의 개념

경찰행정법학적 경찰행정 개념은 1) 최광의 개념, 2) 광의의 개념, 3) 협의의 개념으로 정의되어지고 있으나, 이들 모두 인간적인 측면을 무시하고 있다는 데서 법학적 개념의 한계를 뛰어넘지 못하고 있다.

1) 최광의의 경찰행정

최광의의 경찰행정은 국민 그리고 기업의 경제 활동까지 규제하는 작용으로 보고 있기 때문에, 현실과는 괴리가 있다.

2) 광의의 경찰행정

광의의 경찰행정은 광의의 행정경찰 즉, 권력적 강제작용인 보안경찰과 협의의 행정경찰(예컨대, 위생경찰, 철도경찰 등)을 포함하고 있기 때문에, 이는 전형

학문체계로서 그 학파를 관방학파라고 한다. 당시 독일은 많은 영주(領主)들이 영방(領邦)으로 분열되어 있었는데, 관방학은 영주의 행정과 산업진흥에 필요한 지식의 집합체였다. 이 학파의 내용은 오늘날의 재정학·경제학·행정학·법학을 비롯하여 통계학, 인구론에까지 미치고 있었다. 후에 이 학파의 「국가주의적 사상」은 독일의 여러 사회과학 분야에 계승되었다.

적인 법학 개념이다. 따라서 이 개념은 경찰의 사회봉사적인 측면과 조직구성원의 협동행위 측면을 간과하고 있다.[15]

3) 협의의 경찰행정

협의의 경찰행정은 직접 사회공공의 안녕과 질서를 유지하기 위한 권력적 명령, 즉 경찰강제작용만을 의미하며 비권력적서비스 작용은 포함하지 않는다.

따라서 협의의 경찰행정 개념은 조직관리의 측면을 무시하고 있다는 문제점을 가지고 있다.[16]

2. 경찰행정학적 행정개념

경찰행정학은 행정학의 일 분야이다. 경찰행정에서는 조직과 인간 그리고 환경과 제도 모두 중요한 개념적 구성요소이다. 조직은 목적과 수단을 가지며 그것들은 인간들에 의해 결정되고 추구된다. 이 과정에서 구성원의 협동행위가 무엇보다 중요하나 현실적으로 자율적인 협동은 대단히 어렵다. 따라서 그들을 관리하기 위한 다양한 유인체계나 상벌체계를 법제화하고 있다.[17] 이런 측면에서 경찰행정학적 행정개념을 정의해 본다면 '경찰행정은 사회의 범죄와 다양한 비범죄적 위난으로부터 국민의 생명·신체·재산을 보호하는 권력적 규제활동과 비권력적 활동, 그리고 다양한 사회봉사활동을 성공적으로 수행하기 위한 구성원들의 협동행위이다. 따라서 경찰행정조직은 다양한 유인제도나 보상체계, 그리고 조직관리 체계를 형성하고 유지하는 것'이라고 볼 수 있다.

---

15) 김형중, 경찰학총론, 서울: 청목출판사, 2009, p.340.

16) 김형중, 상게서, p.340.

17) 조철옥, 경찰행정론, 대영문화사, 2003, pp.96-97

Ⅱ. 경찰행정학의 이론적 기초

1. 경찰행정학의 이해

1) 경찰학의 의의 및 기원

경찰행정학의 개념은 경찰활동 및 경찰학 개념의 발전과정과 밀접한 관련성이 있다. 따라서 미국식 경찰행정학 개념의 성립되기 이전의 대륙법계 경찰학 개념의 발전과정을 우선적으로 살펴볼 필요가 있다.

경찰학(police science 또는 police studies)은 무엇인가? 경찰학은 경찰현상을 다루는 학문으로서 경찰활동이나 경찰조직에 대한 지식의 총제라고 정의되어지고 있다. 여기서 학문적이라 하는 것에는 철학적, 사학적, 법학적, 행정학적, 기타 경험학적 분야를 망라한다.[18)]

경찰학이라는 용어는 1756년 독일의 관방학자인 유스티(J. H. Justi)가 그의 저서에서 처음 사용하고 있다. 그러나 그 당시의 경찰학이라고 하는 것은 내무행정 전체를 대상으로 한 것으로 국가목적을 수행하는 데 필요한 절대주의적 국가권력을 기초지우는 학문으로서 성립한 것이다.[19)] 따라서 오늘날에 말하는 학문성을 인정하기 어렵고, 그 후속적인 연구는 행정법의 영역으로 넘어갔다는 점에서 진정한 의미에서의 경찰학이라고는 볼 수 없다.

경찰학에 대한 외국의 연구현황을 보면 일본의 경우는 1901년경 궁국충길(宮國忠吉)이 경찰감옥전서 3호에서 경찰학을 총론과 각론으로 편제하여 출간함으로써 경찰학으로써 기본체제를 갖추었고, 미국은 형사사법학 또는 경찰행정학의 한 분야로 연구가 시작되었다. 영국은 19세기 초반부터 범죄학의 한 분야로 경찰에 관한 학문적 연구가 시작되었고, 독일의 경우는 독자적인 연구가 아니라 법학 또는 행정법의 일분야로 연구가 진전되었다.

---

18) 경찰대학, 경찰학개론, 서울: 광문당, 2006, p.50.
19) 배철효 외, 경찰학개론, 서울: 대영문화사, 2007, p.67.

2. 경찰행정학의 학문적 성격

1) 경험과학의 한 분과학문으로서의 경찰행정학

경험과학은 우리가 이 세계 속에서 경험하게 되는 사물과 사실에 관한 옳은 명제들, 즉 경험적 진리들의 체계라고 할 수 있다. 따라서 경찰행정학은 사회생활 속에서 경험하게 되는 치안과 관련된 현상들에 대한 경험적 명제들을 취급하는 학문이므로 경험과학으로 분류된다.[20]

2) 사회과학의 한 분과학문으로서의 경찰행정학

경험과학은 인문과학, 자연과학, 사회과학으로 나뉘어지며, 경찰행정학은 사회과학에 속한다. 사회과학은 사람들의 여러 사회적 행위들에 관한 진리탐구를 목표로 삼는 학문영역으로 사회학, 지리학, 정치학, 경제학, 심리학, 법학, 행정학, 경영학, 교육학, 가정학 등이 이에 해당된다.[21] 따라서 경찰행정학은 사회생활의 안전과 관련된 측면을 다루기 때문에, 사회과학의 한 분과학문이라고 볼 수 있다.

3) 실용학문 · 응용학문으로서의 경찰행정학

경찰행정학은 공공의 안녕 · 질서에 위해를 초래하는 범죄나 무질서와 관련된 문제를 해결하기 위한 지식체계라는 측면에서 실용학문이다. 또한 경찰행정학은 순수한 기초과학이 아니라, 기초적인 분과학문들이 이루어 놓은 이론과 지식을 응용하여 경찰행정과 관련된 문제해결에 필요한 이론이나 기법을 정립하는 학문이라는 측면에서 응용학문이다.[22] 그러나 한편으로는 현실적 문제를 해결하고 실현하기 위하여 경찰활동 그 자체를 진단하고 처방하는 문제해결 활동으로서의 성격을 띠고 있다.

---

20) 김상호 외, 경찰학개론, 서울: 법문사, 2006, p.23.
21) 김상호 외, 상게서, p.23.
22) 조철옥, 전게서, 2007, pp.42－43.

4) 경찰행정학의 과학성과 기술성

경찰행정학은 과학성과 기술성의 양면성을 가지고 있다.

경찰행정학은 경찰행정현상을 객관적·논리적으로 설명하고 예측하기 위한 이론을 연구하여 체계적인 이론체계를 구성하는 것을 추구하는 점에서 과학성을 중시하는 학문이라고 볼 수 있겠다. 한편, 경찰행정학 연구에는 객관적 분석(과학성)뿐만 아니라, 많은 가치문제나 인간관계의 복잡성 등이 개입될 수밖에 없다. 따라서 경찰행정학은 현실적 문제를 해결하고 실현하기 위하여 경찰활동 그 자체를 진단하고 처방하는 문제해결활동으로서의 성격을 가질 수밖에 없다. 이런 의미에서 경찰행정학은 문제해결지향성, 처방성, 실천성, 명령성 등을 내포하는 기술적 성격을 지니게 된다.[23]

따라서 경찰행정학연구의 발전과 경찰행정현상에 대한 문제점 등을 해결하기 위해서는 과학과 기술 중 어느 것도 경시할 수 없으며, 과학성과 기술성 두 가지 성격의 조화가 절실히 요구된다.

제 3 절 경찰관리

Ⅰ. 경찰관리의 의의

경찰관리란[24] 경찰목적을 달성하기 위하여 조직을 구성하고 있는 인력·장비·시설·예산 등을 확보하고 이를 유기적으로 연결하는 작업이다.[25] 이때 인력·예산·시설·장비 등의 구성요소들을 확보·조직하고 유기적으로 연결하는 작업은 구체적으로 두 가지 목표를 지향하고 있다. 첫째, 경찰전체의 활동을 효

23) 백완기, 행정학, 박영사, 1997, p.14.

24) 윌슨(O. W. Wilson)은 경찰관리에 대하여 다음과 같이 정의하였다. 경찰의 관리자는 (1) 시민을 위한 경찰조직을 훌륭하게 유지하고 성장시키는 것, (2) 경찰기능을 최대한으로 발휘하여 업무성과를 보다 내실 있게 거두어 가는 것, (3) 경찰관 개개인의 능력을 향상시키는 것 등의 요소들을 모두 결합시켜 적극적으로 운용·통제하여 나아가는 것이라고 하였다.

25) 이상안, 신경찰행정학, 서울: 대영문화사, 1995, pp.252－253.

율적이며 신속하게 운영하며, 둘째, 경찰관 각자에게 적절한 임무를 부여하고, 이러한 임무를 수행하기 위하여 적절한 환경을 조성하는 것이다.

경찰관리는 조직관리, 인사관리, 예산관리, 장비관리 등으로 나누어 볼 수 있다.

Ⅱ. 경찰관리자와 관리계층

1. 의 의

경찰관리자는 경찰조직의 인적·물적 자원을 활용하여 경찰업무를 조직적이고 체계적으로 관리하면서, 조직의 발전을 도모하는 자이다. 따라서 경찰관리자는 경찰조직의 목적달성을 위하여 사회로부터 이해와 협력을 이끌어 내는 한편, 조직구성원에 대해 리더십을 발휘하고, 조직구성원들이 좋은 환경과 조건에서 일할 수 있도록 지원해야 한다.

2. 관리층의 종류

1) 경찰 최고관리층

경찰의 최고관리층은 경찰관료제 조직의 최상위 계층에 위치하고 있는 자를 말하며, 경찰청장·차장·각국의 국장·지방경찰청의 청장 등을 포함한다고 할 수 있다. 그리고 경찰조직의 관청이며 중요한 집행기관인 경찰서장이 총경인 점을 감안한다면, 경찰의 고위관리자는 총경급(경찰서장) 이상을 지칭하는 것이라고 볼 수 있다.

2) 경찰 중간관리층

경찰 중간관리층은 중앙경찰조직의 과장·계장급 그리고 지방경찰청의 과장·계장급 및 일선경찰서의 과장·계장 등 주로 보조기관을 중간관리자로 부를 수 있다. 경찰 중간관리층은 전문적인 지식과 기술을 통하여 하위정책의 결정 및 집행을 담당하고 있다. 따라서 실제로 개인이나 사회의 위험방지를 위해 경찰권을 발동하는 경찰작용이나 사건·사고 처리는 최하위 업무층인 경사이하의 일선경찰관과 중간관리층에 의해 대부분 이루어지고 있다.[26]

3) 관리자의 역할

귤릭(Gulick)과 어윅(Urwick, 1934년)은 '조직이론 소고(행정학 논문집)'에서 관리자의 중요한 역할이 무엇인가에 대해서 기획·조직·인사·지휘·조정·보고·예산의 7대 기능을 제시하였다. 그리고 이들 기능을 나타내는 단어의 첫 글자를 따서 POSDCORB라는 약어를 만들었다.[27] 관리자의 7대 기능은 다음과 같다. ① 기획(Planning)은 수행하여야 할 업무를 기획하고, 정해진 목표나 정책의 합리적 운영을 위한 방법을 계획하는 것이다. ② 조직화(Organization)는 인적·물적 및 정보를 설정하고, 한정된 행정목적을 위하여 직무를 조정하는 것이다. ③ 인사(Staffing)조직은 인적자원(직원)을 채용·훈련하고, 행정업무를 효율적으로 수행하기 위하여 임용배치·관리하는 인사기능 전반을 가리킨다. ④ 지휘(Directing)는 목표달성을 위하여 명령과 지시 등 지침을 내리는 과정을 말한다. ⑤ 조정(Coordinating)은 행동통일을 이룩하도록 직무의 여러 부문을 서로 유기적으로 관련시켜 행정업무가 효율적으로 수행되도록 조정하는 것이다. ⑥ 보고(Reporting)는 집행자가 행정책임자에게 무엇이 어떻게 진행되고 있는가를 보고하는 과정이다. ⑦ 예산(Budgeting)은 예산을 편성하고 관리하며 통제하는 제반활동을 말한다. 특히 경찰조직은 기획예산처에 필요한 예산을 요구하며 예산을 배정받아야 하는 위치에 있으므로, 관리자의 예산 확보기능은 중요한 의미를 가진다.

귤릭(Gulick)이 제시한 POSDCORB는 조직관리가 최고관리층의 명령·지시에 의해 하향적으로 이루어지는 것을 전제로 하는 하향적 조직관리방법이다. 따라서 구성원의 동기부여나 환경과의 관련성 등은 전혀 고려하지 못하고 있다.

---

26) 조철옥, 전게서, p.225.
27) 이종수·윤영진의 공저, 새 행정학, 서울: 대영문화사, 2008, p.114.

3. 경찰고위자의 역할

경찰고위자는 다음과 같은 능력과 자질을 필요로 한다.[28]

1) 조직의 목표 및 정책의 결정(비전의 제시)

경찰조직의 관리자는 조직의 목적에 의거하여 조직의 중·장기 상위 비전을 계획하는 한편 그 범위 내에서 하위목표를 구체적으로 제시함으로써, 조직 구성원들이 미래전망을 가지고 조직활동에 매진할 수 있도록 유도하여야 한다.

2) 인적·물적 등 자원의 동원(환경에 대한 적응성 확보)

관리자는 경찰조직을 둘러싼 환경의 변화에 신축적으로 대응하기 위해 경찰조직의 최적화에 노력하고, 조직이 속해 있는 지역사회의 지지와 협력을 끌어모아 경찰목적달성에 기여하도록 하여야 한다.

3) 조정과 통합

관리자는 하위부서들 간의 갈등과 대립을 조정해야 할 뿐만 아니라, 기관 간의 상충되는 이익을 통합·조정하여 전체 조직의 목적에 기여할 수 있도록 지도력을 발휘해야 한다.

4) 조직구성원의 능력과 자질 향상 개발(직무의 지도·육성)

관리자는 조직구성원들이 가지고 있는 능력을 향상시키고 창조적으로 업무를 수행할 수 있도록 하여야 한다. 즉, 직원 개인이 스스로 가능성에 도전하고 성장하도록 해야 한다.

5) 구성원의 사기관리

관리자는 조직구성원 개개인이 자긍심과 조직에 대한 애정과 믿음을 가지

---

28) 경찰대학, 전게서, pp.192－193.

고 업무에 임할 수 있도록 노력해야 한다. 직원의 사기관리는 리더의 중요한 책무이며, 그것은 조직의 성과에 직접 연결된다. 따라서 근본적으로 '공정한 인사와 대우', '인격적 대우', '경찰관의 인권보장' 등의 여건을 조성해 줄 때 구성원들의 사기는 높아진다.

6) 직원의 사생활에 대한 윤리규범 확립

경찰관은 사적 생활에도 품위유지의무가 있다. 따라서 부하직원의 사생활이나 품위에 문제는 조직전체의 신뢰와 직결되므로, 평소에 조직구성원들과 신뢰와 교감을 나누는 관계를 형성·유지하여야 한다.

7) 건전한 판단력과 지적 유용성

고위관리자는 비일상화된 문제해결에 직면하는 경우가 많다. 이러한 문제에 대한 해결은 고위관리자의 건전하고 합리적인 판단에 의존할 수밖에 없다.

4. 중간관리자의 역할

중간관리자는 상·하의 중간에 위치한 관리자로서, 상하 간에 원활한 관계가 형성·유지되도록 '조정' 역할에 충실하여야 한다.

1) 결정의 집행·조언기능(상사의 보좌)

중간관리자는 기본적으로 상급관리자가 결정한 방침에 따라 각 부문의 실천계획을 수립·시행해야 한다. 중간관리자는 고위관리자에 대해 지나치게 수동적인 태도를 취하기보다는 자발성과 책임성을 가지고 상사의 보좌와 부하의 관리에 임하여야 한다.

2) 의사전달기능(Communication)

중간관리자는 상하 그리고 좌우에 걸쳐 의사소통이 원활하게 이루어지도록 하여야 한다. 경찰조직은 고위관리자와 하위업무층의 직원이 서로 대면하여 의

사전달을 하기가 대단히 어려운 조직구조의 특성을 가지고 있다. 따라서 중간관리자는 중간적 지위에서 서로의 요구를 조정함으로써 조직내 갈등을 감소시켜야 할 뿐만 아니라, 의사전달이 중간관리자에 의해 이루어지도록 노력하여야 한다.

3) 하급관리자의 역할

하급관리자는 중간관리층이 지시와 통제하에 구체적인 업무를 직접 집행·감독하는 계층이다. 따라서 하급관리자는 업무처리와 관리에 직접적인 책임을 진다.

Ⅲ. 경찰관리자의 요건

경찰관리자는 경찰관리자의 역할을 감당하기 위해서 다음과 같은 요건을 갖추어야 한다.

1. 조직 관련 요건

1) 넓은 시야

경찰관리자는 조직을 전체적으로 파악하는 능력을 갖추어야 한다. 따라서 조직의 복합요소가 증대할수록, 그리고 조직이 전문화될수록 관리자는 전체적인 관점에서 부분까지 파악할 수 있어야 한다. 또한 조직과 환경의 관계에 대해서도 종합적이며 균형 잡힌 시각을 견지하는 능력이 필요하다.

2) 대외교섭력

관리자는 대외적으로 조직을 대표하고 있다. 따라서 경찰목적을 달성하기 위하여 다른 기관이나 시민들의 협력을 얻어 내는 대외적 교섭능력을 갖추어야 한다.

2. 직무 관련 요건

1) 목표설정과 정책결정능력(기획능력)[29]

기획능력은 부분적인 정보들을 종합적이며 체계적인 관점에서 파악하여 창조적인 안을 구상해 내는 능력이다. 따라서 관리자는 조직이 중·장기 목적을 달성할 수 있도록 단기목표를 설정하고, 이를 추진할 정책결정능력을 갖추어야 한다.

2) 집행력

경찰기관은 집행조직이라고 할 수 있다. 따라서 관리자는 주어진 조건에서 어떤 방침과 정책을 결정한 후에는 이것을 일관성 있게 추진해 나가는 능력을 갖추어야 한다.

3) 업무지식

관리자는 자신의 업무에 대한 깊은 지식을 가지고 있어야 한다. 그러나 단순한 업무지식만으로는 부족하고, 경험에 바탕을 둔 현실성 있는 지식까지도 갖추어 두어야 한다.

4) 판단력

경찰활동은 현장성과 적응성이 높기 때문에, 관리자는 신속하고 정확하게 상황을 판단하여 결단을 내려야 사태를 조기에 수습할 수 있다. 따라서 관리자는 참모의 협조를 받아 정확한 정보나 자료에 기초하여 일차적으로 상황을 정확하게 파악한 후에 냉철한 판단을 내릴 수 있는 능력을 배양하고 있어야 한다.

3. 통합적 요건(리더십)

관리자는 조직 관련 요건과 직무 관련 요건을 두루 겸비하면서 지도력

---

29) 기획능력은 목표설정능력과 정책결정능력을 말하는 것이다.

(Leadership)을 발휘하여야 한다. 특히 경찰업무는 많은 직원들뿐만 아니라 기타 관련된 다른 부서의 사람들과 협력을 하면서 활동을 하는 경우가 많기 때문에, 경찰관리자의 통솔력과 지도력은 필수불가결한 관리 능력 중의 하나이다.

제 2 장

경찰조직관리

제 2 장 경찰조직관리

제 1 절 조직의 기초이론

Ⅰ. 조직의 개념

사전적 의미로서의 조직(組織)이란 공동의 목표를 달성하기 위해 분업과 통합의 활동체계를 갖춘 사회적 단위를 말한다. 이러한 사전적 의미 외에도 학자들은 조직의 개념에 대하여 다양한 의견을 제시하고 있다.

버나드(Barnard)[1]는 조직에 대하여 "공동의 목표를 달성하기 위해 노력을 바칠 의욕을 지닌 두 사람 이상의 인간들이 상호 의사 전달하는 집합체"라고 정의하고 있으며, 베버(Weber)[2]는 조직이란 "특정한 목적을 가지고 그 목적을 달성하기 위해 구성원 간에 상호작용하는 인간들의 협동 집단"이라고 정의하였다. 그리고 셀즈닉(Selznick)[3]은 조직이란 "계속적으로 환경에 적응하면서 공동의 목

---

1) Barnard, Chester, I. (1990) The functions of the executive, Harvard University Press.

2) Weber, Max. (1947) The theory of social and economic organization, (translated by Talcott Parsons), Free Press.

3) Selzinick, Philip. Foundations of the theory of organization, American Sociological Reviews, Vol. 13.

표를 달성하기 위하여 공식적·비공식적 관계를 유지하는 사회적 구조"라고 정의하고 있다. 오석홍은 조직이란 "인간의 집합체로서 일정한 목표의 추구를 위하여 의식적으로 구성한 사회적 체제이다. 여기서 정의하는 조직은 대규모의 복잡한 조직이며, 어느 정도 공식화된 분화와 통합의 구조 및 과정 그리고 규범을 내포하는 것이고 상당히 지속적인 성격을 가지는 것이다"라고 해석하고 있다.[4] 이러한 다양한 정의를 종합해 볼 때, "조직은 일정한 환경하에서 구성원의 협동노력으로 특정한 목표를 달성하기 위한 인적 집합체 또는 분업체제"라고 정의할 수 있다.

Ⅱ. 조직의 개념적 특성

조직이란 일정한 환경하에서 구성원의 협동노력으로 특정한 목표를 달성하기 위한 인적 집합체 또는 분업체제라고 정의한다면, 이러한 정의에 포함되는 조직의 개념적 특성은 다음과 같다.[5]

1. 조직은 달성하고자 하는 특정한 목표 내지 목적을 지닌다.

2. 조직은 목표를 달성하기 위한 개인들의 집합체이다.

3. 조직은 여러 부분요소들로 구성되며, 이들은 상호의존하면서 상호작용을 하는 분업체제이다.

4. 조직은 사회적 환경 속에 존재하며, 이러한 사회적 환경과 상호의존된 일종의 사회체제(social system)이다.

5. 조직은 사회체제 속의 한 부분체제 또는 하위체제이다.

6. 파슨즈(T. Parsons)는 조직을 사회적 기능에 따라 1) 적응기능(Adaptation), 2) 목표달성기능(Goal attainment), 3) 통합기능(Integration), 4) 형상유지기능(Latent pattern maintenance) 등으로 분류하고, 머리글자를 따서 AGIL모형이라 하였다.

1) 적응기능은 사회체제의 환경에 대한 적응 기능을 수행하는 조직으로서, 경제적 재화의 생산과 배분에 종사하는 조직을 말한다. 사기업 등이 이에 해당된다.

---

4) 오석홍, 전게서, p.257.

5) 김형중, 경찰행정학, 태평서, 2014, p.25.

2) 목표달성기능은 사회체제의 목표를 결정하고 순서를 정하여 목표달성을 촉진하는 것을 말하며, 행정기관, 정당이 이에 해당하는 조직이다.

3) 통합기능은 체계 내부의 협동적이고 조화된 사회적 관계를 보장하는 것이다. 즉, 사회 내의 구성원들의 관계를 통제하면서 사회적 규범을 창조하고 유지하는 조직을 말한다. 법을 다루는 일련의 정부조직, 사법기관, 경찰, 정신병원 등이 이에 해당된다.

4) 형상유지기능은 사회체제를 유지하거나 문화적 가치를 창조하는 문화적이고 교육적인 기능과 밀접한 관련이 있는 조직이다. 학교·교회·학술·예술 등의 문화클럽이나, 연구소 조직 등이 이에 해당한다.[6] 따라서 파슨즈의 AGIL 모형에 따르면 사회조직은 적응기능, 목표달성기능, 통합기능, 형상유지기능을 수행한다.

Ⅲ. 조직의 유형

1. 주요 학자들의 조직유형의 분류

1) 블루 앤 스콧(Blau & Scott)의 유형[7]

블루 앤 스콧(Blau & Scott)은 조직활동의 '주된 수혜자가 누구 인가'를 기준으로 4가지 방식으로 분류하였다.

(1) **호혜적 조직**

호혜적 조직(Mutual-benefit Associations)의 주된 수혜자는 조직의 구성원들이다. 즉, 모든 참여자들이 최대 수익을 얻는다. 호혜적 조직에게 가장 중요한 문제는 구성원의 참여와 구성원에 의한 통제를 보장하는 민주적 절차를 조직 내에서 유지하는 것이다. 호혜적 조직의 예로는 정당, 노동조합, 전문직업단체, 종교단체 등을 들 수 있다.

6) 경찰학사전, 법문사, 2012. 11. 20, 검색일 2015. 7. 21.
7) 김형중, 전게서, p.26.

(2) **기업조직**

기업조직(Business Concerns)의 주된 수혜자는 소유자와 경영자들이다. 여기서 가장 핵심이 되는 문제는 경쟁적인 상황 속에서 운영의 능률을 어떻게 극대화시킬 것인가 하는 점이다. 제조회사, 은행, 보험회사 등이 이 유형에 해당한다.

(3) **봉사조직**

봉사조직(Service Organizations)의 주된 수혜자는 고객집단이다. 고객에 대한 전문적 봉사와 행정적 절차 사이에서 생기는 갈등은 이러한 조직의 중요한 특성 때문이라고 할 수 있다. 봉사조직의 예로는 사회사업기관, 병원, 학교 등을 들 수 있다.

(4) **공익조직**(공공복리조직)

공익조직(Commonweal Organizations)은 국민 일반을 주된 수혜자로 한다. 이러한 조직과 관련하여 제기되는 가장 중요한 문제는 국민에 의한 외재적 통제가 가능하도록 어떻게 민주적 장치를 발전시키냐 하는 것이다. 각종 행정기관, 군대조직, 경찰조직 등이 공익조직에 해당한다.

2) **우드워**(J. Woodward) **모형**(기술이 관리구조에 미친 영향을 중심으로 한 모형)

(1) **단일산품 또는 소단위산품 생산체제**

단일산품 또는 소단위산품 생산체제(unit and small batch production system)란 개별적인 주문자가 요구하는 바에 따라 한 개 또는 소수의 산품을 만들어 내는 작업과정을 말한다. 대형 선박이나 항공기 등을 제작하는 작업과정을 그 예로 들 수 있다.

(2) **다수단위산품 생산체제 또는 대량 생산체제**

다수단위산품 생산체제 또는 대량 생산체제(large batch and mass production system)는 문자 그대로 같은 종류의 산품을 대량으로 생산하는 작업과정이다. 예를 들어 연필이나 지우개 등을 하나의 공정에서 대량 생산하는 것을 예로 들수 있다.

(3) **연속적 생산체제**

연속적 생산체제(long-run process production or continuous production system)는 화학제품의 생산이나 원유를 정제하는 경우와 같이, 생산품이 파이프를 통해 연속적으로 처리·산출되는 작업과정이다.

3) 조직의 사회적 기능을 기준으로 한 분류(T. Parsons, D. Katz와 R. Kahn)

파슨즈(Parsons)와 카츠와 칸(Katz & Kahn)은 조직의 사회적 기능을 기준으로 다음과 같이 분류하였다.

〈표 1〉 조직의 사회적 기능을 기준으로 한 분류

T. Parsons 체제기능	① 적응기능 (Adaptation)	② 목표달성기능 (Goal Attainment)	③ 통합기능 (Integration)	④ 형상유지기능 (Latent Pattern Maintenance)
T. Parsons 조직유형	① 경제적 조직 (회사, 공기업)	② 정치조직 (정당, 행정기관)	③ 통합조직 (경찰, 사법기관)	④ 형상유지조직 (교회, 학교)
D. Katz와 R. Kahn유형	① 적응조직 (연구소)	② 경제적·생산적 조직(산업조직)	③ 정치적·관리적 조직	④ 형상유지조직

4) 에츠오니(Etzioni)의 유형(권력과 복종의 유형 기준)

에츠오니는 권력과 복종을 기준으로 강제적 조직, 공리적 조직, 규범적 조직으로 분류하였다.

(1) **강제적 조직**

강제적 조직(Coercive Organization)은 강제적인 권한의 사용과 굴종적인 복종이 부합되어 있는 조직이다. 물리적인 힘에 의하여 구성원을 통제하며, 구성원들은 조직에 대하여 강한 소외감을 가지고 있는 조직을 말한다. 이러한 유형에 해당하는 조직은 「질서목표」를 추구하는 강제수용소와 교도소 등이다.

(2) **공리적**(功利的) **조직**

공리적 조직(Utilitarian Organization)은 공리적 권한과 타산적 복종이 부합되어 있는 조직이다. 보수·부수입·근무조건 등 물질적 보상을 주요 권력수단으로 하며, 「경제목표」를 추구하는 이해타산적 조직이다. 이러한 조직유형으로는 민간기업체·경제단체·이익집단 등을 들 수 있다.

(3) **규범적 조직**

규범적 조직(Normative Organization)은 규범적 권한과 도덕적 복종이 부합되어 있는 조직이다. 소속원의 통제에 원칙적으로 규범적 권한이 행사되고, 그에 대응하여 소속원들은 조직에 강한 충성심을 보이는 조직이다. 정치·종교·자선단체 등과 같이 상징에 의하여 일체감을 가진 조직이 이에 해당된다. 이를 정리하여 도표화하면 다음과 같다.

〈표 2〉 에츠오니의 조직 유형

구분	목표	권력 양태	예
강제적 조직	질서 목표	강압적 권력 - 소외적 복종	강제수용소 · 교도소
공리적 조직	경제적 목표	공리적 권한 - 타산적 복종	사기업 · 이익단체
규범적 조직	문화적 목표	규범적 권한 - 도덕적 복종	정당 · 종교단체

* 에츠오니는 이원적 복종관계를 나타내는 조직으로 다음과 같은 유형을 들고 있다.
① 강제적 · 규범적 조직-전투부대, ② 강제적 · 공리적 조직 - 전근대적인 기업체(농장),
③ 공리적 · 규범적 조직 - 노동조합

5) 리커트(Likert)의 유형(의사결정에의 참여도 기준)

리커트(Likert)는 의사결정의 참여도를 기준으로 권위형 조직과 민주형 조직으로 분류하였다. 권위형 조직은 다시 수탈적 권위형과 온정적 권위형으로, 민주형 조직은 협의적 민주형과 참여적 민주형으로 구분된다.

〈표 3〉 리커트(Likert)의 유형

권위형	체제1(수탈적 권위형)	관리자가 일방적 의사결정
	체제2(온정적 권위형)	상급자의 동의에 의한 부분적 권한위임
민주형	체제3(협의적 민주형)	주요정책 외에는 하급자가 결정
	체제4(참여적 민주형)	모든 결정과정에 하급자의 광범위한 참여

6) 카리스마(권력) 분포구조에 따른 조직유형

카리스마(권력) 분포구조에 따른 조직유형은 T구조, L구조, R구조로 구분할 수 있다. T구조는 Top구조로서 카리스마 소유자가 조직의 상층부에 위치하는 특징을 가지고 있다. L구조는 Line구조로서 카리스마 소유자가 조직의 상하로 걸쳐 있는 형태이다. R구조는 Rank구조로서 카리스마 소유자가 횡으로 분포되어 있다.

〈표 4〉 카리스마(권력) 분포구조에 따른 조직유형

구 분	특 징	예
T구조	Top구조로서 카리스마 소유자가 조직의 상층부에 위치	회사와 같은 공리적 조직의 경영자
L구조	Line구조로서 카리스마 소유자가 조직의 상하로 걸쳐있음	관료제조직
R구조	Rank구조로서 카리스마 소유자가 횡으로 분포	대학이나 연구소 등 동태적 조직

7) 민츠버그(Mintberg)의 다섯 가지 유형

일반적으로 조직을 구분할 때는 최고경영층, 중간관리층, 일선 작업층 등 세 가지의 기본 부문으로 분류하고, 각 부분의 역할에 따라 조직의 성격을 규정하는 경우가 많다. 그러나 민츠버그는 조직구조를 (1) 전략 부분(전략경영층), (2) 중간라인 부분(중간관리층), (3) 기술전문가 부분, (4) 지원스태프 부분, (5) 핵심운영 부분(핵심운영층)의 5가지 기본 부분으로 나누고, 각 부분은 조직의 성장과정에서 힘의 발휘를 통해 조직의 성격을 변형시키려 하며, 서로의 힘이 혼합되어 조직을 새로운 구조로 전환시키는 역할을 한다고 주장하였다.

〈표 5〉 조직의 구성요인

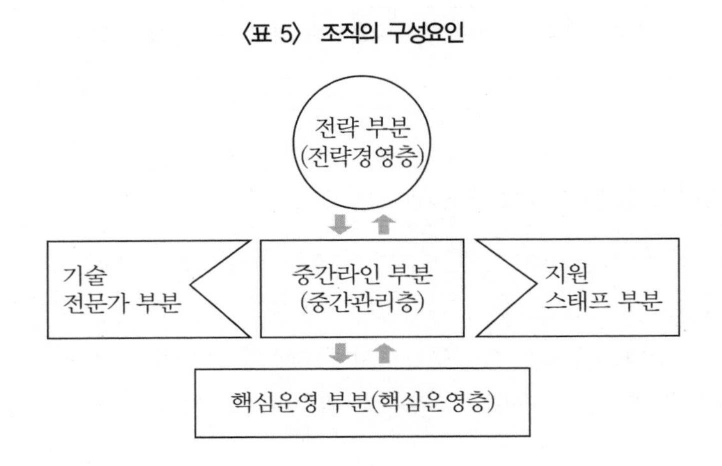

<표 5> 조직의 다섯 가지 기본 부문(구성요인)을 구체적으로 기술하면 다음과 같다.

(1) **전략부분**(Strategic Apex, 전략경영층)

① **의의**

조직을 포괄적으로 관리하고 운영하는 최고경영층이 있는 부분이다. 전략경영층은 조직 최고위의 의사결정을 담당하고 전체적인 방향성을 지향한다.

② **전략 부분**(전략경영층)**의 지향성**

㉠ **전략경영층의 중앙집권화**

전략 부분(전략경영층)에는 조직 집권화를 위해 최고 경영층이 발휘하는 힘이 작용하며, 「단순구조 조직」에서 영향력이 강화된다.

㉡ 단순구조

초창기의 소규모 조직으로 권력이 최고관리층으로 집권화된 유기적 구조이다. 단순구조(simple structure)의 특성은 첫째, 가장 중요한 구성부분이 최고관리층이라는 것, 둘째, 조정은 직접 감독에 의한다는 것, 셋째, 조직의 나이는 적고 규모는 작다는 것, 넷째, 낮은 분화수준, 높은 집권화 수준, 낮은 공식화 수준, 높은 융통성이 구조적 특징이다.

(2) **중간라인 부분**(Middle line, 중간관리층)

① 의의

전략 부분과 핵심 부분을 연결하는 중간관리로 구성되어 있다. 즉, 각 기능들이 원활히 동작할 수 있도록 관리하는 중간관리자의 역할을 한다.

② 중간라인 부분의 지향성

㉠ 중간관리층의 전문화

중간라인 부분에서는 사업단위를 이끌어가는 힘이 작용한다. 즉, 산출물의 표준화에 의한 조정을 통해 발휘되는 힘으로, 이는 분권화로 이어지게 된다. 중간라인 부분은 「사업부제 구조」에서 강점을 나타나게 된다.

㉡ 사업부제 구조

사업부제 구조는 제한된 수직적 분권화 구조이다. 고객이나 시장의 다양성으로 인하여 각 사업부는 스스로 책임하에 있는 시장(市場)을 중심으로 자율적인 영업활동을 수행한다. 산출물의 표준화를 중시하며 성과관리에 적합한 조직이다. 사업영역 간 갈등이 발생하므로 할거적 구조라고도 한다. 사업부제의 특성으로는 첫째, 부서의 장들로 구성되는 중간계선이 가장 중요한 구성부분이라는 것, 둘째, 주된 조정방법은 산출의 표준화라는 것, 셋째, 조직의 나이는 많고 규모는 대단히 크다는 것 등을 들 수 있다.

(3) **핵심운영 부분**(Operating Core)

① **의의**

조직의 생산서비스를 실제로 담당하는 실무진이다(예컨대, 구매·제조·판매 등).

② **핵심운영 부분의 지향성**

㉠ **핵심운영층의 분업화·전문화 지향**

조직의 전문화를 위해서는 핵심운영층의 힘이 필요하다. 핵심운영 부분은 작업기술의 표준화에 의한 조정을 통해 발휘되는 힘으로, 「전문직 관료제 구조」에서 강하게 작용된다.

㉡ **전문적 관료제 구조**

핵심운영층은 수평·수직적으로 분권화된 조직의 전문가들로서, 오랜 경험과 훈련으로 표준화된 기술을 내면화하여 자율권을 가지고 과업을 조정한다. 전문적 관료제(professional bureaucracy)의 특성으로는 첫째, 작업계층이 가장 중요한 구성부분이라는 것, 둘째, 주된 조정방법은 기술의 표준화라는 것, 셋째, 조직의 나이와 규모는 다양하다는 것, 넷째, 높은 수평적 분화 수준, 전문성이 높은 직원과 업무, 기능 또는 시장을 기준으로 한 조직단위 형성, 낮은 공식화 수준, 높은 분권화 수준 등을 들 수 있다.

(4) **기술전문가 부분**(Techno-Structure)

① **의의**

조직 내에서 생산물이 표준화를 위해 기술력을 운영하는 부분을 말한다.

② **기술전문가 부분의 지향성**

㉠ **기술전문가 부분의 표준화**

조직에서는 생산물의 표준화를 위해 기술력이 필요하게 된다. 이 과정에서 기술전문가들이 행사하는 힘이 작용된다. 즉, 과업과정의 표준화에 의한 조정을 통해 힘이 발휘되며, 「기계적 관료제」에서 강한 힘을 나타낸다.

㉡ 기계적 관료제 구조

전형적으로 단순하고 안정적인 환경하에서 작업(업무)의 표준화를 중시하는 조직이다. 기계적 관료제(machine bureaucracy)의 특성으로는 첫째, 가장 중요한 구성부분이 기술구조이지만, 최고관리층도 강한 권력을 행사한다는 것, 둘째, 주된 조정방법은 작업과정의 표준화라는 것, 셋째, 조직의 나이는 많고 규모는 크다는 것, 넷째, 높은 분화 수준, 조직단위의 기능별 구성, 가늘고 긴 관리계층, 집권화, 높은 공식화 수준과 경직성 등을 들 수 있다.

(5) **지원스태프**(Supporting Staff)

① 의의

조직에 지원을 제공하는 전문가들로 구성된 부분을 말한다. 이들은 운영 프로세스 이외의 업무, 인사, 법무, 총무 등을 담당한다.

② 지원스태프의 지향성

㉠ 지원스태프의 조직 간 교류 지향

지원스태프 부분은 핵심운영층의 업무를 간접적으로 지원하는 부서이다. 이들은 조직 간 이해관계를 상호조정할 때, 그 힘이 발휘되며, 특히 구조를 혁신하는 경우나 「애드호크라시」에서 강하게 작용한다.

㉡ 애드호크라시(특별임시조직)

애드호크라시는 전통적 관료제(기계적 관료제) 구조와는 달리 융통적·적응적·혁신적 구조를 지닌 '특별임시조직'을 말한다. 「애드호크라시」는 동태적이고 복잡한 환경에 적합한 조직으로 표준화를 거부하며, 모든 면에서 기계적 관료제 구조와 반대되는 분권화된 유기적 구조이다. 「애드호크라시」의 특성으로는 첫째, 지원참모의 위치가 중요하지만 별도의 조직단위를 구성하지 않기 때문에 계선과 참모의 구별이 흐리고, 최고관리층·중간계선·작업계층이 혼합되어 있다는 것, 둘째, 주된 조정기제는 상호조절이라는 것, 셋째, 조직의 나이는 대체로 많지 않으며 사용하는 기술이 복잡하다는 것, 넷째, 높은 횡적 분화 수준, 융통성, 유기적 구조, 낮은 공식화 수준 등을 들 수 있다.

2. 계선 · 참모[8)]

관료조직에는 목표달성기능을 직접적으로 수행하는 기관과 이를 간접적 측면에서 보조·지원하는 기관이 있다. 전자를 계선(line)이라 하고, 후자를 참모(staff)라 한다. 대부분의 관료조직은 계선·참모 조직으로 분리되어 있다.

1) 계선조직

계선조직은 상하명령·복종관계를 가진 수직적·계층적 구조를 말한다.

이 같은 계선조직은 행정관료조직의 기본적 형태이며, 계층제의 원리에 입각한 조직형태이다. 경찰조직은 대표적인 계선조직의 하나로서, 법령을 집행하고 정책을 결정하여 국민에게 직접적으로 봉사하는 임무를 맡고 있다.

예컨대, 경찰조직의 장은 경찰업무를 수행하는 직원들에 대한 명령과 감독을, 그리고 계선 직원들은 순찰·범죄수사·교통단속·비행행위 규제 등을 담당한다.[9)] 이처럼 경찰조직은 명령·복종관계를 가진 조직형태로써, 명령적·집행적 기능을 갖는다.

2) 참모조직

참모조직은 계선조직이 행정목표의 달성을 위하여 원활하게 기능을 수행할 수 있도록 계선조직을 지원·조성·촉진하는 기관이다.

경찰조직에 있어서 전형적인 참모운영은 인사행정, 교육훈련, 법률자문, 공공관계, 지역사회관계, 감찰, 연구 및 기획, 예산통제, 범죄분석 등의 기능을 수행하기 위한 것이다.[10)]

---

8) 이황우, 경찰행정학, 법문사, 2002, pp.148－149.

9) Edward A. Thibault, Lawrence M. Lynch and R. Bruce McBride, *Proactive Police management*, Englewood Cliffs, New Jersey: Prentice－Hall, 1985, pp.68－69.

10) Ibid., p.70.

3) 계선 · 참모 조직의 장 · 단점

계선조직과 참모조직은 <표 6>과 같은 장·단점을 가지고 있다.

〈표 6〉 계선조직과 참모 조직의 장· 단점[11]

구분	장 점	단 점
계선 조직	• 권한과 책임의 한계가 명확하여 업무수행이 능률적이다. • 단일기관으로 구성되어 정책결정이 신속히 이루어진다. • 업무가 단순하고 비용이 적게 드는 조직에 적합하다. • 명령 · 복종관계에 의하여 강력한 통솔력을 행사할 수 있다.	• 복잡한 대규모 조직에서는 계선기관의 총괄적인 지휘 · 감독으로 말미암아 업무량이 과중하게 된다. • 기관의 책임자가 주관적이며 독단적인 조치를 취할 가능성이 있다. • 각 부문 간의 효과적인 조정이 곤란하여 조직운영의 능률 및 효과가 약화된다. • 특수 분야에 관한 지식과 경험을 이용할 수 없다. • 조직이 융통성보다 경직성을 띠고 있다.
참모 조직	• 경찰기관장의 통솔범위를 확대시킨다. • 전문적인 지식과 경험을 활용함으로써, 보다 합리적인 지시와 명령을 내릴 수 있다. • 수평적인 업무의 조정과 협조를 가능하게 한다. • 경찰조직이 신축성을 띨 수 있다.	• 참모기관의 설치로 말미암아 조직 내의 인간관계가 복잡해지고, 계선기관과 참모기관 사이에 알력과 대립이 조성될 가능성이 많다. • 참모기관에 소요되는 경비로 예산지출이 증가될 수 있다. • 참모는 결과에 대한 책임을 지지 않고 계선에 권한을 침해할 가능성이 있으므로, 양자간에 책임 소재가 모호해질 우려가 있다. • 막료기관의 증가는 조직 내의 의사소통의 경로를 혼란에 빠뜨릴 우려가 있다. • 막료기관의 권한이 확대됨에 따라 지나친 중앙집권화의 경향을 촉진시킬 수 있다.

3. 공식조직과 비공식조직

1) 공식조직의 개념

공식조직이란 인간적 감정을 배제한 입장에서 과학적 합리성의 근거와 기

11) 최응렬, 경찰조직론, 박영사, 2013, pp.65－66.

준을 전제로 하여 인위적으로 제도화한 조직으로, 법령 또는 직제에 규정된 조직을 말한다. 즉, 어떤 목적을 위한 의식적·인위적 조직으로서, 기업·정부·노동조합·대학·교회 등이 이에 해당한다.

2) 비공식조직의 개념

비공식적 조직이란 구성원의 상호작용을 통해 공통의 태도·관습·이해·가치를 창출하면서 자연발생적으로 형성되는 조직을 말한다. 따라서 사실상 존재하는 현실적 인간관계나 인간의 감정·욕구를 기반으로 하며, 구조가 명확하지는 않은 반면 공식조직에 비하여 신축성을 가진 조직이다.

3) 공식조직과 비공식조직의 특징

공식조직과 비공식조직은 <표 7>과 같은 특성을 내재하고 있다.

〈표 7〉 공식조직과 비공식조직의 특징[12)]

공식조직	비공식조직
인위적으로 형성된 조직	자연발생적 조직
합리적 조직	비합리적 조직
법령상·직제상 도표화된 조직	현실의 동태적인 인간관계에 의하여 형성된 비제도화된 조직
능률의 논리에 입각한 조직	감정의 논리에 입각한 조직
외면적·가시적·외재적 조직	내면적·비가시적·내재적 조직
전체질서를 형성	부분적 질서를 형성
활동 및 가입·탈퇴가 비교적 곤란	활동 및 가입·탈퇴가 용이하고, 인간적 가치의 추구가 용이
수직적인 계층제를 전제함	계층제적 형태를 띠지 않음
보편적·일반적인 조직	변칙적·타율적인 조직

제 2 절 조직이론의 변천과 체계

조직이론이란 조직에 대한 일종의 사고방식으로 조직을 바라보고 분석하는 이론적 틀을 말한다. 조직이론은 많은 학자들이 여러 가지 기준에 따라 분류하였지만, 왈도(Waldo)가 시간의 흐름에 따란 조직이론들(고전적 조직이론 → 신고전적 조직이론 → 현대적 조직이론)을 분류한 것이 대표적이다.[13)]

고전적 조직이론은 1900년대 초에서 시작되어 1930년대까지, 신고전적 조직이론은 고전적 조직이론을 비판하면서 1930년대부터 등장하여 1940년대에 상당한 발전을 이루었으며, 현대의 조직이론은 1950년대 후반에 환경 변화에 대응하기 위해 등장한 다양한 조직연구 및 이들을 통합적 시각에서 제시한 조직이론들을 의미한다.

Ⅰ. 조직이론의 변천

1. 고전적 조직이론

1) 등장배경

고전적 조직이론은 산업혁명과 과학기술이 크게 발전하는 1900년대 초부터 시작된 초기의 조직연구 경향이나 활동을 말한다. 고전적 조직이론은 테일러

---

12) 최응렬, 경찰조직론, 박영사, 2015, p.68; 유종해, 현대조직관리, 박영사, 2008, pp.115－116.

13) 조직이론의 변천과 분류기준

(1) 왈도(D. Waldo)의 분류

① 고전적 이론(구조중심) : 과학적 관리론, 관료제이론, 행정관리이론

② 신고전적 이론(행태중심) : 인간관계론, 환경유관론, 행태론(동기부여이론)

③ 현대적 조직이론(환경중심) : 행태론(의사결정론), 생태론, 체제론, 상황적응론, 거시조직이론 등

(2) 더스키(Tausky)의 분류

① 고전적 이론 : 규범적 이론

② 인간관계론 : 규범적·서술적 이론

③ 구조론(고전적 이론 + 인간관계론) : 서술적 이론

(3) 스콧(Scott)의 분류

① 폐쇄·합리적 이론 ② 폐쇄·자연적이론 ③ 개방·합리적 이론 ④ 개방·자연적 이론

(Taylor)의 과학적 관리법, 귤릭(Gulick)의 행정관리학파 그리고 베버(Weber)의 관료제에 영향을 받아 성립·발전되어 1930년대에 완성된 이론으로, 전통적인 초기의 행정이론이다. 고전적 조직이론에서는 조직을 「안정된 환경 속에서 조직이 정해진 목표를 달성하기 위하여 업무를 배분하고 분담된 업무에 대응하는 권한과 책임을 명확히 하는 과정」으로 본다.[14)]

고전적 조직이론이 발전하게 된 시대적인 배경은 첫째, 산업혁명과 더불어 민간부문의 공업생산구조가 확대되고, 대규모의 근대적 산업조직들이 빠른 속도로 등장하였다. 둘째, 정치적·경제적 자유주의와 개인주의가 팽배하여, 정치적·경제적 결정은 개인의 자유의사에 맡겨야 한다는 사상이 지배적이었다. 셋째, 자연과학과 기술의 급속한 발전 그리고 응용확산으로 세상을 기계적으로 보는 풍조가 지배적이었다. 넷째, 사회가 추구하는 여러 가치 가운데서 물질숭상의 가치가 전면에 부각된 시기였다. 이와 같은 사회적 풍조와 경제적 환경이 고전적 조직이론을 탄생시키는 데 큰 역할을 하였다.

2) 고전적 조직이론의 분류

(1) 과학적 관리론

과학적 관리론은 19세기 말 이후 미국에서 산업자본주의가 전개됨에 따라 일어난 일련의 기업경영 및 생산과정 과학화 운동과 고전적 조직이론이 접목되면서 구축된 관리이론을 일컫는다. 과학적 관리론의 대표적인 학자인 테일러(Taylor)는 「시간연구와 동작연구(time and motion study)」에 의거하여 객관화·표준화된 과업을 설정하고 경제적 욕구에 대한 자극을 통하여 공장경영을 합리화를 시도하였다. 이외에도 갠트(Gannt)의 「갠트식 과업 상여제도」, 길버트(Gilbreth)의 「동작연구」, 에머슨(Emerson)의 「표준원가원리」, 포드(Ford)의 「일관작업체제」 등 많은 이론들이 등장하였다.[15)]

14) 김형중, 전게서, p.29.
15) 최응렬, 전게서, p.30.

(2) **행정관리론**

행정관리론은 조직의 능률성, 경제성, 효과성을 높이기 위해 조직의 최고관리자가 따라야 할 기본방침을 제시한 이론이다. 행정관리론의 대표적인 학자인 귤릭(Gulick)과 어윅(LF. Urwick)은 함께 「행정과학논집」을 편찬하여 1937년에 출간하였는데, 이 논문집을 통해 ① 기획(Planning), ② 조직화(Organizing), ③ 인사(Staffing), ④ 지휘(Directing), ⑤ 조정(Coordinating), ⑥ 보고(Reporting), ⑦ 예산(Budgeting)의 일곱 가지 기능을 최고관리자의 기능이라고 하였고, 이들의 머리글자를 합하여 포스드코르브(POSDCORB)라는 용어를 제시하였다.[16]

(3) **관료제론**

막스 베버(Weber)는 근대 자본주의의 발달에 따라 근대사회의 목적을 달성하기 위한 가장 좋은 수단으로 관료제를 제시하였다. 즉, 그는 합리적이고 작업능률을 극대화할 수 있는 조직을 관료제 또는 관료주의라고 불렀다. 막스 베버는 관료제를 인간의 합리성이 만들어 낸 산물로 보았고, 조직의 규모가 크면 클수록 관료제의 성격은 더욱 분명하게 나타난다고 하였다. 막스 베버의 관료제론은 지배유형에서 출발하는데, 그는 권위의 정당성을 근거로 전통적 지배(가산제 관료제), 카리스마적 지배(카리스마적 관료제), 합법적 지배(근대적 관료제)로 구분하였다.

3) 고전적 조직이론의 특징

고전적 조직이론은 다음과 같은 특징을 가지고 있다.

(1) **정태적·폐쇄적 조직**

조직을 둘러싼 외부환경은 복잡하지도 다양하지도 않고 영향력도 적다고 보았기 때문에, 내부중심적인 정태적·폐쇄적·기계적인 조직관이다.

---

16) Roy R Roberg, Jack Kuykendall, Police Management, L.A.: Publishing Company, pp. 28－29.

(2) **구조중심의 접근**

최적의 구조가 최적의 업무수행을 보장한다고 믿고, 관료제이론에 바탕을 둔 조직의 공식구조(계층제, 분업 등)를 중시하였다.

(3) **X이론적 인간관**

인간을 억압과 통제의 대상 내지는 합리적·경제적 인간으로 인식한다.

(4) **능률지상주의**

기계적·경제적 능률을 강조하며, 구조·기구·관리·기술적 행정개혁을 중시한다.

(5) **원리학파**

공·사행정에 보편적으로 적용될 수 있는 조직의 여러 원리를 신봉한다.

(6) **정치행정이원론**(공사행정일원론)

행정을 가치·목적·이상으로 보기보다는, 관리·사무·내부·수단·사실·현실·존재의 문제로 본다. 예컨대 관리기능중심적 조직과정(POSDCORB)을 대표적인 예로 들 수 있다.

2. 신고전적 조직이론

신고전적 조직이론은 조직 내의 인간적 요소를 중시하는 인간관계론적 조직이론을 말한다.

1) 등장배경

신고전이론은 고전적 조직론과 기계적인 과학적 관리론에 대한 비판이론 등의 연구경향이나 활동들을 총칭하는 것으로, 고전적 조직이론에 대한 대안들을 제시하기 위해 발전되었다.

신고전이론은 고전적 조직이론을 전적으로 배척한 것은 아니며, 고전적 조직이론을 기반으로 하면서도 조직 내의 비공식조직의 존재와 비공식조직들이 구성원 사이의 권력관계를 형성한다는 사실을 지적하였다. 신고전적 이론은 동기부여의 유인으로 비경제적·사회적 유인이 더 효과적이라고 주장했으며, 가치기준으로는 사회적 능률성을 중시했다. 메이요(E. Mayo, 호손실험)와 뢰슬리스버그의 인간관계론, 버나드(C. I. Barnard)의 협동체계론, 파슨스(T. Parsons)의 환경유관론 등이 이에 해당한다.[17]

2) 특 징

(1) 비공식구조 및 사회적 능률 중시

조직 내의 비공식적 관계와 조직참여자의 사회적·심리적 측면을 중요시하며, 사회적 능률을 새로운 가치기준으로 제시하였다.

(2) 동태적·민주적·사회적 인간관(인간중심주의)

고전이론(원리주의)의 허구적인 과학성을 공격하고 인간중심주의를 제창하였다. 따라서 인간의 사회적·정서적·심리적 측면을 강조하였으며, 대인관계와 인간집단의 비공식적 관계 그리고 소집단 및 사기개념을 중요시하였다.

(3) 폐쇄적 환경관

신고전이론(인간관계론)은 대체로 외부환경을 무시하였으나, 반면 조직과 내부환경의 상호관계를 중요시하였다. 다만, 신고전적이론 중 사회학적 접근은 환경과의 관계를 중시하여 환경유관론의 토대를 구축한 점에 유의하여야 한다.

3. 현대적 조직이론

1) 등장배경

현대조직론은 1950년대 이후 급격한 환경변화에 능동적으로 대처하기 위한

17) 김형중, 전게서, p.30.

조직연구의 경향이나 활동을 말한다. 1950년대 이후는 조직이론의 분화가 가속적으로 진행되어 왔으며, 아울러 통합화의 경향도 뚜렷하였다. 이러한 경향과 더불어 고전이론과 신고전이론을 각각 수정·비판하거나 결합하여, 새로 정립된 이론들을 현대적 조직이론이라고 부른다.18)

현대적 조직이론에서는 개인을 다양한 욕구와 변이성을 지닌 자아실현인·복잡인(Z이론)으로 본다. 현대조직은 '복잡하고 불확실한 환경 속에서 목표의 유효한 달성을 위하여 개성이 강한 인간행동을 종합하는 활동(Cyert & March)'이다. 따라서 폐쇄적인 관료제적 조직보다는 개방적·동태적·적응적·유기적·상황적응적 조직을 강조한다.19)

2) 현대조직모형

(1) 의사결정모형

의사결정모형이란 조직 및 집단에서의 의사결정과정을 설명한 모델로서, 의사결정자가 여러 대안 중 최적 또는 최선의 대안을 선택하는 과정을 보여준다. 의사결정은 대체로 문제의 인식 → 대안의 마련 → 기준 설정 → 대안 평가 및 선택의 과정을 거친다. 의사결정모형은 주로 행태론에서 강조되었고, 최근에는 정책결정과정에서도 이 이론이 중시되고 있다(H. A. Simon).

(2) 체제모형

체제모형은 조직을 공동목적달성을 위해 전체적 대응을 강구하는 유기체(Living Organism)로 파악하고 있다.

(3) 후기관료제모형

후기관료제모형은 처음 막스 베버(M. Weber)에 의해 제창되었고, 그 후 블루(Blau), 스콧(Scott)에 의해 발전된 모형이다. 후기관료제모형은 고도의 계층제(Hierarchy)하에서 합리적·합법적 지배에 의해 운영되는 인간행동을 강조하였다.

18) 최응렬, 전게서, p.37.
19) 김형중, 전게서, p.31.

그러나 최근에는 관료제가 비인격화되는 병리적 과정이나 탈관료제적 입장을 특히 중시하고 있다.

(4) **사회체제모형**

사회체제모형은 파슨즈(T. Parsons)와 에츠오니(Etzioni)에 의해 제시된 이론이다. 파슨즈(T. Parsons)는 조직을 상위체제의 하위체제로 파악하고, 하위체제 상호 간의 유기적 관련하에서 AGIL기능[20]을 수행하고 있다고 주장하였다.

(5) **기타모형**

이외에도 톰스(V. Thompson)의 조직혁신론(OD 및 OI 등), 하디(F. Heady)의 비교조직론, 토플러(A. Toffler)의 조직동태와 이론(Adhocracy), 거시조직이론, 혼돈이론 등이 있다.

3) 현대조직의 특징

(1) **개방적 환경관**

현대적조직이론은 조직을 환경으로부터 영향을 받을 뿐만 아니라, 능동적으로 환경에 영향을 주는 개방체제로 본다. 이러한 개방적 환경관은 조직과 환경 상호 간의 투입작용과 산출작용을 동시에 인정하는 한편, 조직은 환경에 대한 종속변수뿐만 아니라 적극적으로 개조해 나갈 수 있는 독립변수로서도 기능한다고 본다. 따라서 조직을 기계적으로 조립되어지는 것으로 보는 고전적인 조직관과는 달리, 조직을 유기체처럼 형성·생성·변화·소멸되어진다는 형태성(Morphogenic)을 강조한다.

(2) **인간관**

조직의 변수 중 구조나 인간관계보다는 집단적인 인간행동이나 발전적·쇄신적 가치관을 중시하며, 인간을 자아실현인 또는 복잡인으로 인식(MBO, HRM

---

20) AGIL 기능이란 적응기능(Adaptation), 목표달성기능(Goal Attainment), 통합기능(Integration), 형상유지기능(Latent Pattern Maintenance)의 약자를 의미한다.

등 후기인간관계론)한다.

(3) **행정이념과 접근법의 다양성**

단순한 능률성보다는 이를 바탕으로 한 효과성·생산성·민주성·사회적 적실성·대응성(Responsiveness) 등 가치의 다양화를 도모하는 한편, 인간관계나 종합적인 행정개혁을 중시하며, 종합 학문성과 더불어 형태주의의 적용가능성을 확대시키고 있다.

(4) **탈관료적·상황적응적 접근**

조직구조의 동태성이나 자기혁신적인 혼돈이론 및 상황적응론(Contingency Theory)을 중시하며, 구조적으로 Adhocracy(특별임시조직)를 추구한다.

(5) **정치행정일원론**

공사행정이원론의 입장이며, 가치·목적 등을 단순한 수단이나 사실보다 더 중시한다.

(6) **분화와 통합**

행정을 복합적인 체제로 보기 때문에, 분화와 가변성을 추구하면서도 통합적 노력을 시도하고 있다.

(7) **고전과 신고전이론의 통합**

공식적 조직에 중점을 두는 고전적 이론과 비공식적 조직에 중점을 두는 신고전적 조직이론의 통합을 시도하며, 공식적·비공식적 요인의 상호관련성을 분석하는 특징을 갖고 있다(Etzioni의 구조론적 접근법).

4. 조직이론의 비교

왈도(D. Waldo)는 조직이론을 고전적 이론, 신고전적 이론, 현대적 이론으로 구분하였다. 각 이론의 구분 기준은 <표 8>과 같다.

〈표 8〉 고전적·신고전적·현대적 이론의 비교

구 분	고전적 이론	신고전적 이론	현대적 이론
해당 이론	과학적 관리론 등	인간관계론·행태론	체제론 이후
인 간 관	합리적·경제적 인간	사회적 인간	복잡한 인간
가 치	기계적 능률성	사회적 능률성	다원적 목표·가치·이념
주요연구대상	공식적 구조 (관료제·계층제)	비공식적 구조	동태적·유기체적 구조
주요변수	구 조	인 간	환 경
환경과의 관계	폐쇄적(조직·환경)	대체로 폐쇄적	개방적(조직·환경)
연구방법	원리접근 (형식적 과학성)	경험적 접근 (경험적 과학성)	복합적 접근 (경험과학, 관련과학 등)

제 3 절 경찰조직의 기초이론

Ⅰ. 경찰조직의 의의 및 지도원리

1. 경찰조직의 의의

경찰조직은 경찰 특유의 목적을 달성하기 위하여 경찰구성원과 물적 자원을 결합하는 체계적인 협동방식인 동시에 자체의 생명력을 가지고 있는 유기체(有機體)이다. 즉, 경찰목적을 달성하기 위해서는 '경찰조직'이 필수불가결이고, 조직구성원들이라는 인적자원과 물적자원을 체계적으로 결합하는 하나의 협동방식이다. 따라서 경찰조직은 하나의 단위로서 스스로 설정한 목표를 의지적으로 성취하기 위해 다양한 행위와 모색을 하는 생명체처럼 활동하고 있다.

2. 경찰조직의 지도원리

첫째, 경찰작용은 권력적 수단이므로, 경찰조직은 민주성의 확보가 강력히 요구된다.

둘째, 경찰은 사회안전과 질서유지를 그 목적으로 하기 때문에, 경찰작용에 있어서도 신속성을 필요로 한다. 따라서 경찰조직은 능률성과 기동성을 요구한다.

셋째, 경찰조직은 불편부당, 공평중립을 유지하여야 한다. 따라서 경찰의 본질상 당연히 정치적 중립성이 보장되어야 한다.

넷째, 경찰권 행사는 국민의 헌법상 기본권을 침해할 우려가 많다. 따라서 이를 보완하기 위하여 합의제 행정관청으로 조직하게 되는 경우에는 공정성은 확보할 수 있으나 신속성은 저해된다.

3. 경찰조직상의 이념

경찰은 민주적인 관리·운영과 효율적인 임무수행을 위하여 조직되어야 하고 직무범위가 정해져야 하는데, 이를 규정한 것이 경찰법이다. 경찰법은 경찰행정을 운영하는 조직이나 기구에 관한 법률규범의 총체이다. 뿐만 아니라 경찰법은 조직구성에 관한 규정 외에도 경찰관의 임용·변경·소멸의 관계를 규정함으로써, 경찰공무원이 국민으로서 지니는 기본권리도 규정하고 있다. 경찰법은 민주적 통제장치인 경찰위원회를 도입하고, 경찰청장과 지방경찰청장 그리고 경찰서장의 관청화를 통해 권한과 책임의 조화를 도모하고 있다.

Ⅱ. 경찰관료제(官僚制)의 특성

1. 관료제와 경찰조직

관료제(Bureaucracy)[21]는 매우 다의적인 의미로 정의되어지기 때문에, 한마디로 개념을 규정할 수는 없다. 메리엄(C. E. Merriam)도 이를 불확실한 개념이라는 말로써 표현하고 있다.[22]

---

21) F. Morstein Marx에 의하면, bureaucracy라는 용어는 처음에는 18세기 프랑스의 한 상공부장관에 의해서 bureaucratie라는 불어형태로 사용되었는데, 그 의미는 움직이는 정부기구 전체를 가리키는 것이었다. Ferrel Heady, *Public Administration: A Comparative Perspective*, Prentice－Hall, 1966, p.16; 유종해, 전게서, p.183.

22) Charles E. Merriam, *Systematic Politics,* Chicago: University of Chicago Press, 1945, p.165.

1) 경찰조직은 전형적인 관료조직으로서 일반조직의 성격을 가지고 있는 동시에 국민의 생명과 재산을 보호하고 범죄의 수사 및 범인의 체포 등의 특수 임무를 수행하고 있다. 따라서 조직적 측면에서는 일반조직과는 다른 특수한 요소를 내포하고 있다.[23]

2) 경찰조직은 그 직무가 공공의 안전 및 질서를 유지하고 아울러 그 구성원으로 하여금 개인에게 절박한 위험들을 방지하기 위하여 필요한 수단을 사용하도록 하고 있다. 이런 측면에서 볼 때 경찰직무는 위험성·돌발성·시급성의 특성을 포함하고 있다.[24]

3) 경찰관은 업무 수행 시 명령과 강제 등의 수단을 사용할 수 있으며, 실력 행사를 할 경우에는 무기를 사용할 수도 있다. 이에 따라 국민은 경찰작용으로 인하여 자유·재산권 등을 제한받기도 한다. 이런 맥락에서 보면 경찰은 강제성·권력성·직접성의 특성을 가지고 있다.

2. 막스 베버(M. Weber)의 이론과 관료제의 특징

1) 막스 베버(M. Weber)이론의 특징

막스 베버(M. Weber)의 '관료제(1901)'는 독일을 위시한 유럽의 당시 정치·경제적 현실과 유럽(프러시아)관료제에 대한 막연한 인상을 토대로 연구된 가설적인 모형이다. 따라서 실존형이 아니며(실제조직과 다르며), 영미의 민주정당이나 신생국 관료제를 대상으로 연구된 것도 아니었다. 당시 영미에서는 민주주의나 시장경제가 발달하여 강력한 정부관료제가 불필요하였으므로, 관료제이론이 싹트지 못하였다.

(1) **이념형**(Ideal type)

현존하는 민주 관료제의 속성을 평균화해서 정립한 것이 아니라 관료제의 가장 특징적인 것만 추출해서 정립한 가설적 모형이고, 경험에 의한 모형이 아

---

23) 김상호 외 공저, 전게서, pp.78－79.
24) 신현기 외 공저, 경찰조직관리론, 법문사, 2003, pp.3－4.

니라 고도의 사유(思惟)과정을 통하여 구성된 이념형이다.

(2) **보편성**

공·사행정을 막론하고 모든 조직이 계층제 형태를 띤 관료제구조라고 본다.

(3) **합리성**

관료제구조는 소기의 목적을 위하여 인적·물적 자원을 집중적이고 최고도로 활용하도록 편제되어 있으며, 계층제에 의한 능률성과 법 앞의 평등에 의한 합법성을 추구할 수 있는 가장 합리적이고 이상적 조직이라고 보았다. 그러기 때문에 막스베버는 관료제의 역기능을 전혀 고려하지 못하였다.

3. 관료제의 특성

관료제라는 개념을 최초로 만들어낸 막스 베버(M. Weber)는 이상적인 관료제의 구조적 특성을 다음과 같이 보고 있다.[25)]

첫째는 합법성이다. 관료의 권한, 직무범위는 법규에 규정되어 있다. 경찰조직도 조직에 관한 기본법인 경찰법에 의하여 조직의 임무가 정해져 있으며, 경찰작용에 관하여는 경찰관직무집행법에 의하여, 그리고 수사에 관하여는 형사소송법에 수권하고 있다. 이러한 법들의 규정은 경찰관료가 권한을 행사할 수 있는 원천이 된다.

둘째, 직무조직은 계층제적 구조로 되어 있다. 계층제는 지시·명령을 하는 자와 그 명령을 수행하는 자를 분명히 구분하고 있다. 경찰 조직의 경우 경찰청에서부터 지방경찰청, 경찰서로 이어지는 계층을 이루고 있으며, 상급자와 하급자의 계급구분이 명백하여 지시·명령자와 집행자가 분명히 구분되고 있다.[26)]

셋째, 직무수행은 서류에 의해 이루어지며, 기록은 장기간 보존된다. 현재는 대부분 문서의 형태로 전자화되고 있지만, 사전 또는 사후 결재와 기록보존의 특성은 변하지 않고 있다.

---

25) 이종수 외 공저, 전게서, p.364.
26) 경찰대학, 전게서, pp.197－198.

넷째, 관료는 직무수행 과정에서 애정이나 증오 등의 개인적 감정에 의존하지 않고 법규에 따라 임무를 수행한다.

다섯째, 모든 직무는 전문지식과 기술을 가진 관료가 담당하며, 이들은 시험과 자격 등에 의해 공개적으로 채용된다. 경찰공무원도 능력주의에 따라 시험 또는 자격에 의하여 채용되고 있으며, 경찰대학·경찰교육원 등 경찰교육기관과 외부의 교육기관에서의 파견교육을 통하여 전문화시키고 있다.

여섯째, 관료는 직무수행의 대가로 급여를 받고 승진·퇴직금 등의 직업적 보상을 받으며, 겸직은 금지된다.

일곱째, 관료제에서 구성원의 신분은 계급에 의한 관계가 아니라 계약관계이다.

막스 베버의 관료제의 특성 중 경찰조직에서 가장 뚜렷하게 나타나는 것은 구조의 계층제적 측면이다. 즉, 대다수의 조직 구성원을 수평적으로 배열하는 것이 아니라 수직적으로 배열하고, 상위에 있는 사람이 지시·명령하고 하위에 있는 사람은 지시·명령을 집행하도록 하는 것이다.

4. 관료제의 역기능과 병리

1) 동조과잉과 수단의 목표화(과잉준수)

관료는 목표가 아닌 수단(규칙·절차)에 지나치게 영합·동조(Merton & Gouldner)함으로써, 창의력 결여와 행정관청론 등의 부작용을 초래할 수 있다.

2) 번문욕례·형식주의(Red Tape)

책임의 한계를 명확히 하기 위한 문서에 의한 업무처리는 문서다작주의·레드 테이프(Red Tape)를 초래한다.

3) 인격·인간성의 상실

법규위주의 지나친 몰인정성·몰인간성·몰정의성(Impersonalism)은 조직 내의 인간관계를 저해하고 냉담과 무관심 등이 만연화되어 인격상실을 초래한다.

4) 전문화로 인한 무능

전문가는 타분야에 대한 이해가 부족하다(훈련된 무능). 따라서 할거주의나 국지주의를 초래할 수 있다.

5) 무사안일주의와 상급자의 권위에 의존

문제해결에 적극적·쇄신적 태도를 갖지 못하고, 상급자의 권위나 선례에만 의존한다.

6) 할거주의

관료들이 자기가 속하고 있는 기관·부처·국·과만을 종적으로 생각하고, 타부처 국·과에 대한 배려가 없어 횡적인 조정·협조가 곤란하다.

7) 변동에 대한 저항(교착상태)

관료들은 자기유지에 대한 불안감 때문에, 본질적으로 보수성을 띠게 된다.

8) 관료독선주의

관료제의 병리현상으로는 관존민비적 사고·권위주의·계급주의·비밀주의·국민에 대한 무책임 등을 들 수 있다. 즉, 관료를 위한 집단으로 전락하는 것을 의미한다.

9) 민주성·대표성의 제약

행정에 대한 외부통제력이 약화되면 행정의 자율성이 과도화하게 된다. 그 결과 책임을 외면하고 국민의 자유를 침해하는 등 관료제의 대표성·민주성을 저해 한다(J. D. Kingsley는 대표적 관료제[27]를 강조).

---

27) 대표적 관료제(Representative Bureaucracy)란 인종, 종교, 성별, 직업, 신분이나 계층, 지역 등 여러 기준에 의하여 분류되는 모든 사회집단들이 한 나라의 인구전체 안에서 차지하는 비율에 맞게 관료조직의 직위들을 차지하게 해야 한다는 원리가 적용되는 관료제를

10) 기타의 병리

이외에 ① 보수주의, ② 얕은 지혜, ③ 전통주의·귀속주의·극단적인 비밀주의, ④ 권력에 대한 욕구, ⑤ 공이익의 망각, ⑥ 무사안일주의, ⑦ Peter의 법칙(무능한 관료의 승진), ⑧ 관료제국주의[28] 등을 들 수 있다.

5. 관료제와 민주주의

관료제(Bureaucracy)는 소수에 의한 지배와 능률성을, 반면 민주주의(Democracy)는 다수에 의한 지배와 민주성을 그 특징으로 한다.

관료제와 민주주의는 서로 부합되는 측면이 있다(법 앞의 평등 등). 그러나 관료제에 의한 능률성만을 강조하다 보면 민주주의의 중요이념인 인간의 존엄과 가치를 충분히 보장하기 곤란하다.

이에 따라 '관료제는 과연 민주주의적 적(敵)인가', '관료제와 민주주의는 공존 가능성이 있는가'라는 의문이 지속적으로 제기되어 왔다.

관료제와 민주주의는 부합되는 측면과 상충되는 측면이 있으나, 양자는 공존·보완이 가능한 관계로 보아야 할 것이다. 따라서 양자의 상충되는 측면을 조화시켜, 관료제가 민주주의 발전에 건전하게 기여하도록 유도하는 것이 현대 관료제의 당면과제이다.

1) 관료제가 민주주의에 공헌하는 측면

말한다. 예컨대, 공직임용 시 임용할당제(Quota System)를 적용하는 것이 좋은 예이다. 이 개념은 서구적 민주주의 정치철학과 정치이론에 바탕을 둔 것으로 1944년 영국관료제를 연구한 J. D. Kingsley의 저서의 명칭에서 유래한다.

28) 관료제는 자기보존 및 세력 확장을 도모하려 하기 때문에 그 업무량과는 상관없이 기구와 인력을 증대시키는 경향을 보인다. 관료제는 권한행사의 영역을 계속 확장하여 이른바 '제국건설(Empire Building)'을 기도한다. 이러한 경향을 '관료제의 제국주의'라고 부르며, 흔히 '파킨슨의 법칙(Parkinson's Law)'이라고도 부른다. Parkinson 자신은 이 법칙을 '상승하는 피라미드의 법칙(The Law of Rising Pyramid)'이라 불렀는데, 이는 「본질적인 업무량의 증가와는 무관하게 공무원의 수는 늘어난다」는 법칙을 말한다.

(1) 공직임용의 기회균등

관료제는 전문적 지식과 실적 및 능력에 따른 관료 임용을 중시하며, 기회균등을 촉진시키는 역할을 한다.

(2) 법 앞의 평등

관료제는 전통적·비합리적인 정실주의와 개별주의를 배제하고 객관적 법규에 의한 보편적 행정을 추구함으로써, 법 앞의 평등이라는 민주적 원리를 구현시킬 수 있다.

(3) 민주적 목표의 능률적 수행

민주적으로 설정된 조직의 모든 목표를 관료들이 능률적으로 수행함으로써, 성공적으로 목표 달성을 지원하는 것이 가능하다.

(4) 국회의 약화된 입법기능 보완

복잡·전문화된 행정수요 때문에 약화된 국회의 입법활동을 관료들의 전문지식으로 보완할 수 있다(방어적 민주주의).

(5) 기타 국민생활수준 향상에 기여

개발도상국의 경우 비약적 경제발전은 관료제의 주도적 역할에 기인하는 측면을 들 수 있다.

2) 관료제가 민주주의를 저해하는 측면

(1) 대외적 민주주의에 대한 저해

관료제가 민주주의를 저해하는 측면 중 대외적인 요인을 보면 다음과 같다.

첫째, 관료제가 특권집단화되어 국민 이익보다 관료 스스로의 이익 추구, 관료집단의 지나친 자율성, 도덕적 해이 등이 나타날 수 있다.

둘째, 방대한 특권집단으로서의 독선관료화로 인해 민중의 요구에 불응하는 경향이 나타날 수 있다.

셋째, 정책결정에 있어서의 관료제의 역할이 증대되고 관료제가 국가발전을 실질적으로 주도하면서도, 특정상관에 대해서만 책임지려 할 뿐 국민에게는 책임을 지지 않으려는 무책임 의식이 상존하게 된다.

(2) **대내적 민주주의에 대한 저해**

관료제가 민주주의를 저해하는 측면 중 대내적인 요인을 보면 다음과 같다.

첫째, 소수의 간부에게 권력이 집중되어 Michels의 이른바 '과두제의 철칙(The Iron Law of Oligarchy)'현상이 나타나, 다수의 부하구성원이 의사 결정과정에서 소외되는 경향이 나타날 수 있다.

둘째, 자발적인 임의단체도 점차 내부적으로 비민주적 보수화·관료제화되는 경향이 나타날 수 있다.

셋째, 단일의 의사결정중추(의사결정에 중심이 되는 중요한 부분)에 독단적 결정을 하게 됨으로, 구성원의 집단토론을 저해하고 조직관리의 비민주화를 초래하게 된다.

넷째, 법규에의 치중으로 공익적·민주적 목표를 저해할 수 있는 측면이 있다.

3) 관료제와 민주주의의 조화방안

민주적 합의도달과 능률적 집행(달성)으로 관료제와 민주주의를 조화시켜야 한다(능률과 민주의 조화, 민주적 능률의 추구).[29] 그 구체적인 조화방안으로는 ① 외부통제장치에 의한 대외적 민주화, ② 행정의 분권화, ③ 행정구제제도의 확립, ④ 행정공개원칙, ⑤ 행정윤리의 정립, ⑥ 기구 내 민주화, ⑦ 관료제로의 시민의 예속방지 등이 있다.

---

29) 예츠(D. Yates)는 '관료제적 민주주의(Bureaucratic Democracy, 1982)'에서 정부관료제가 과연 민주주의라는 정치적 가치와 능률이라는 행정적 가치를 조화시킬 수 있는가 하는 문제를 집중적으로 분석하였는데, 그에 의하면 제도개혁(institutional reform)을 통하여 관료제에 대한 통제전략을 잘 수립하면 양자의 조화가 가능하다고 보았다. 그는 제도적 개혁의 주요과제로 ① 중앙집권적인 통제와 장기적인 기획능력의 강화, ② 국가전반적인 기획을 고려하면서 공개적이며 공평한 체제하에서의 이익의 민주적 조정, ③ 상위정부와 일치하는 지역정부 수준의 갈등조정기구 및 시민감시기구 설립 등을 들고 있다.

Ⅲ. 경찰조직의 유형

1. 개　　설

현행 경찰조직은 국가경찰을 원칙으로 한다(단, 제주도는 예외). 그러나 2020년 12월 12일 경찰법 및 경찰공무원법이 개정되면서 현행 경찰조직은 국가경찰과 자치경찰로 2원화되어 경찰사무를 분담하게 되었다.

2. 기존의 경찰조직

기존의 국가경찰조직은 경찰청장 → 지방경찰청장 → 경찰서장을 행정관청으로 하는 계층제 구조였다. 따라서 경찰행정과 관련된 행정책임은 최상급의 경찰관청인 경찰청장에게 귀속된다. 그 밑에는 치안사무를 지역적으로 분담·수행하기 위하여 전국 특별시·광역시·도에 지방경찰청을 두고, 지방경찰청 소속하에 경찰서를 운영하였다.

1) 경찰행정관청

(1) 경찰청

치안에 관한 사무를 관장하게 하기 위하여 행정안전부 장관 소속하에 경찰청을 둔다(「경찰법」 제2조). 경찰청장은 치안총감으로 보하며, 경찰위원회의 동의를 얻어 행정안전부장관의 제청으로 국무총리를 거쳐 대통령이 임명한다. 이 경우 국회의 인사청문회를 거쳐야 한다.[30]

(2) 지방경찰청

경찰청의 사무를 지역적으로 분담·수행하기 위하여 시장·도지사 소속하에 지방경찰청을 둔다. 지방경찰청장(치안정감·치안감·경무관)은 시장·도지사 소속하에 있지만 시장·도지사의 지휘·감독을 받지 않고, 경찰청장의 지휘·감독을

---

30) 「경찰법」 제11조.

받아 관할구역 안의 경찰사무를 관장하고 소속공무원 및 소속기관의 장을 지휘·감독한다.

(3) 경찰서

지방경찰청소속하에 경찰서를 두며 경찰서에는 경찰서장을 둔다. 경찰서장은 경무관·총경 또는 경정으로 보하며, 지방경찰청장의 지휘감독을 받아 관내 경찰업무를 관장한다. 경찰서장 소속하에 지구대 또는 파출소를 두며 필요한 경우에 출장소를 둘 수 있다. 지구대장 또는 파출소장 등의 지역경찰관서장은 경찰행정관청이 아니고, 보조기관에 불과하다.

2) 경찰집행기관

경찰집행기관[31)]은 소속 경찰관청의 명을 받아 경찰에 관한 국가의사를 사실상 실력으로써 집행하는 기관을 말한다. 경찰작용은 경찰하명이나 경찰허가와 같은 법률 행위적 행정행위뿐만 아니라 사실행위도 포함하게 된다. 경찰기관에는 의사결정기관인 경찰관청 이외에 실력기관인 경찰집행기관과 방범·경비업무 수행 등을 위한 의무경찰대, 101경비단 등 부대조직이 있다. 경찰집행기관은 직무의 일반성 여부에 따라 일반경찰집행기관과 특별 경찰집행기관으로 나눌 수 있다.

(1) 일반경찰집행기관

일반적인 경찰업무를 집행하는 기관으로서 경찰공무원(치안총감·치안정감·치안감·경무관·총경·경정·경감·경위·경사·경장·순경)이 이에 해당한다. 이들 경찰공무원 개개인은 경찰집행기관의 위치에서 경찰의사를 집행한다. 또한 경찰공무원법의 적용을 받는 특정직 국가공무원으로서, 제복을 착용하고 무기를 휴대할 수 있음을 특징으로 한다. 일반 경찰집행기관을 이루는 경찰공무원은 사법경찰(司法警察)에 관한 사무도 아울러 담당하도록 되어 있다. 이 경우의 경찰기관을

---

31) 경찰집행기관은 의사결정기관이 아니라 공권력에 의한 실력행사 등 다양한 수단을 동원하여 경찰의사를 구체적으로 실현하는 의사집행기관이다.

사법경찰관리[32]라고 하며, 이들은 검사의 지휘를 받아 「형사소송법」이 정하는 바에 따라 그 직무를 수행한다.

〈그림 1〉 경찰계급

치안총감 Commissioner General	치안정감 Chief Superintendent General	치안감 Senior Superintendent General	경무관 Superintendent General
총경 senior superintendent	경정 superintendent	경감 Senior Inspector	경위 Inspector
경사 Assistant Inspector	경장 Senior Policeman	순경 Policeman	전·의경 Auxiliary Policeman

(2) **특별경찰집행기관**

특별경찰집행기관은 특정한 분야의 경찰작용에 관한 집행기관을 말하는데, 이에는 의무경찰대·소방공무원·청원경찰·헌병 등이 있다.

3. 특별경찰기관

1) 협의의 행정경찰기관

협의의 행정경찰기관이라 함은 위생경찰·건축경찰·산림경찰처럼 다른 행정작용과 결합하여 특별한 사회적 이익의 보호를 목적으로 하면서, 그 부수작용으로 사회공공의 안녕과 질서를 유지하기 위한 경찰기관을 말한다. 협의의 행정경찰은 학문상의 개념이며, 제도상으로는 경찰이라고 볼 수 없다.

---

32) 경찰집행기관을 이루고 있는 경찰공무원 중 경위에서 경무관까지를 사법경찰관(司法警察官)으로서, 순경에서 경사까지를 사법경찰관리(司法警察官吏)로서 사법경찰 사무를 담당하도록 되어 있다.

2) 비상경찰기관

일반경찰조직으로는 치안을 유지할 수 없는 비상사태 발생 시에 병력으로 공안을 유지하는 것이다. 군사기관은 당연히 비상경찰기관으로 되며, 계엄사령관과 위수사령관이 이에 속한다.

4. 개편 후 경찰조직

1) 경찰조직 변화 과정

수사구조 개혁 일환으로 검찰과 국가정보원 기능을 축소시키고, 한편으로는 비대해진 경찰권을 분산시키기 위해 국가수사본부 출범과 자치경찰제가 도입되었다. 이러한 과정을 요약해 보면, ① 2020년 1월 국회에서 경찰에 1차 수사 종결권 부여, 형사소송법 및 검찰청법 통과 → ② 비대해진 경찰권 우려, 국가수사본부와 자치경찰제 도입 관련 경찰법 및 경찰공무원법 개정안(2020. 12. 9.) → ③ 경찰 정보활동 근거 담긴 경찰관직무집행법 개정안(2020. 12. 12.) → ④ 국정원 대공수사권 폐지 담긴 국정원법 개정안(2020. 12. 13. 국정원 대공수사 경찰에 2024년 이관, 3년 유예) → ⑤ 행정안전부 조직개편안 발표(2020. 12. 29.) 순으로 진행되었다.

2) 경찰조직 변화 구조도

자치경찰제 도입·실시와 국가수사본부 설치에 따른 경찰조직 구조도는 <표 9>와 같다.

〈표 9〉 경찰조직 구조도

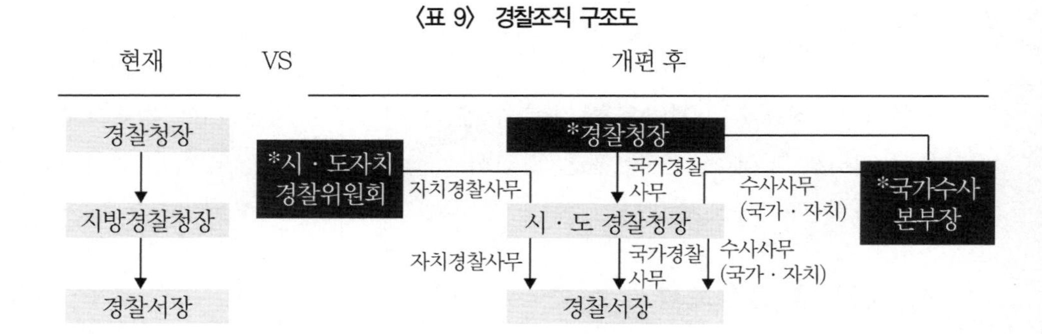

<표 9>에 의하면 경찰조직은 ① 국가, ② 수사, ③ 자치 3계통으로 사무가 분리되었다.

(1) **국가경찰사무**

정보·보안·외사·경비 및 112 상황실 등은 경찰청장이 지휘하지만, 수사와 관련하여서는 원칙적으로 개별 수사를 지휘할 수 없다. 다만, 국민의 생명·신체·재산 또는 공공의 안전 등에 중대한 위험을 초래하는 긴급하고 중요한 사건의 수사는 예외로 한다.

(2) **국가수사사무**

국가수사본부장은 통상적 수사 사건을 총 지휘한다. 2021년 1월 1일 신설되었고, 본부장은 치안정감급으로 2년 단임이며, 개방적이다.

(3) **자치경찰제의 도입·시행**

① **자치경찰제의 의의**

자치경찰제란 지방분권의 이념에 따라 지방자치단체에 경찰권을 부여하고, 경찰의 설치·유지·운영에 관한 책임을 지방자치단체가 담당하는 제도를 말한다. 즉, 국가직과 지방직으로 나누어서 지방과 관련된 책임은 자치경찰이 담당하는 것을 말한다.

② 자치경찰사무

우리나라 경찰은 국가경찰을 원칙으로 한다. 그러나 이에 대한 예외로서 유일하게 제주특별자치도에만 2006년부터 도지사 소속하에 자치경찰이 설치되어 운영되어 왔다. 그러다가 2020. 12. 9. 자치경찰제 도입 관련 경찰법 및 경찰공무원법이 통과되면서 현재 지방경찰청과 경찰서가 맡고 있는 성폭력·교통사고·민생치안 등의 업무가 2021년부터 2022년까지 단계적으로 자치경찰에 이관된다. 따라서 기존 지구대·파출소 직원은 모두 자치경찰로 이관된다. 이에 따라 지방경찰청에서 대응하는 자치경찰본부, 시·군·구 경찰서에 대응하는 자치경찰대(단)가 신설된다. 한편 성폭력·가정폭력·교통사고·음주운전 등 민생치안 사건 수사권도 자치경찰대(단)로 전환된다.

③ 소속

자치경찰은 시·도지사 소속 독립 행정기관인 시·도 자치경찰위원회(위원장 1명 포함 7명, 3년 단임이며 임명권은 시·도지사에게 있음)의 지휘·감독을 받는다. 다만, 자치경찰은 경찰력의 운영상황과 각종 관련 통계를 국가경찰과 상호공유하는 한편, 전시·사변 등 국가비상사태나 테러, 대규모 소요사태 시 경찰청장의 지휘를 받게 된다.

④ 국가경찰과 자치경찰의 장단점 비교

구 분	국가경찰	자치제경찰
사 명	국민의 보호와 국가적 질서유지	국민의 보호와 사회공공의 안녕과 질서유지
권한과 책임의 소재	국 가	지방자치단체
조 직	중앙집권적이고 관료제이며, 단일화된 명령체계	자치단체별 지방분권적 조직체계
수 단	사회공공의 안녕과 질서를 유지하기 위하여 명령, 금지나 강제라는 권력적 수단을 사용함	국민의 자유와 권리를 철저히 보호하는 선에서 권력적 수단보다 비권력적인 면을 중시함
장 점	① 국가권력을 배경으로 강력하고 광	① 인권보장과 민주성이 보장되어 주

	범위한 집행력을 가짐 ② 조직체로서 전국 공통이므로 비상시 통일적인 운영의 묘를 살릴 수 있고, 기동성과 능률성을 발휘할 수 있음 ③ 타 행정부문과의 긴밀한 협조·조정이 원활함	민의 의한 민주경찰행정이 구현됨 ② 주민에 대한 경찰의 책임감이 높음 ③ 지방의 특수성, 창의성이 보장됨 ④ 주민과 일체감이 형성되고 주민협력이 활성화됨 ⑤ 경찰행정에 많은 자원 배분
단 점	① 각 지방의 특수성과 창의성이 저해됨 ② 지방행정에 적합한 치안행정 수립 곤란 ③ 주민과의 친밀도가 떨어지며 관료화될 우려	① 전국적인 협조와 조정이 곤란함 ② 전국적으로 집행력과 기동력이 약화될 우려 ③ 토착세력이 경찰행정 개입으로 경찰부패 초래

제 4 절 경찰조직과 인간

Ⅰ. 개 설

현대인은 조직인이라 할 만큼 조직과 개인은 밀접·불가분의 관계에 있다. 조직의 구성원인 개인은 조직을 통하여 자기 자신을 실현하고 동시에 조직은 그 성원에 협동행위를 통하여 그 목표를 달성한다. 반면, 개인은 가치관·태도와 지식·기술을 가지고 조직에 참여하며, 조직은 개인에게 보수·지위·역할·자격을 부여한다. 그럼에도 불구하고 조직과 개인은 다음과 같은 문제점을 안고 있다.[33)]

첫째, 조직과 개인의 갈등은 필연적 현상이다. 조직의 목표와 개인의 욕구가 일치·조화·융화될 수 있는 조직이 가장 바람직하나, 현대조직에서 조직과 개인의 조화는 용이치 않다. 따라서 구성원의 욕구와 조직의 목표는 상충관계에 있고, 필연적으로 갈등·대립의 요소를 내포하고 있다.

둘째, 현대인은 개인의 변이성(變異性)이 높아 관리하기가 더욱 어려워지고

---

33) 김형중, 경찰학개론, 서울: 청목출판사, 2012, p.335.

있다. 개인의 변이성이란 조직의 구성원으로서 개인이 지닌 신념·동기·가치관에 따라 나타난 상이한 성향을 말하는데, 이는 조직활동에 저해가 되는 경우가 많다.

셋째, 현대인은 다양한 욕구와 변이성을 갖고 있는 존재이다. 따라서 가능한 한 변이성을 감소시켜 양자 간의 갈등과 대립을 극복하고, 양자의 목표를 어떻게 접근·일치시켜 나가느냐가 현대조직이론의 당면과제이다.[34]

Ⅱ. 인간관 및 동기부여에 관한 이론

경찰조직에서 인간관 및 동기부여에 관한 전략은 실제적으로 경찰조직의 목표를 달성하는 데 중요한 요인이다. 동기부여는 인간의 욕구가 무엇인가를 알고 그것을 충족시키는 방법에 의해 이루어지기도 하며, 혹은 그 충족을 억제하는 방법에 의해서 이루어진다. 따라서 동기부여는 조직구성원에게 바람직한 행동을 개발 내지 유도하고, 조직목표의 달성을 위한 높은 수준의 자발적 노력을 통하여 욕구를 충족해 가는 과정을 총칭한다.

1. 마슬로우(A. Maslow)의 욕구계층 5단계이론

마슬로우(A. Maslow)는 인간의 동기가 되는 욕구를 일정한 순서로 체계화하였고, 이러한 체계는 단계별·상향적으로 충족되어진다고 가정하였다. 마슬로우는 대부분의 사람은 다섯 가지의 기본적 욕구를 가지고 있으며, 하위욕구로부터 상위욕구로 발전한다고 보았다.

1) 인간가정

인간의 욕망은 충동적·동물적이며 늘 욕구가 있고, 더 많은 욕구충족을 위

---

34) 아지리스(Argyris)는 조직과 개인의 관계에서 조직의 목표와 개인의 욕구가 일치·조화·융합될 수 있는 조직이 가장 바람직스럽지만 실제로 조직과 개인은 각각 그 목표를 추구하는 과정에서 갈등·대립현상이 나타나는데, 이러한 양자의 상호작용을 악순환 과정으로 파악하였다.

해 노력한다는 것을 전제로 한다. 욕구는 한 단계의 욕구가 충족되어야 다음 단계로 순차적·상향적으로 표출된다.[35] 따라서 한 계층의 욕구가 만족되면 그 욕구는 더 이상 동기부여 요인으로서의 의미가 없어진다.

2) 욕구단계설(욕구의 5단계)

마슬로우는 인간의 다양한 욕구들이 피라미드와 같은 모양으로 묘사되는 위계를 형성한다고 보았다. 그는 인간의 욕구를 <표 10>과 같이 다섯 가지 단계로 구분하였다.

〈표 10〉

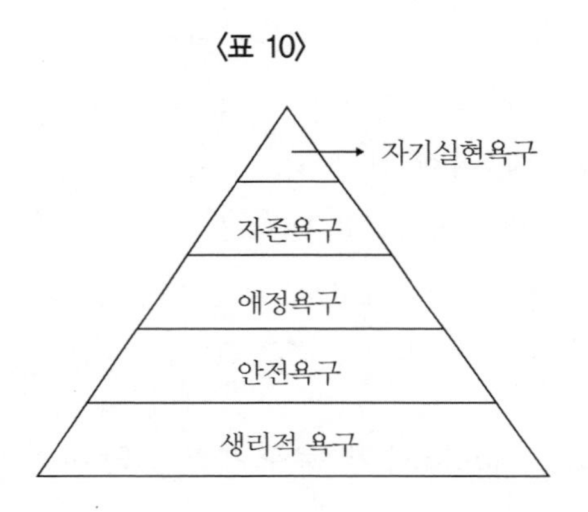

(1) **생리적 욕구**

가장 기본적이며 가장 선행되어야 할 욕구(공기·물·음식·주거·성적욕구 등)로서 의식주에 대한 충족이며, 이 욕구 이전에는 어떤 욕구도 일어나지 않는 우선순위가 가장 높은 욕구를 말한다. 예컨대, 경찰관이 생활하기에 어려울 정도로 임금이 책정된다면, 의식주에 대한 생리적 욕구는 경찰관에게 동기유발의 요인이 된다.

---

35) Maslow, A.H.Motivation and Personality. N.Y. : Harpe and Row, 1954, p.92.

(2) **안전욕구**

자기의 생명과 소유물을 안전하게 보호하고, 질서 있고 안정된 생활유지를 위해 공포나 불확실·위협으로부터 벗어나고 싶어하는 욕구이다. 예컨대, 폭력시위가 난무하는 집회현장에서의 군중통제 등과 같은 요소들이 이 단계에 고려될 수 있다. 경찰조직은 이 단계에 대한 동기부여제도로 신분보장, 직무환경의 안정성을 위한 대책 마련이 필요하다.

(3) **소속 및 애정적 욕구**(사회적 욕구)

조직내외적 환경변수에 대한 적응욕구이며, 이웃과의 따뜻한 정, 사랑, 집단에서의 소속감을 유지하고자 하는 것이다. 애정욕구는 타인과의 친밀하고 밀접한 관계를 통해 충족될 수 있는 대인동기의 바탕이 된다. 예컨대, 경찰조직 내부의 동료애 욕구 등이 이에 해당된다. 동기부여제도로는 인간관계 개선(개인 간의 갈등제거), 고충처리상담 등을 들 수 있다. 마슬로우는 대부분의 사람들이 이 단계 이상을 넘어서지 못한다고 하였다.

(4) **존경의 욕구**(자존욕구)

존경받거나 존경하고 싶어 하는 욕구로서 자존심, 명예, 위신, 인정감 등이다. 이 욕구는 개인자신의 자질을 나타낼 기회를 찾는 동기를 마련해 주어야 한다. 동기부여제도로는 제안제도, 포상제도, 참여확대, 교육훈련 등을 들 수 있다.

(5) **자아실현욕구**

자기가 진실로 바라고 원하는 일을 자긍심을 가지고 자율적으로 수행함으로써 자기를 만드는 욕구로서, 가장 고차원적이며 최종적인 욕구단계이다. 이 단계에서 인간은 스스로 동기를 유발하며 관리자의 역할은 동기유발이 아니라 개인에 대한 지원만이 있을 뿐이다 예컨대, 공정하고 합리적인 승진, 사명감 고취 등을 들 수 있다.

3) 비판[36)]

마슬로우(A. Maslow)의 욕구계층 5단계이론은 다음과 같은 점에서 그 한계성을 나타내고 있다.

첫째, 모든 인간에게 다섯 가지 욕구의 계층이 항상 고정적인 것은 아니다. 즉, 다섯 가지 계층의 우선순위가 개인별로 바뀔 수도 있다.

둘째, 항상 하나의 욕구가 하나의 행동을 유발한다기보다는 두 가지 이상의 복합적인 욕구가 하나의 행동을 유발한다고 보는 것이 타당하다.

셋째, 인간의 욕구는 하급욕구에서 고급욕구로 이어진다는 가정은 비현실적이다. 따라서 인간은 욕구 만족에 의해서 욕구발로가 단계적으로 전진하는 것이 아니라 욕구가 좌절되면 욕구발로가 후진적·하향적으로 진행될 수도 있다는 점을 간과하고 있다는 비판을 받고 있다.

2. 앨더퍼(C. Alderfer)의 E.R.G이론

1) 의의

앨더퍼(C. Alderfer)는 마슬로우(A. Maslow)의 기본이론을 수정하여 조직체 내에서의 인간의 욕구나 동기를 보다 현실적으로 설명하기 위해 ERG(존재－관계－성장) 이론을 개발하였다. ERG는 존재욕구(Existence needs), 관계욕구(Relatedness needs), 성장욕구(Growth needs)의 영문 첫 글자이다.[37)]

2) 마슬로우(Maslow)이론과의 차이[38)]

마슬로우와 앨더퍼의 이론은 다음과 같은 차이점을 가지고 있다.

첫째, 마슬로우(Maslow)는 인간의 욕구를 다섯 가지로 분류한 반면, 앨더퍼(Alderfer)는 존재욕구, 관계욕구, 성장욕구 등의 세 가지로 분류했다.

---

36) 오석홍, 조직이론, 박영사, 1990, pp.299－302.

37) C. P. Alderfer, “An Empirical Test of a New Theory of Human Needs,” *Organizational Behavior and Human Performance*, Vol. 4, 1969, pp.142－175.

38) 오석홍, 전게서, p.303.

둘째, 마슬로우(Maslow)는 욕구충족 시 욕구가 최하급의 생리적 욕구에서부터 자아실현의 욕구까지 진행되어 가는 과정만을 제시한 반면, 앨더퍼(Alderfer)는 욕구만족 시 욕구발로의 전진적·상향적 진행뿐만 아니라 욕구좌절로 인한 후진적·하향적 퇴행을 제시하고 있다.

셋째, 앨더퍼(Alderfer)이론은 한 가지 이상의 욕구가 동시에 작용할 수도 있고, 어떤 경우에는 고급욕구가 충족되면 하급욕구가 등장하기도 한다는 것이다.

〈표 11〉 마슬로우(A. Maslow) 이론과 앨더퍼(C. Alderfer) 이론의 관계

Maslow	생리적 욕구 · 안전욕구	애정욕구 · 존경욕구	자기실현욕구
Alderfer	존재욕구(E)	관계욕구(R)	성장욕구(G)

3. 맥클랜드(D. C. McClelland)의 성취동기이론

모든 사람은 유사한 욕구의 계층을 갖고 있다는 것이 마슬로우의 입장이다. 반면 맥클랜드(D. C. McClelland)는 욕구는 학습되는 것이고, 인간 행동에 영향을 미칠 수 있는 욕구들은 인간마다 서열이 다르다고 하였다. 그는 인간행동에 영향을 미치는 욕구를 성취욕구(need of Achievement: n－Ach), 권력욕구(need for Power: n－pow), 친교욕구(need for Affiliation: n－Aff)로 유형화했다.

〈표 12〉 맥클랜드(D. C. McClelland)의 성취동기이론의 3가지 욕구[39]

3가지 욕구(동기)	
권력욕구 (n－pow)	• 타인에 대해서 강력한 영향력을 미치거나 통제하고, 논쟁에서 이기고, 타인의 행동을 변화시키려는 욕구이다.
친교욕구 (n－Aff)	• 타인에 대해 따뜻하고 친근한 관계유지에 많은 시간을 할애하는 욕구이다.
성취욕구 (n－Ach)	• 권력욕구나 친교욕구는 조직성과나 유능한 리더십을 좌우하는 욕구(동기)가 될 수는 없다. 반면, 높은 성취동기(high-Ach)는 한 나라의 경제성장이나 조직성 그리고 훌륭한 리더십을 결정하는 요인이라고 주장하였다.

4. 아지리스의 성숙-미성숙이론

아지리스(Chris Argyris)가 발전시킨 성숙－미성숙이론에 의하면 인간의 생산성은 그의 성숙 혹은 미성숙의 결과라고 주장한다.

1) 미성숙에서 성숙으로 발전 시 발생하는 변화

아지리스(Argyris)의 이론에 의하면 인간성에 있어서 미성숙에서 성숙으로 진행 시에는 다음과 같은 변화가 일어난다고 주장하였다.[40]

첫째, 수동상태에서 능동상태로

둘째, 타인에 대한 의존상태로부터 독립상태로

셋째, 단순한 행동양식에서 다양한 행동양식으로

넷째, 피상적인 관심에서 보다 깊고 강한 관심으로

다섯째, 단기적이고 근시안적인 전망에서 장기적이고 거시적인 전망으로

여섯째, 복종의 상태로부터 평등 또는 우월의 상태로

일곱째, 자기인식의 결핍의 상태로부터 자각과 자제의 상태로 변화한다.

2) 기본적 결론

아지리스(Argyris)는 미성숙－성숙이론에서 다음과 같은 결론을 내리고 있다.[41]

첫째, 대부분의 노동자들은 게으르지 않으나 명백히 미성숙하다.

둘째, 관리에 관한 인간관계 접근방법은 노동자들의 인간성을 변화시킨다.

셋째, 전통적 조직은 고용자들이 성숙되어 가는 과정을 지연시킬지도 모른다.

넷째, 직무의 증대는 책임감을 일으킨다.

다섯째, 책임감은 극기와 자제를 증대시키고 감독에 대한 필요성을 감소시킨다.

여섯째, 고용원의 성숙은 생산성을 증대시킨다.

---

39) 김창윤 외, 경찰학, 서울: 박영사, 2014, p.592.

40) Chris Argyris, *Understanding Organizational Behavior, Homewook,* Ⅲ.: The Dorsey Press, Inc., 1960, pp.9－9.

41) Chris Argyris, *Personality and Organization*, New York: Harper & Row, 1957, p.76.

5. 맥그리거(D. McGregor)의 X·Y이론

맥그리거(D. McGregor)는 마슬로우(A. H. Maslow)의 욕구단계이론을 바탕으로 삼아 인간모형을 X이론과 Y이론으로 대별하였다. 이 중 X이론은 마슬로우가 말한 욕구단계 가운데서 하급욕구를 중요시하는 것이고, Y이론은 비교적 고급욕구를 중요시하는 것이다.

1) 의의

맥그리거(D. McGregor)는 인간이 일에 대하여 가지고 있는 상반된 태도·관점을 기준으로 X이론과 Y이론으로 분류하였다(기업의 인간적 측면).

2) X이론의 인간관과 관리전략

X이론은 인간이 생리적 욕구와 안전욕구 같은 하급욕구가 충족되면 존경욕구와 자기실현욕구 같은 고급욕구로 이동한다는 마슬로우(Maslow)의 욕구단계이론을 오류라고 비판한다. 인간은 하급욕구에 의해 행동이 통제될 뿐, 고급욕구에 의해서 통제되지 않는다는 것이 X이론의 가정이다.

(1) X이론적 인간관

X이론의 기초적인 가정은 다음과 같이 요약할 수 있다.

첫째, 인간은 본성적으로 일을 싫어하며 가능하면 일을 회피하려고 한다.

둘째, 일을 시키고자 하면 강제, 명령, 위협, 벌칙 등이 가해져야 한다.

셋째, 인간은 야망이 없고 책임지기를 싫어하며, 안정된 생활만 추구하는 수동적·피동적·소극적 성향을 갖고 있다.

넷째, 인간은 자기중심적이고 이기주의적이며, 자신이 앞서서 무엇을 하기보다는 누가 해 주기를 기대한다.

다섯째, 인간에 대한 동기유발은 주로 생리적 욕구나 안전욕구를 자극함으로써 가능하다.

(2) X이론에 입각한 관리전략

X이론에 입각한 관리전략은 당근과 채찍에 의한 전략이 효과적이라고 제시하였다. 즉, 경제적보상체계의 강화, 권위주의적 관리, 엄격한 감독과 통제(강제·명령·처벌 등), 조직구조와 명령체계 확립, 엄격한 상벌체계 등의 전략이 효과적이라고 보았다.

3) Y이론의 인간관과 관리전략

(1) Y이론적 인간관

맥그리거(McGregor)의 Y이론은 X이론과는 달리 조직 속의 인간이란 자기실현욕구를 가진 존재이고, 조직목표를 자신의 목표에 통합할 줄 아는 이상적인 존재로서 묘사한다. 따라서 그는 조직 속의 인간을 다음과 같이 가정한다.[42]

첫째, 인간은 본질적으로 일을 반드시 싫어하는 것은 아니고, 상황이나 조건에 따라서 일을 보는 견해가 다르다. 따라서 일은 작업조건만 제대로 갖추어지면 그 자체에서 성취감과 즐거움을 찾을 수 있는 하나의 조건이다.

둘째, 조직의 목표달성을 위한 활동은 수동적인 명령·위협도 있지만, 개개인의 자발적·능동적인 활동이 중시된다.

셋째, 자발적이고 의욕적인 참가를 통하여 보람을 느끼고, 책임을 지려하고 책임 있는 행동을 수행하려 한다.

넷째, 대부분의 사람들은 동기부여가 되면 비교적 높은 수준의 창의력과 상상력으로 발휘할 수 있는 창조적인 인간이다.

다섯째, 대부분의 인간은 자기이익만을 추구하는 것이 아니라, 타인이나 집단의 이익을 배려하는 존재이다.

여섯째, 조직구성원의 동기유발은 마슬로우의 5단계 욕구 등에 의해 가능하지만, 그중에서도 존경욕구, 자기실현욕구와 같은 고급욕구가 주된 동기유발 요인이다.

---

42) Douglas McGregor, The Human Side of Enterprise, New York: McGraw－Hill, 1960, pp.33－57.

(2) Y이론에 입각한 관리전략

맥그리거는 조직구성원에 대한 지시와 통제를 과다하게 사용해서는 안되고, 조직구성원의 잠재력이 능동적으로 발휘되게 하면서 개인과 조직이 원하는 바를 서로 통합시킬 수 있는 Y이론적 인간관이 바탕이 되어야 한다고 주장하였다.[43] Y이론적 인간관에 따른 관리전략으로는 경제적·인간적 보상체계의 혼용, 민주적 리더십, 분권화와 권한의 위임, 비공식적 조직의 활용, 목표에 의한 관리(MBO), 자기평가제도 등이 효과적이라고 제시하였다.

4) X·Y이론에 대한 비판

X·Y이론은 인간의 한쪽 측면만을 관찰하여 일방적인 관리전략을 주장하였는데, 이는 편협된 생각이다. 원래 인간은 양면성을 띠고 있으므로, 인간에 대한 가정은 복합적·신축적이어야 한다는 것이다.

6. Z이론

1) 룬드슈타트(S. Lundstedt)의 이론

룬드슈타트(S. Lundstedt)는 인간에 대한 기계적인 가정[44]을 포기하고, 화이트(White) 등이 제시한 자유방임적 리더십을 내세워 각 개인의 개성과 잠재능력을 최대한 발휘할 수 있는 분위기를 조성해야 한다는 데 역점을 뒀다. 따라서 인간의 관리전략방식은 자유방임적이어야 한다는 것이다.

2) 오우치(W. Ouchi)의 이론

오우치(W. Ouchi)는 미국식 관리를 A이론, 일본식 관리를 J이론이라고 부르고, 미국 내의 일본식 조직 관리를 Z이론이라 하였다. Z이론의 주요관리방식은 평생고용제, 참여와 조정을 거친 순환보직(전문적인 경력통로), 자율적 규범으로

---

43) 이종수 외 공저, 전게서, p.354.

44) X이론적 인간관은 지나치게 수동적이고 편협한 해석이고, Y론적 인간은 지나치게 이상적이기 때문에, 인간에 대한 가정이 너무나 기계적이라는 것이다.

통제의 실효성확보, 참여와 조정을 거친 집단적 의사결정과 책임을 통한 만족감 고취, 공식적·집권적·하의 상달식 품위제 등을 활용하는 것 등이다.

7. 허즈버그(F. Herzberg)의 욕구충족 2요인이론

1) 의의

허즈버그(F. Herzberg)는 종업원들과 대화식 면접으로 실증적 연구를 하였다. 그 결과 직무에 불만족을 느끼고 있을 경우에는 작업조건이나 환경이 문제시되었고, 직무에 만족을 느낄 때는 그것을 직무자체와 관련성이 있다고 보았다. 따라서 허즈버그는 작업자와 환경과의 욕구범주들을 위생요인 또는 불만족요인이라 불렀고, 인간의 만족요인들을 동기요인 또는 만족요인이라고 불렀다.[45)]

2) 위생요인과 동기요인

(1) **위생요인**

위생요인은 직무수행과 관련된 외적요인(환경적요인)으로 정책과 관리·감독 방법, 작업조건, 개인 상호 간의 관계, 보수 등이 이에 해당한다.

(2) **동기요인**

동기요인은 인간에게 만족을 주고 직무수행을 위한 동기유발의 요인이다. 동기부여요인은 인간 내부의 욕구충족과 관련된 내적요인(심리적 요인)으로 성취감, 책임감, 안정감, 승진, 일 자체 등이 이에 해당한다.

3) 위생요인과 동기요인과의 관계

위생요인이란 불만족을 제거해 주는 것으로서, 불만요인의 제거는 단순히 불만족을 제거하는 소극적이고 단기적인 효과만을 기대할 수 있다. 따라서 동기

---

45) Frederick Herzberg, The Motivation : Hygiene Concept and Problems of Manpower (1964) in Shafritz and A.C.Hyde(ed), Classics of Public Administration, Oak Park : Moore, 1978, pp.217－222.

를 유발시켜 사기를 높이기 위해서는 만족요인의 개선이 필요하다고 본다.

불만족의 반대는 만족이 아니라 불만족에서 벗어나는 상태를 말한다. 위생요인은 그것이 충족되지 않을 경우 조직구성원에게 불만을 주지만, 그것이 충족되더라도 생산성 증대와는 직접 관계가 없고 다만 작업의 손실을 막아줄 뿐이다. 따라서 조직구성원의 직무수행동기를 유발시키는 동기부여요인이 필요하다.

8. 브룸(V. Vroom)의 기대이론

일반적으로 동기이론은 동기를 유발하는 요인의 내용을 설명하는 내용이론과 동기유발의 과정을 설명하는 과정이론으로 분류할 수 있다. 위에서 설명한 이론들은 내용이론에 해당하며, 과정이론의 대표적인 것이 브룸의 기대이론이다.

1) 의의

브룸(V. Vroom)은 인간이 행동하는 방향의 강도는 그 행동이 일정한 결과로 이어진다는 기대의 강도와 이어진 결과에 대한 매력에 달려 있다고 주장했다. 기대이론에 내포되어 있는 주요개념을 보면 다음과 같다.[46]

첫째, 개인이 일정한 노력을 기울이면 근무성과를 올릴 수 있을 것이라고 기대하고(기대감), 특정 수준의 성과를 올리면 매력적인 보상이 주어질 것이라는 믿음이 클 경우에(수단성), 동기부여가 되어 업무수행의 강도를 높이게 된다.

둘째, 어느 개인이 원하는 특정한 보상에 대한 선호의 강도를 유의성이라고 한다. 즉, 유의성은 직무상에서 받을 수 있는 보상에 대해 그 개인이 느끼는 보상의 중요성을 의미한다. 이러한 선호의 강도는 개인이 보상을 받지 않았을 때보다 더 선호를 느끼게 된다면 정(正)의 유의성을 갖고, 무관심할 때는 0의 유의성, 싫어하면 부(負)의 유의성을 갖는다.

셋째, 행동의 소산인 결과가 있다. 이것은 개인행동의 성과와 같은 1차적 결과와 성과에 따른 승진 등과 같은 2차적 결과, 즉 보상으로 구분할 수 있다. 높은 수준의 성과로 인한 봉급인상, 승진, 상사로부터의 인정 등과 같은 보상은

46) 이종수 외, 전게서, pp.356－357.

정(正)의 유의성을 갖는 반면, 피로·스트레스·휴식기간의 부족 등은 부(負)의 유의성을 갖는다는 것이다.

2) 핵심내용 및 비판

브롬(V. Vroom)의 기대이론의 핵심내용은 일정한 행동을 작동시키는 개인의 동기는 1차적 결과, 즉 성과에 대한 유의성과 자신의 행동이 1차적 결과를 가져오리라는 주관적 기대감에 의해 결정된다고 했다. 그리고 1차적 결과(성과)에 대한 유의성은 2차적 결과, 즉 보상에 대한 유의성과 그 보상이 성과에 의해 생기리라는 개인적 기대감과 수단성[47]에 의해 결정된다고 보았다. 그러나 기대이론은 너무 많은 변수(노력, 성과, 승진 등의 결과, 주관적 기대치 등)를 결합시키고 있어, 이론적 과학성이 결여되었다는 비판을 받고 있다.

제 5 절 경찰조직과 외부환경

Ⅰ. 체계이론

1. 체계이론의 의의

고전적 접근방법이 공식구조에 초점을 맞추었다면, 인간관계론적 접근방법은 개인간의 관계를 강조하였다. 그러나 체계이론(Systems theory)은 공식·비공식 조직 내의 상하집단 간의 관계를 강조한다.[48] 체계라는 용어는 단일성에서부터 복잡성에 이르기까지 수많은 정의가 있다. 즉, 부분보다는 전체를 고려하는 것을 의미한다.[49]

---

47) 수단성이라 함은 개인이 지각하기에 어떤 특정한 수준의 성과를 달성하면 바람직한 보상이 주어지리라고 믿는 정도를 말한다. 따라서 기대감이 노력과 성과 간의 관계에 대한 믿음이라면, 수단성은 성과와 보상 간의 관계에 대한 믿음이다.

48) 이황우, 전게서, p.181.

49) Leonard J. Kazimier, Principles of Management, 3re ed., New York: McGraw－Hill, 1974, p.478.

조직관리자의 관점에서 본다면 조직을 전체로서 보기 위해서, 그리고 한 부서의 행동이 다른 부서의 행동에 영향을 끼친다는 것을 이해하기 위해서는 체제이론의 사용이 매우 필요하다. 조직 내의 모든 관리자들은 자신들의 부서활동이 조직 전체적인 목표와 조화를 이루기 위해서는 끊임없이 상호작용을 해야 한다. 체제이론은 환경에 대해서 개방적이다. 따라서 조직이 생존하기 위해서는 환경과의 끊임없는 상호작용은 매우 중요한 일이라고 보고 있다.[50]

2. 체계이론의 특징

하나의 체계는 다른 체계와의 상호작용(interaction) 속에 존재하고 있으며, 전체 체계(total system) 속의 하위체계(sub-system)로 구성되어, 각각은 상호의존(interdependence)관계를 유지하고 있다.

체계론적 관점에서 조직은 ① 목표, ② 구조, ③ 관리·과정, ④ 인간행태, ⑤ 환경이라는 하위체제로 구분하고, 이들 간의 유기적 연계성을 모색하고 있다. 이러한 관점에서 조직의 개념을 정의한다면, 조직은 "일정한 목표를 달성하기 위하여 구조·관리·인간이라고 하는 부분요소(하위시스템)들이 유기적인 관련성을 맺으면서 환경과 끊임없이 상호작용하는 실체"라고 볼 수 있을 것이다. 예컨대, 경찰조직을 체계론적 관점에서 접근한다면, '범죄와 무질서로부터 국민의 생명·신체·재산의 보호'라는 거시적인 목표를 달성하기 위한 하나의 실체, 즉 '유기체'로 볼 수 있을 것이다. 체계이론에서는 조직을 구성하는 모든 상·하위요소들이 조직 내에서 그리고 외부환경과 끊임없이 상호작용하는 것으로 본다면, 이는 곧 살아 있는 유기체와 같은 생존원리에 의해 조직이 작용한다는 것을 의미한다.[51]

한편, 체계이론에서는 조직의 공식적인 역할 내지 기능이 강조된다. 조직 내의 각 부서의 적절한 권한구조의 설정과 통제 및 조정이 강조되고, 부서 구성원들의 행태를 강조하고 있다. 그리고 보다 조직에서 보다 중요한 것은 외부환경(정치·경제·사회·문화) 및 내부 환경(각 부서)의 영향을 받고, 또한 영향을 미친

50) 최선우, 경찰학, 그린출판사, 2014, p.221.
51) 최선우, 형사사법의 역사성과 체제론적 접근, 한국공안행정학회보 제16호, 2003, pp.217-219.

다는 점이다. 즉, 조직은 폐쇄체계가 아닌 환경과 영향을 주고받는 개방체계(Open System)이다.[52)]

Ⅱ. 상황이론

1. 상황이론의 의의

조직을 체계론적 관점에서 접근하게 되면, 자칫 피상적인 논의에 그칠 우려가 있다. 왜냐하면 체제모형의 특성상 전체적 접근이 이루어지기 때문에, 개별적 상황을 간과할 우려가 있다는 점을 들 수 있다. 이는 어떻게 보면, 조직이라는 것 자체가 전체적인 관점에서 접근하는 것이 용이하지 않다는 것을 의미하는 것이기도 하다. 그리고 전체적인 접근방법이 다분히 탁상공론에 흐르는 경향이 있기 때문이기도 하다. 다만, 조직을 단순한 전체가 아닌 각 구성요소들의 유기적인 연계와 상호작용을 강조하는 체제론적 관점에서 접근하는 것은 주어진 조직목표를 설정하고, 조직을 구성하는 각 부서들 간의 불균형성을 바로잡아 주기 때문에 궁극적으로 조직이 나아가야 할 방향을 제시하는 데 유용할 것으로 보인다.[53)]

따라서 체계론적 접근방법과 함께 상황적 접근방법을 함께 고려되어야 할 것이다. 상황적 접근은 개별적인 상황에 따라 당시의 조직이 직면한 구체적인 문제점을 인지·분석·대응하는 데 유용하게 사용될 수 있다. 이러한 맥락에서 본다면 상황적 접근은 체계이론을 구체화시켜 주는 역할을 한다고 볼 수 있다.[54)]

2. 상황이론의 접근방법

체계이론은 조직 간 부서간의 상호작용 등을 포함한 조직 전체와 외부환경과의 상호작용의 중요성을 강조하고 있다. 상황이론 역시 이와 동일한 관점, 즉

---

52) 최선우, 전게서, p.222.
53) 최선우, 전게서, pp.219－220.
54) 신유근, 조직론, 다산출판사, 1998, p.88.

조직 내외간의 상호작용의 중요성이 강조된다. 다만, 상황이론에서는 조직구조와 관리방식에 영향을 미치는 내적·외적 요소의 중요성을 다시 재정립하고 있다. 즉, 조직관리에 있어서 방법과 관행이 하나의 상황에서는 효과적일 수 있지만, 다른 상황에서는 전혀 그러한 결과를 가져다 줄 수도 없다는 점을 제시하고 있다. 예컨대, 특정 리더십과 직무설계가 어느 부서에서는 효과가 있는데, 다른 부서에서는 그렇지 못하다는 것이다. 그 대답은 매우 간단하다. 즉, 주어진 상황이 다르기 때문이다. 바꾸어 말하자면, 모든 상황에 적용될 수 있는 보편적인 원리란 없다는 데 그 바탕을 두고 있다.[55]

Ⅲ. 조직과 환경

1. 의 의

1) 개념

조직은 구성원의 협동노력으로 특정 목표를 달성하고자 하는 인적 집합체라고 할 수 있고, 반면 환경은 조직을 둘러싸고 조직에 영향을 미치는 모든 외부조건을 말한다(투입을 생성하고 산출을 받아들이는 에너지의 근원이 되는 영역을 말함).

2) 개방체제로서의 조직

1940년대 이전까지의 고전적 조직이론은 조직을 폐쇄체제로서 인식하여 조직의 내부문제만을 연구하였다. 그러나 생태론과 체제론 이후의 오늘날 현대조직이론은 조직을 환경과 관계하면서 정보와 에너지 그리고 인적 및 물적 자원을 상호교환하는 개방체제로 파악하여, 조직과 환경과의 상호관계를 중시하면서 조직을 연구하는 경향을 띠고 있다.

55) 최선우, 전게서, pp.221－222.

2. 조직환경의 유형

1) 스콧(Scott)의 견해

(1) **일반환경**

일반 환경이란 모든 조직에 간접적으로 영향을 미치는 넓은 범위의 환경을 말한다(공통적·2차적·잠재적). 조직의 존립토대가 되는 사회의 일반적인 조건들로서는 정치(정치풍토 등)·경제(환율·금리·유가 등)·사회·인구·법·기술적 환경 등을 둘 수 있다.

(2) **과업환경**(구체적 환경)

과업환경이란 특정 조직의 활동이나 전략 및 의사결정에 직접적으로 영향을 미치는 구체적 환경을 말한다(매개적·1차적·특수적). 구체적 환경으로는 직접적인 거래관계에 있는 고객, 대상집단, 압력단체, 경쟁자집단, 협조자집단, 감독 또는 피감독기관 등이 이에 해당된다.

구체적 환경은 일종의 '조직집합'으로서 교호작용을 하는 대상조직 간의 관계로 정의되기도 한다. 구체적 환경은 이러한 조직 집합 내에서 특정 대상조직과 대상조직 간의 관계로서 이를 과업(업무)환경이라고도 하며, 과업환경에 의하여 '조직영역(조직의 구체적 업무범위)'이 형성된다.

2) 카츠와 칸(Katz & Kahn)의 견해

(1) **안정성과 격동성**(Stability - Turbulence)

안정성과 격동성은 환경의 변동양상에 관한 것이다. 극단적으로 안정된 환경은 불변하는 환경으로서 고전적인 환경이다. 반면, 극단적으로 격동하는 환경은 예측이 대단히 어렵거나 불가능한 변동을 겪고 있는 환경으로서, 현대적인 환경이다.

(2) **다양성과 동질성**(Diversity - Homogeneity)

환경은 잡다한 이질적 요소들을 내포하는 경우도 있고, 동질적인 요소로만 구성되어 있는 경우도 있다. 그러나 그 중간 형태가 무수히 많다는 것은 이론의 여지가 없다. 환경이 다양한가(이질적인가) 아니면 동질적인가 하는 것은 조직에 큰 영향을 미친다. 조직과 환경의 중요영역이 서로 이질적인가 또는 동질적인가 하는 것도 중요한 문제이다. 조직과 환경이 동질적일 때 조직은 쉽게 생존하고 성장할 수 있지만, 이질적이거나 적대적일 때에는 그것이 어렵다.

(3) **집약성과 무작위성**(Clustering - Randomness)

집약성과 무작위성은 환경 자체가 얼마나 조직화되어 있느냐에 관한 특성이다. 환경은 고도로 집약화·조직화되어 있는 경우도 있고, 무작위적 내지 무정부적 상태를 노정하고 있는 경우도 있다. 집약적인 경우란 환경을 구성하는 요소들이 일정한 방식으로 결합하여 다른 요소들에게 영향을 줄 수 있는 인위적이고 작위적인 환경이다. 반면, 무작위적 환경은 평온하고 임의적인 환경이다.

(4) **궁핍성과 풍족성**(Scarcity - Munificence)

궁핍성과 풍족성은 자연적 및 물적 환경과 관련하여 가장 뚜렷하게 나타나는 특성이다. 그러나 궁핍성과 풍족성이 자연적 및 물적환경에 국한된 특성인 것은 물론 아니다. 기술 및 정보부문이나 경제부문 등에서도 그러한 특성을 쉽게 관찰할 수 있다. 풍족성이란 조직이 필요로 하는 자원이 환경에 풍부하게 널려 있는 경우이다. 반면, 궁핍성이란 자원의존이론에서처럼 필요한 자원이 희소하여 필요한 자원을 모두 충분히 확보할 수 없는 상황을 말한다.

3. 에머와 트리스(Emery & Trist)의 조직환경의 변화단계

에머와 트리스(Emery & Trist)는 환경의 내용을 밝히는 데 일찍이 공헌한 학자들이다. 이들은 사례연구를 통하여 '복잡성과 변화율'이라는 특성에 중점을 두고 환경을 네 가지로 분류하였다.[56]

1) 제1단계(정적·임의적 환경)

에머와 트리스(Emery & Trist)가 제시한 일반환경의 유형 중 가장 단순한 환경의 유형이라 할 수 있다. 환경을 구성하는 여러 요소가 안정적으로 평온히 분포되어 있는 무작위적 상태(완전경쟁시장), 즉 자연상태 그대로인 환경을 말한다. 가장 고전적인 행정환경으로 계층제적(기계적) 조직구조가 적합하다. 태아가 처해 있는 환경, 유목민들이 처해 있는 환경 등을 예로 들 수 있다.

2) 제2단계(정적·집약적 환경)

환경의 요소가 안정되어 있고 비교적 불변하는 정태적 요소들을 가지고 있으나, 일정한 유형에 따라 군집(群集)방식으로 결합을 시작한다(불완전 경쟁시장). 정적·집약적 환경의 예로는 유아의 환경, 그리고 농업·광업 등 1차 산업의 환경을 들 수 있다.

3) 제3단계(교란·반응적 환경)

동태적 환경으로 많은 수의 유사조직이 상호작용하면서 경쟁이 시작된다(독과점시장). 그렇기 때문에 각 체제가 서로 다른 체제의 반응을 고려하지 않을 수 없는 조직환경을 말한다. 유아기를 벗어난 사람들이 다른 사람들과 연관을 맺으면서 살아가는 환경 등이 이에 해당한다.

4) 제4단계(격동의 장)

조직과 환경과의 관계에서 매우 복잡하고 격동하는 동태적인 작용이 이루어지는 환경을 말한다. 즉, 소용돌이의 장(Turbulent Field)상태로서 현대 행정환경을 지칭한다. 이러한 조직환경은 환경 내의 특정한 구성체제들이 벌이는 상호작용에 의해서 뿐만 아니라 환경이라는 장(場) 자체로부터 동태적인 과정이 야

56) F. E. Emery and E. l. Trist, “The Casual Texture of Organizational Environments”, in John G. Mauser(ed.), Readings in Organizational Theory: Open System Approach(New York: Random House, 1971), pp.46−47.

기되는 환경유형이다. 그러기 때문에 이러한 행정환경하에서는 상호작용의 복잡성과 급속한 변화 때문에, 예측이 곤란한 장기계획이란 의미가 없게 된다. 따라서 고도로 유기적인 특별임시조직(Adhocracy) 등 조직의 동태화(탈관료화)가 필요하다.[57)]

제 6 절 경찰조직의 관리이론

Ⅰ. 목표에 의한 관리

1. 개 념

목표에 의한 관리(Management By Objectives: MBO)는 목표달성문제를 관리적 측면에서 중점적으로 다루려고 하는 관리전술로서, 구성원의 권고 및 참여의 조장을 통하여 조직목표를 달성하는 것이다.[58)]

MBO는 드러커(Peter F. Drucker)가 1954년 「관리의 실제(The Practice of Management)」라는 저서에서 주장하였다. MBO는 장기적인 계획의 수립, 통제체제 및 조직의 목표와 개별적인 조직참여자의 목표를 통합하기 위한 폭넓은 접근방법으로 발전하여 왔다. MBO는 사기업 분야에서 개발된 조직관리기법이었다. 이것이 행정조직에 정식으로 도입된 것은 1973년 미국의 닉슨(Nixon) 대통령이 미연방정부의 21개 주요기관에 대해서 MBO를 실시하라는 지시를 하게 됨에 따라 이루어지게 되었다.[59)]

---

57) 소용돌이의 장(Turbulent Field)
조직의 예측능력을 훨씬 앞질러 행정환경이 변화하는 단계로 Emery와 Trist, S. Terrebery는 오늘날의 급변하는 현대 조직의 환경을 「소용돌이의 환경」이라고 하였다. 「소용돌이의 장」을 환경관으로 여긴 것은 1970년대 신행정론이다. ① 현대조직은 소용돌이의 환경 속에 있고, ② 조직은 점점 조직자체 내의 고정된 목적을 상실해 가고 있으며, ③ 타조직이 환경구성인자로서 더욱 더 중요한 기능을 수행하며, ④ 이런 소용돌이의 환경 속에서 조직의 변화란 주로 외부의 힘에 의하여 초래되고, ⑤ 고도의 복잡성·불확실성·다기능성·동태성 등을 그 특징으로 한다.

58) 이황우, 전게서, pp.187－188.

59) 김창윤 외, 경찰학, 박영사, 2014, p.599.

오늘날 MBO는 기업체뿐만 아니라 정부조직에서도 많이 사용되고 있는데, 그 이유는 규모나 복잡성이 커지고 그 목표도 다양하기 때문이다.

2. MBO의 절차

MBO의 절차는 크게 1) 목표의 발견(finding the objective), 2) 목표의 설정(setting the objective), 3) 목표의 확인(validating the objective), 4) 목표의 실행(implementing the objective), 5) 목표달성 상태의 통제와 보고(controlling and reporting status of the objective)의 다섯 가지로 구분된다.[60)]

1) 목표의 발견

MBO는 먼저 조직의 생존·성장·개선 및 문제점을 위해 조직이 이루고자 하는 결과나 상태, 즉 목표를 찾아내고자 하는 단계에서 시작된다. 이를 위하여 먼저 조직의 현황과 조직이 달성하고자 하는 것을 파악·분석하는 것이 필요한데, 바로 이러한 분석·파악을 위해서 타당성 조사와 사전준비를 하게 된다.

특히, 사전준비단계에서는 조직구성원을 교육하고 훈련시키는 일과 함께, 보다 중요한 것은 목표를 설정하는 데 있어서 상하계층의 각자가 공통적으로 적용하게 될 통일된 목표구조의 수치(measurement index)를 만드는 일이다.

목표에 관한 측정수치로서 수익성(profitability), 효율성(operational efficiency), 인력관리와 개발(personnel attitude and development), 연구개발(research and development) 등이 있다.

2) 목표의 설정

타당성 조사와 사전준비가 끝나면, 관리자와 조직구성원들은 공동으로 목표를 설정하는 단계에 들어가게 된다. 실제적인 MBO의 절차는 이 단계에서 시작되며, 가장 창의력을 요하는 중요한 과정이다.

---

60) 김창윤 외, 상게서, pp.599－600.

3) 목표의 확인

설정된 목표는 확인하는 과정을 거쳐야 한다. 계획을 실행하는 데 있어서 문제점이나 실패요인은 없는가를 찾아내기 위해서는 실행에 따른 위험도나 변화가 예상되는 사항들을 분석·검토해야 한다.

4) 목표의 실행

설정된 목표에 대한 확인과정을 거친 후에는 목표를 달성하기 위한 구체적인 실행전략(implementation strategy: 업무계획)이 수립되고, 그에 따라 실행에 옮겨지게 된다.

5) 목표달성 상태의 통제와 보고

이 단계는 MBO의 마지막 단계로서 목표가 계획대로 진행되고 있는가를 측정하고, 계획과 차질이 생길 경우에는 이를 시정하고 통제하기 위한 보고를 하게 된다.

Ⅱ. 총질관리(통합적인 관리체계)

1. 총질관리의 의의와 기본 원리

1) 의 의

총질관리(TQM: Total Quality Management)는 고전적 접근방법에서 벗어나 기획·조직·지휘 등을 보다 더 중시하는 것으로서, 고객만족을 위한 전략이면서도 통합적인 관리체제를 말한다.[61]

61) 이황우, 전게서, p.190.

2) 기본 원리

데밍(W. Edwards Deming)은 현대 조직의 행정관리에 있어서 치명적인 문제점을 지적하고 품질을 향상시키기 위해 열네 가지 원리와 전략을 제시하였는데, 이것이 총질관리(TQM)의 기본원리이다.[62] 기본원리는 다음과 같다.

① 조직의 문화는 협동적이어야 하고 조직에 기여하는 것이어야 한다. 따라서 생산품과 서비스의 개선이라는 일관성 있는 목적을 추구하여야 한다.
② 생산품의 질·서비스·의사결정을 강조하는 새로운 철학을 채택하여야 한다.
③ 질적인 것을 달성하기 위하여 감독에 의존하는 것을 중단하여야 한다.
④ 단일한 공급자에 의한 작업을 통하여 전체비용을 최소화하여야 한다.
⑤ 계속해서 매 과정마다 개선하여야 한다.
⑥ 조직의 모든 계층에서 직업훈련을 실시하여야 한다.
⑦ 권위에 의한 것이 아니라 지식·경험·인간관계기술 등에 의한 리더십을 채택하여야 한다.
⑧ 작업규칙·권위·처벌·내적인 경쟁에 바탕을 둔 기업문화 등에 의존하고 있는 불완전한 리더십에서 탈출하여야 한다.
⑨ 참모들 간의 장벽을 제거하고, 누구나 기업의 목적을 위하여 팀으로서 일을 하여야 한다.
⑩ 작업능률을 올리기 위한 목표·훈계·슬로건을 제거하여야 한다.
⑪ 작업능률을 위한 수적인 양 또는 관리를 위한 수적인 목표를 지양하여야 한다.
⑫ 노동자의 자부심을 빼앗는 장애를 제거하여야 한다.
⑬ 모두에게 교육과 자기발전을 위한 다양한 프로그램을 제공하여야 한다.
⑭ 회사의 모든 사람이 변화에 적응하도록 하고, 특히 최고 관리층의 적응

---

62) Bruce Brocka and Suzanne Brocka, Quality Management (Homewood, Ⅲ.: Irwin, 1992), pp.65–68; J. E. Ross., Total Quality Management(Delray Beach, F1.: St. Lucie Press, 1995), p.5.

이 요구된다.

2. 총질관리의 특징

총질관리는 고객지향, 예방적 품질관리, 능률성지양, 체계지향적 관리, 투입과 과정에 대한 지속적인 개선 추구, 강력한 참여관리, 총체적 참여에 의한 품질관리이다.

〈표 13〉 TQM의 특징[63]

TQM의 세부적인 특징	
고객지향	• 행정서비스가 너무 복잡하거나 비싸고, 고객의 마음을 끌지 못하면 정상적인 서비스도 높은 질을 가진다고 평가되지 못한다.
예방적 품질관리	• 서비스의 질은 산출 초기단계에 반영되면 추후단계의 비효율을 방지할 수 있고, 고객만족을 도모할 수 있다.
능률성 지양 (서비스의 변이성 방지)	• 서비스의 질이 떨어지는 것은 서비스의 지나친 변화성(variability)에 기인하므로, 서비스가 바람직한 기준을 벗어나지 않도록 해야 한다(종업원의 사기, 고객의 반응고려).
체계지향적 (통계적) 공정관리	• 일부 관리층의 직관이나 경험에 배타적으로 의존하는 경향을 탈피하고, 정확하고 축적된 통계자료에 의존하여야 불량품의 원인을 규명하는 데 큰 도움이 된다.
투입과정의 지속적인 개선	• 서비스의 질은 고객만족에 초점을 두므로, 정태적이 아니라 계속 변동되는 목표이다. 따라서 산출(output)이 아니라 투입(input)과 과정의 계속적인 개선에 주력해야 한다.
강력한 참여관리	• 서비스의 질은 산출활동을 하는 구성원과 투입 및 과정의 끊임없는 개선에 의존하게 된다. 따라서 실책이나 변화에 대한 두려움이 없는 구성원의 참여강화가 중요하며, 계층수준과 기능단위 간 의사소통의 장벽이 없어야 한다.
총체적 참여	• 높은 질을 가진 서비스를 산출하고 서비스를 개선하는 데 초점을 맞춘 조직문화를 관리자가 창출하는 경우에만 질을 얻게 된다. 반면, 총체적인 헌신이 쇠퇴하면 질은 급격하게 떨어지고, 조직은 경쟁에서 뒤떨어지게 된다.

63) 김창윤 외, 경찰학, 서울: 박영사, 2014, p.602.

제 7 절 경찰조직편성의 원리

Ⅰ. 개 설

경찰조직은 구성원들의 능력 또는 경험이 있든 없든 효과적으로 처리하기 어려운 거대하고 복잡한 업무를 다루는 관료적인 조직으로 구성되어 있다. 이러한 경찰업무를 달성하는 데 가장 훌륭한 방법은 체계 또는 모형에 따라 경찰활동과 기능을 결합시키거나 분리시키는 것이다.[64]

이하에서 논의하고 있는 경찰조직의 편성원리란 경찰업무를 어떻게 하면 가장 효율적이고도 합리적으로 수행할 수 있도록 편성할 수 있는가 하는 것으로, 조직편성의 관리기술이라고 볼 수 있다.

경찰조직의 편성원리는 구체적으로 분업, 계층제, 통솔범위, 명령통일, 조정과 통합의 원리 등을 들 수 있다.[65] 경찰관리자는 조직편성의 원리와 실제운영에 대한 깊은 통찰력이 있어야 된다.

Ⅱ. 전문화(분업)의 원리

1. 의 의

분업의 원리라고도 하는 전문화의 원리는 조직의 업무를 세분화하여 가급적 한 사람에게 동일한 업무를 분담시키고 이를 반복하게 함으로써, 조직관리상의 능률을 향상시키는 것을 말한다. 분업은 수평적 분업(기능적 분업)과 수직적 분업으로 나눌 수가 있다. 경찰조직의 경우에 경무과, 교통과, 생활안전과, 수사과, 정보과 등의 분화는 바로 수평적 분업(기능적 분업)을 말하는 것이다. 반면, 수직적 분업은 관료제적 계층제처럼 상·하 계층 사이의 종적 업무 부담을 말한다. 예컨대, 경찰서의 경우에 서장, 과장, 계장 등 계층 간의 업무분화는 수직적 분업이다. 경찰업무는 이처럼 수평적 분업과 수직적 분업의 협동행위로 이루어진다.

64) 이황우, 전게서, p.138.
65) 이상안, 전게서, pp.252-253

2. 전문화의 필요성

게이너스와 워렐(Gaines & Worrall)는 전문화(Specialization)의 주요 필요성을 다음과 같이 설명하고 있다.66)

첫째, 사람은 성격·능력·기술·적성에 차이가 있으므로, 전문화에 의하여 사무를 능률적으로 수행할 수 있고 전문가가 될 수 있다.

둘째, 전문화는 특별한 업무에 대한 책임을 지운다. 따라서 행정가들에게 조직을 더 효과적으로 통제하는 것을 가능하게 한다. 예를 들어, 경찰서의 범죄 검거율이 떨어졌다면, 경찰서장은 담당직원을 면담하여 그 원인을 파악하고 필요한 조치를 취하여야 한다.

셋째, 한 사람이 습득할 수 있는 지식과 기술의 횡적 범위에는 한계가 있으므로, 특정 분야에 관한 전문가가 필요하고 세분화가 필요하다.

넷째, 전문화가 없다면 경찰관들은 모든 유형의 훈련을 받아야 한다. 각 경찰관들은 순찰, 선별적인 강제력 행사 방법, 사고 조사, 자살 조사, 성범죄 조사 기타 등에 관한 훈련 등이 필요하다. 이러한 과정은 경찰관서의 입장에서 볼 때 매우 비용이 많이 들고 시간도 낭비하게 된다. 따라서 전문화를 하게 되면 업무를 습득하는 데 걸리는 시간을 단축시켜 행정의 능률화에 기여할 수 있고, 직업의 질도 높일 수 있게 된다.

다섯째, 전문화는 업무숙련도를 향상시킨다. 경찰들이 지속적으로 같거나 유사한 업무를 수행한다면, 그들은 반복적인 경험들로 인하여 더 효과적인 업무를 처리할 것이다. 예를 들어, 강도 검거를 위하여 배치된 형사는 업무의 효율성을 높이기 위하여 끊임없이 검거 기술을 개발하게 될 것이다.

3. 전문화 정도의 결정요소

경찰의 전문화 정도를 결정하는 데 있어서 고려되어야 할 중요한 요소는

---

66) L. K. Gaines & J. L. Worrall, Police Administration, 3rd ed.(Clifton Park, New York: Delmar Cengage Learning, 2012), p.110; 최응렬, 전게서, pp.46－47.

다음과 같다.[67]

첫째, 전문화의 필요성이다. 경찰의 활동량이 전문가의 할당 또는 전문부서로서의 설립을 정당화시키기 위하여 충분한 규모인가 하는 점이다.

둘째, 전문적 기술의 요구이다. 전문적 기술은 특별한 교육훈련을 통하여 습득될 수 있으나, 비용과 시간이 많이 소요된다. 경찰의 업무 가운데 체포·신문·감식 등은 전문적 기술이 요구된다고 할 수 있다.

셋째, 전문화에 대한 비용효과이다. 경찰활동의 비용효과를 측정한다는 것은 어렵지만, 경찰기능이 전문화되지 못한다면 경찰은 생산성이 없고 비용효과도 없다.

넷째, 조정·계획·통제의 필요성이다. 경찰조직 내에서 분화된 부서의 발전과 연계를 위하여는 조직의 조정·계획 및 통제의 필요성이 요구된다.

다섯째, 전문가의 규모이다. 재직하고 있는 전문가의 규모가 어느 정도의 수준인가 하는 점이다. 직원을 전문화한다는 것은 그들의 직무만족과 생산성에 편익을 제공할 것이다.

4. 순기능과 역기능

경찰기관의 전문화는 다음과 같은 장점을 갖고 있다.[68]

첫째, 애로와 업무지연을 제거 또는 최소화함으로써 작업을 능률화시키는데 도움이 된다. 업무는 담당영역에서 전문가로서 임명된 직원들이 담당하기 때문이다.

둘째, 직무는 그것을 다루고 있는 가장 유능한 사람에 의하여 수행되기 때문에, 경찰기관 내에서 업무수행의 질을 향상 시킨다.

셋째, 직무를 보다 신속하게 수행하도록 도와준다.

넷째, 경찰업무에 대한 비용을 절감해 준다.

다섯째, 직원들에게 동기부여와 전문가적 기술을 증진시키며, 그리고 경찰

---

67) Calvin J. Swank and James A. Conser, *The Police Personnel System*(New York: John Wiley & Sons, 1983), pp.340－344.

68) 이황우, 전게서, pp.143－144.

관들 간에 보다 큰 직무만족을 가져다준다.

반면, 전문화(분업)는 다음과 같은 문제점을 내재하고 있다.

첫째, 과도한 분업은 정형화된 일을 반복함으로써, 업무에 대한 흥미상실과 창조적 능력을 잃게 할 수 있다.

둘째, 전문화의 정도가 클수록 할거주의[69]로 인한 조정과 통합이 상대적으로 어려워진다.

셋째, 인간적 소외감과 전체적인 통찰력이 부족하기 때문에, 업무 범위에서 벗어나는 문제에 대하여는 해결을 불가능하게 하는 전문가적 무능력 현상을 초래한다.

넷째, 너무 지나친 전문화는 과도한 경쟁과 비밀을 증가시키며, 경찰조직 내부에 부패를 조장할 수 있다.

다섯째, 업무의 동질성을 기준으로 각자의 능력을 고려한 적절한 분업이 이루어지는 것이 필요하다는 점 등이 지적되고 있다.

Ⅲ. 계층제의 원리

1. 의　　의

계층제는 집권적인 가톨릭 교권조직에서 유래된 것이다. 따라서 계층제는 상·하 간의 명령복종의 관계이며, 지위와 역할이 계서화(명령체계)된 체계라고 볼 수 있다.[70]

계층제의 원리는 권한·의무와 책임의 정도에 따라 직무를 상·하로 등급화시키고, 상·하계층 간에 명령복종과 지휘감독체계를 확립하는 조직의 원리를 말한다. 계층제는 조직의 일체감과 통일성을 유지하는 데 가장 적합한 원리로서, 경찰과 군대와 같은 조직에서 주로 사용되고 있다. 계층제는 분업의 원리인 수직적 분담이기도 하다.

---

69) 할거주의는 자신이 속한 부서나 종적인 서열만을 중요하게 생각한 나머지 횡적으로 타 부서에 대한 협조와 배려를 하지 않는 배타적인 관료제의 병리현상을 말한다.

70) 김중규, 뉴밀레니엄 행정학, 성지각, 2000, p.401.

2. 계층제의 특징

계층제는 다음과 같은 특징들을 내포하고 있다.[71)]

첫째, 조직의 규모와 전문화가 확대되고 업무의 다양성과 구성원의 수가 증가되는 데 따라, 조직의 계층도 증가된다.

둘째, 계층제는 통솔범위와 상반관계에 있다. 통솔범위가 넓어지면 반대로 계층의 수는 적어지고, 통솔범위가 좁아지면 계층의 수는 많아진다.

셋째, 계층제의 계선과 참모와의 관계를 보면 계층제는 계선조직을 중심으로 형성된다. 참모조직은 피라미드를 거꾸로 세운 형태를 나타낸다.

넷째, 계층제와 업무의 성격 간에는 통상 계층 수준이 높을수록 주요 정책과 장기계획 그리고 비정형적 업무에, 반면 낮을수록 정형적 업무나 구체적인 운영에 중점을 두게 된다. 그러나 계층제가 지나치게 확대되어 있으면 의사소통의 경로는 막힐 수밖에 없게 된다. 따라서 인간관계가 등한시됨은 물론이고, 사기가 떨어지는 한계점에 도달하게 되어 협조를 확보하기가 어렵게 된다. 즉, 계층제의 수준확산은 관료제의 병리를 초래하는 주요한 원인이 된다.

3. 계층제의 순기능

경찰조직은 계층제의 원리로 조직을 편성하고 상명하복을 기본원리로 하고 있기 때문에, 조직의 일체감과 통일성을 가장 큰 강점으로 하고 있다. 계층제의 원리는 다음과 같다.

첫째, 지휘계통을 확립하고 대규모 경찰조직의 업무수행에 질서와 통일을 기할 수 있다. 이는 계층제가 명령과 지시를 수행하도록 하는데 적합한 조직원리이기 때문이다.

둘째, 권한과 책임을 계층에 따라 적정하게 배분하는 경로가 되고, 권한과 책임한계 설정의 기준이 된다.

셋째, 경찰조직 내의 분쟁과 갈등 및 대립을 조정하여 내부통제를 확보할

---

71) 신현기, 전게서, p.76.

수 있다는 점 등을 들 수 있다.

4. 계층제의 역기능

계층제의 원리는 다음과 같은 한계성을 갖고 있다.

① 계층제하에서는 원칙적으로 지시와 명령에 의한 결정이 이루어지므로, 조직의 경직화를 초래한다.

② 계층의 수가 많을수록 최종결정을 위한 의사소통의 단계 또한 늘어나게 되며, 이에 따라 업무흐름이 차단되거나 처리시간이 지연될 수 있다. 즉, 의사소통의 능률성을 저해하거나 정보의 왜곡을 초래하기 쉽다.

③ 계층제는 지나친 수직주의를 강조하기 때문에, 외부환경의 변동에 즉각적인 적응을 하지 못하고 보수성을 띠기 쉽다.

④ 계층제를 비합리적인 인간지배의 수단으로 인식할 우려가 있다. 따라서 직무상의 상하관계가 신분상의 상하관계로 전환될 위험이 있다.

⑤ 계층의 심화는 업무처리과정이 지연되어 관리비용이 증가하게 되고, 계층간 갈등의 원인이 될 수 있다는 점 등을 들 수 있다.

위와 같은 계층제의 순기능과 역기능을 정리하여 도표화해 보면 <표 14>와 같다.

〈표 14〉 계층제의 순기능과 역기능

순기능	역기능
㉠ 명령 · 지시, 권한의 위임이나 의사소통의 통로 ㉡ 조직의 질서유지 ㉢ 조직의 통일성 유지 ㉣ 업무를 분담하는 통로 ㉤ 조직 내의 분쟁 · 갈등의 해결 및 조정과 내부통제의 확보수단 ㉥ 책임의 명확화와 책임소재의 규명 ㉦ 승진을 통한 사기의 앙양 ㉧ 영향력과 추종력의 행사수단	㉠ 상하 간의 지나친 불균형은 근무의욕을 저하 ㉡ 의사소통의 왜곡 ㉢ 최고책임자에게 높은 의존심 ㉣ 조직의 경직화 초래 ㉤ 동태적 인간관계 형성 저해 ㉥ 지배와 통제의 비합리적인 인간지배의 수단화 ㉦ 자율성이 강한 전문가는 계층제의 권위에 도전, 갈등과 대립 조성

㉧ 업무처리의 신중을 기하는 측면	◎ 환경의 변화에 대한 신축성의 결여 ㉧ 할거주의(Sectionalism)

5. 계층제에 대한 평가와 동태적 조직의 대두

조직규모와 인력이 팽창하고 이로 인하여 계층제가 심화·확대되면, 의사전달의 통로가 막히고 지나친 계층의식의 발동으로 사기가 떨어지게 된다. 따라서 최근에는 경사가 완만하고 통솔범위가 넓은 동태적·평면적 조직이 강조되고 있고, 이러한 동태적 조직에서는 구성원의 사기앙양과 창의적 활동을 촉진시키게 된다. 경찰조직에서 대표적인 동태화는 테스크 포스(tast force), 프로젝트 팀(project team), 매트릭스 조직(matrix organization) 등과 같은 애드호크라시(Adhocracy)조직을 통해 구현되고 있다.[72)]

Ⅳ. 통솔범위의 원리[73)]

1. 의　　의

통솔의 범위(span of control)는 한 사람의 상관이 효과적으로 감독할 수 있는 최대한의 부하의 수를 말한다. 한 사람의 감독자가 직접 감독할 수 있는 부하의 수는 일정한 한도로 제한해 줄 필요가 있다. 한 사람이 직접적으로 감독할 수 있는 부하의 수는 업무의 성질, 고용기술, 작업성과 기준에 달려 있다.[74)] 모든 조직은 일반적으로 상관보다도 부하가 더 많다. 이러한 이유 때문에 경찰이나 혹은 다른 공공기관의 조직표는 사다리모양보다는 피라미드 모양이다.

경찰서장은 피라미드의 정점에서 통제하고 있으며, 부하는 아랫부분을 따

72) 최응렬, 전게서, p.54.

73) 최근 구조조정의 문제는 통솔범위의 원리와 밀접한 관련성이 있다. 통솔범위는 계층의 수, 업무의 복잡성과 단순성, 시간적·공간적 요인, 부하의 능력, 감독자의 리더십 등에 따라 다른데, 이러한 통솔범위를 재검토함으로써 계급의 조정이나 인력의 재배치로 연결된다.

74) Paul B. Weston, *Police Organization & Management*(Pacific Palisades, Cal.: Goodyear Publishing Co., 1976), p.40.

라 다양한 직위에 분포되어 있으면서 각각의 직위에 따라 명령을 수행한다. 조직의 피라미드 높이는 직위 및 계급제도에 따라 권한에 따른 책임의 산물이다. 반면, 피라미드 바닥의 넓이는 통솔 범위의 산물이다.[75)]

2. 통솔범위에 관한 이론

1) 패이욜(H. Fayol)의 견해[76)]

프랑스의 행정학자인 패이욜은 개인차가 있는 사람의 집단에서 한 사람의 상관이 통솔할 수 있는 사람의 적정 수는 20－30인, 상위층은 통솔범위가 5－6인이라고 했다.

2) 영국의 홀데인위원회

영국의 홀데인위원회는 내각의 경우 10－12명이 적정수라고 건의하였다.

3) 그레이쿠나스(A. Graicunas)의 연구

그레이쿠나스는 감독자와 부하와의 관계에 있어서 부하와의 직접관계뿐만 아니라, 부하집단과 부하 사이에 이루어지는 교차관계도 고려되어야 한다고 주장하였다. 즉, 감독자와 부하 개인과의 직접관계는 부하의 증가에 비례하여 증대하지만, 집단관계 및 교차관계는 그 비율보다도 훨씬 더 증가하므로 적정인원은 6인이라고 하였다.

3. 통솔범위의 결정요인

통솔범위를 결정할 때 고려해야 할 요인으로는 시간적·공간적 요인, 조직 및 직무의 성질, 감독자와 부하의 능력과 성격, 감독자와 부하의 관계, 참모기관과 정보관리체계의 발달 여부, 통솔범위와 계층제로 나누어 볼 수 있다.[77)]

---

75) 이황우, 전게서, p.139.

76) 프랑스의 행정학자인 패이욜(H. Fayol, 1949:1984)은 최고관리자의 관점에서 관리의 문제를 취급했는데, 그가 주장하는 관리의 원칙에는 분업·권한과 책임·명령통일 등 11가지가 포함되어 있다.

1) 시간적 요인

신설조직의 감독자보다 기존조직이나 안정된 조직의 감독자가 더 많은 부하직원을 통솔할 수 있다. 왜냐하면 기존조직이나 안정된 조직은 이미 구성원들이 명령체계에 익숙해 있기 때문이다.

2) 공간적 요인

지리적으로 분산된 부서보다는 한 장소에 모여 있거나 근접할 부서일수록, 그리고 교통이 발달하면 훨씬 많은 부하들을 직접 통솔할 수 있다.

3) 직무의 성질

복잡한 전문직·이질적 사무를 담당하는 부하를 감독하는 경우보다는 동일 성질의 단순반복업무에 종사하는 부하들일수록 통솔범위가 확대된다.

4) 감독자와 부하들의 능력

관리자 및 부하들의 능력이 우수하고 훈련이 잘 된 경우일수록 통솔범위가 확대된다.

5) 감독자와 부하의 관계

관리자의 부하집단에 대한 신임도가 높거나 사기 및 인간관계가 양호할수록 통솔범위가 확대된다.

---

77) 이와 같은 변수에도 불구하고 경험에 의하면 통솔범위는 7명 정도가 적당하다고 한다. 그러나 미국의 경우 수사부서에 있어서 감독자의 통솔범위는 10명의 형사를 초과해서는 안 된다고 주장한다(James F. Fyfe, et al., Police Administration, 5th ed., New York: McGraw-Hill Co., 1997, p.608). 또한 순찰부서에 있어서 순찰반장은 10명 내지 15명의 순찰경찰관을 효과적으로 감독할 수도 있지만, FBI의 특수공격대(Special Weapon And Tactics 또는 Special Weapon Attack Team: SWAT)의 경우에 경사는 보통 5명 또는 그 이하의 부하를 배정받고 있다(이황우, 전게서, p.140).

6) 참모기관과 정보처리관리체계의 발달

참모기관과 정보처리관리체계가 발달할수록 통솔범위가 확대된다.

7) 통솔범위와 계층제(역관계)

피라미드 조직의 위로 올라갈수록, 즉 조직계층의 상층부로 갈수록 통솔범위는 좁아지고, 피라미드 조직의 아래로(하층부) 내려올수록 통솔범위는 넓어진다. 그리고 계층의 수를 많게 하면 통솔범위는 상대적으로 좁아지고, 계층의 수를 적게 하면 평면조직에 가까워지므로 통솔범위는 넓어진다.

Ⅴ. 명령통일의 원리

1. 의 의

명령통일의 원리는 조직체계의 구성원 간에 지시나 보고를 주고받을 때 누구나 한 사람의 상관에게만 보고하며 또 한 사람에게만 명령을 받아야 한다는 원칙을 말한다. 명령통일의 원리는 업무수행의 혼선과 이로 인한 비능률을 방지하고, 행정책임의 소재를 분명히 하고자 하는 것이 목적이다. 예를 들면 순경은 항상 한 사람의 경사로부터 명령을 받아야 하며 항상 그 경사에게 보고해야 한다. 만일 순경이 다른 부서의 형사 또는 다른 감독자에 의하여 지시를 받거나 또는 충고를 받는다면 그 순경은 어떤 행동을 취하기도 전에 그의 상관인 경사에게 제지를 받을 것이다. 부하 경찰관이 여러 감독자들로부터 명령을 받는다면, 그는 혼란에 빠질 것이고 비능률적으로 될 것이며 책임을 지려는 자가 없을 것이다.

2. 명령통일의 원리에 대한 정당화와 비판[78)]

1) 정당화 근거

명령통일의 원리는 다음과 같은 이유 때문에 정당화되고 있다.

첫째, 기관 내의 권한과 통제를 강화한다.

둘째, 행동에 대한(특히 어떤 것이 잘못 되었을 때) 책임을 결정하는 데 도움이 된다.

셋째, 의사전달을 촉진시키고 모순된 명령을 제거함으로써 조직 내의 갈등을 감소시킨다.

넷째, 직원의 효과적인 감독을 강화시킨다.

2) 명령통일의 원리에 대한 비판과 접근방법

명령통일의 원리는 다음과 같은 이유들로 인하여 많은 비판의 대상이 되고 있다.

첫째, 부하들을 직접 감독하지 않는 참모 및 계선조직이 부하들에게 유익한 자문을 하는 것을 허용치 않는다.

둘째, 계층제 때문에 의사전달과정이 길어지고 있다. 예를 들면 대규모 경찰서의 경우 순경으로부터의 요청이 경찰서장에게 도달하는 데에는 오랜 시간이 걸린다.

셋째, 감독자가 경청하지 않는 경우에는 부하들의 사기를 꺾을 수 있다.

넷째, 부하는 비상사태 또는 그들의 직접적인 감독자가 감독을 할 수 없을 때에는 필요한 자문을 받지 못하게 된다.

다섯째, 한 사람의 상관을 통한 의사전달을 고집한다면 오히려 업무의 능률을 저하시킬 우려가 있다.

행태주의이론가들에 의하여 주장되고 있는 현대조직이론은 명령의 통일이 현대경찰조직에서 필요하다는 것을 부정한다. 대신에 행태주의이론은 부하가 그

---

78) 이황우, 상게서, pp.141－142.

의 직접적인 감독자보다 다른 곳으로부터 자문을 받는 것을 허락하는 관대한 명령체제를 강조한다. 이러한 접근방법은 다음과 같은 주장에 입각하고 있다.

첫째, 현대의 경찰관은 그들의 감독자보다 고등교육을 받았고 더욱 동기부여가 되어 있다.

둘째, 감독자와 참모들로부터 광범위한 지시는 효과적인 경찰업무에 필수적이라고 생각하여 자유롭게 수행할 것이다.

셋째, 모순되는 명령의 경우에 부하는 모순을 해결하기 위하여 보다 높은 계급에 있는 다른 사람에게 조언을 구할 것이다.

넷째, 관대한 명령체계는 문제해결을 위하여 현명한 자유재량권을 행사할 수 있게 함으로써 계선직원(특히, 순경 수준에 있는)의 사기를 증대시킬 것이다.

다섯째, 관대한 명령은 의사전달의 시간을 절약하고 상관으로 하여금 많은 사소한 결정들을 하지 않도록 해 준다.

Ⅵ. 조정과 통합의 원리

1. 의　　의

조정과 통합의 원리는 경찰목표를 효율적으로 달성하기 위한 조직의 운영에서 계층 간, 부서 간 또는 구성원 간의 갈등 등 내부의 갈등을 조정해야 한다는 원리이다. 즉, 분업의 원리, 계층제의 원리, 통솔범위의 원리, 명령통일의 원리가 보다 큰 차원의 목적을 위해 조정되고 통합되어야 한다는 원리이다. 무니(D. Mooney)는 조정의 원리를 중시하여 조정을 목표달성과 직결되는 조직의 제1의 원리이며, 최고의 원리라고 강조하였다.[79]

2. 특　　징

조정의 원리는 행정구심점의 확보이고, 강제성을 띠기보다는 자발성과 자율성을 띤 권위를 그 배경으로 한다. 한편, 조정의 저해요인으로는 행정조직의

79) J. D. Mooney, *The Principles of Organization*, New York: Harper, 1947, p.5.

대규모화·행정조직의 지나친 전문화와 분업·조직구성원의 이해관계나 기관목표의 차이·할거주의·관리자의 조정능력 부족 및 조정기구의 결여·의사전달의 미흡·전근대적인 가치관 등을 들 수 있다.

3. 조정과 통합의 원리의 필요성

앞에서 설명한 네 가지 원리는 모두 조직의 목적을 합리적이며 효율적으로 달성하기 위한 것이다. 그러나 이 원리들은 각자 장점만이 있는 것이 아니라 단점도 가지고 있기 때문에, 조직전체의 관점에서 본다면 상호충돌의 가능성이 있다. 따라서 그러한 장단점 간의 갈등을 조정하여야 한다는 원리가 조정과 통합의 원리이다.

4. 갈등의 조정과 통합의 방법

갈등은 여러 가지 불협화음을 내고 업무의 효율성을 떨어뜨리는 요인이 된다. 그러나 한편으로 갈등은 조직내부에 무엇인가 문제가 있음을 알리는 중요한 정보라고 할 수 있다. 나아가 갈등을 잘 해결하면 조직의 결속과 문제해결에도 기여하게 된다. 갈등을 해결하는 방법은 우선 갈등의 원인을 진단하고 갈등이 생기는 원인을 근원적으로 찾아내어 문제를 해결해 주는 것이다.

① 갈등이 세분화된 업무처리에서 나오는 것이라면, 업무처리과정을 통합한다든지 연결하는 장치나 대화채널을 확보해 주는 것이 필요하다.

② 부서 간의 갈등이 일어나고 있을 때는 더 높은 상위목표를 위하여 서로 이해하고 양보하도록 하여야 한다.

③ 한정된 인력이나 예산을 확보하고 업무추진의 우선순위를 관리자가 정해 주어야 한다.

④ 문제를 해결해 주는 것이 어려울 때에는 갈등을 완화하거나 양자 간의 타협을 이끌어 내거나, 또는 관리자가 갈등을 초래할 수 있는 결정을 보류 또는 회피하는 방법을 쓸 수 있다.

⑤ 시간적으로 급박하거나 이해관계가 첨예할 경우, 최후의 수단으로 상관의 판단과 명령에 의해 해결하는 방법을 택할 수 있다.

제 8 절 경찰조직의 리더십

Ⅰ. 개 념

1. 의 의

리더십(leadership)이란 조직목표의 달성을 위하여 구성원이 자발적으로 적극적 행동을 하도록 동기를 부여하고, 영향력을 미치는 관리자의 쇄신적·창의적인 기술·능력을 의미한다. 또는 리더십은 조직의 효과성을 위해 구성원들을 자극하고 일정한 방향으로 행동을 이끌어 내는 과정으로 정의되기도 한다.

2. 리더십의 중요성 대두

과학적 관리론이 지배하던 시대에는 합리적·기계적 인간관에 중점을 두었기 때문에, 리더십이 중시되지 않았다. 그러나 구성원의 동기부여를 중시하는 1930년대 인간관계론과 발전행정론이 본격적으로 대두됨에 따라 리더십에 대한 중요성이 강조되기 시작하였다.

3. 리더십(Leadership)과 직권력(Headship)과의 차이

리더십과 직권력의 공통점은 십(ship)이라는 공통된 단어 외에는, 다음과 같이 근거, 성격, 심리적인 면에서 전혀 그 의미를 달리한다는 점에 유의하여야 한다.

① 직권력은 공식적인 직위의 권위를 근거로 하는데 비해, 리더십은 자신의 권위, 즉 사람의 권위를 근거로 한다.

② 직권력의 권위성의 성격은 제도적 권위인 반면, 리더십은 심리적 권위이다.

③ 직권력은 지도자와 피지도자 간에 공감이나 자발성을 전제로 하지 않으나, 리더십은 공감이나 일체감이 강하다는 점 등에서 차이가 난다.

Ⅱ. 리더십 이론

1. 자질론(특성론)

1) 의의

자질론은 리더십에 관한 전통이론으로 리더란 특수한 자질을 가지고 태어나야 리더로서의 자격이 있다는 이론이다. 즉, 리더십은 개인적 자질 특성(용모, 지능, 언어구사력, 통찰력, 판단력, 결단력, 사교성 등)에 따라 발휘된다는 입장이다.

2) 자질론의 한계

자질론은 집단의 특징·조직목표·상황에 따라 리더십의 자질은 전혀 달리 요청될 수 있다. 지도자라 하더라도 누구나 동일한 자질을 갖는 것은 아니다. 따라서 자질론은 지도자가 반드시 갖추어야 할 보편적인 자질은 없다는 사실을 간과하고 있다고 지적받고 있기도 하다.

2. 행태이론

1) 의의

행태이론은 리더 개인의 행태 또는 리더십 유형(style)에 중점을 두는 이론이다. 리더십 유형은 권위형, 민주형, 자유방임형으로 나누어지며, 이 중 민주형이 가장 효과적이라고 본다.

2) 유형[80)]

(1) **권위형 리더십**

리더가 중요한 결정을 내리고 부하에게 명령·지시하는 유형이며, 직무수행에 중점을 둔다. 리더는 부하에게 권한의 위임을 거의 하지 않으며, 자기의 명령에 부하가 순종하기만을 기다린다.

---

80) 김상호 외 공저, 전게서, p.164.

(2) **민주형 리더십**

민주형 리더십은 부하를 적극적으로 참여시켜 정책이나 문제를 함께 검토하고 해결안을 모색하려고 한다. 따라서 인간관계에 중점을 두는 유형을 말한다.

(3) **자유방임형 리더십**

리더가 결정권을 대폭적으로 위임하여 부하가 업무수행의 목표를 확립하도록 하는 유형이며, 사실상 리더십으로는 별로 큰 의미가 없다.

3) 한계

효과적인 리더의 행동은 상황에 따라 다르다는 사실을 간과하고 있다는 점이 행태이론의 한계로 지적되고 있다. 이에 따라 리더십 과정에 영향을 미치는 상황변수에 관심을 가지기 시작하였다.

3. 상황이론

1) 의의

리더십이 지도자 개인의 자질과는 관계없이 그때그때의 상황, 즉 그가 속하는 집단의 조직목표, 구조, 성격 또는 조직이 속하는 사회·문화의 성격, 상황적 조건에 따라 결정된다는 이론으로 개인적 요인보다 사회적 요인을 중시한다.

2) 피들러(E. Fiedler)의 상황적합적 리더십 이론[81)]

리더의 효과성은 상황에 의해 결정되며, 결과적으로 어느 조직 상황에서는 효과적이지만 다른 상황에서는 그렇지 못할 수도 있다고 보는 것이다. 즉, 업무의 성공 여부는 조직의 상황에 따라 달라지게 된다. 따라서 어떤 경우에는 권위주의적 리더십이 효과적일 수도 있고, 반대로 민주적인 리더십이 효과적일 수도 있다는 것이다. 피들러는 리더십 효과성에 중요한 영향을 미치는 세 가지의 상

---

81) 조철옥, 전게서, p.259.

황변수를 제시하고 있다.

(1) **지도자와 구성원관계에서의 신임관계**

부하가 리더를 좋아하고 지지하며 신임하는 것에 관한 변수이다. 추종자들로부터 많은 신뢰를 받는 지도자는 비록 직위가 높지 않더라도 많은 영향력을 행사할 수 있다는 것이다.

(2) **과업구조**

업무수행 방법의 명확성, 구체성, 예측가능성에 관한 변수이다. 예컨대, 업무의 한계가 명확하게 규정되어 있지 않은 경우, 지도자가 구성원에게 행사할 수 있는 영향력의 범위는 축소될 수밖에 없다.

(3) **직위에 부여된 권력**

리더의 직위에 부여된 공식적이고 합법적인 권력의 크기나 강도에 따른 변수를 말한다. 예컨대, 남보다 더 큰 권한을 가진 지도자는 더 효율적인 지도력을 발휘할 수 있다는 것이다.

4. 변혁적 리더십

1) 의의

변혁적 리더십은 부하에게 ① 자긍심을 심어 주고, ② 개인적 차원에서 부하를 존중한다는 것을 보여주며, ③ 창조적인 사고를 할 수 있다는 여건을 마련해 주고, ④ 부하에게 영감을 제공함으로써 기대 이상의 성과를 이끌어 낼 수 있는 리더십을 말한다.

2) 변혁적 리더십의 요인[82)]

변혁적 리더십은 네 가지 요인으로 구성된다.

82) 이종수·윤영진 외, 전게서, p.363.

(1) **카리스마적 리더십**[83)]

리더가 탁월한 능력과 지휘력으로 난관을 극복하고 현상에 대한 각성을 확고하게 표명함으로써 부하에게 자긍심과 신념을 심어 준다.

(2) **영감적 리더십**

리더가 부하로 하여금 도전적 목표와 임무, 미래에 대한 비전을 열정적으로 받아들이고 계속 추구하도록 격려한다.

(3) **개별적 배려**

리더가 부하에게 특별한 관심을 보이고 부하의 특정한 요구를 이해함으로써 부하에 대해 개인적으로 존중한다는 것을 전달한다.

(4) **지적 자극**

리더가 부하로 하여금 형식적 관례와 사고를 다시 생각하게 하여 새로운 관념을 촉발시킨다.

Ⅲ. 경찰리더십 유형과 리더의 역할

1. 경찰리더십의 유형

모든 조직·집단이나 상황을 초월한 이상적인 리더유형은 존재하지 않는다. 리더십의 적절한 유형은 조직이 놓여 있는 상황, 특정 국가의 정치적·경제적·사회적·문화적 요인, 리더의 퍼스낼리티와 피지도 집단과의 관계, 조직의 목표와 활동의 성질 등 여러 복합적 요인에 의하여 결정된다.

경찰조직에 있어서 리더십은 특수한 계급조직과 권력구조 때문에 권위적

83) 카리스마란 원래 신이 부여한 은총의 산물이라는 신학적 개념이다. 막스 베버(Max Weber)는 카리스마적 리더란 위기시 사람들을 구원할 수 있는 해결책을 지니고 출현하는 신비스럽고 자아도취적이며 사람들을 끌어들이는 흡인력을 지닌 사람이라고 보았다. 카리스마적 리더십과 변혁적 리더십 간의 구분은 아직 불분명한 것이 사실이다.

리더십으로 보여지는 경향이 있으나, 실상은 경찰 내부에서는 오히려 민주적 리더십이 더 요구된다. 그러나 범죄진압, 대규모 집회시위 등 상황에 따라서는 민주형의 리더십만이 최선의 것이라고 단정할 수는 없다. 따라서 경찰리더십은 경찰조직 내의 하부조직별 특성이나 하부조직별 추구하는 가치관에 따라서 달라져야 할 것이다.[84)]

2. 경찰리더의 역할

경찰조직에 있어서 리더는 원만한 조직구성원의 자발적 행동을 유도하기 위하여 갈등해소, 조직통제, 성과촉진의 세 가지 주요한 역할을 수행하여야 한다.[85)]

첫째, 경찰조직에서의 갈등은 조직 전체의 조화를 깨뜨리며 경찰조직 내부의 개인과 개인 그리고 집단과 집단을 상호분리할 뿐만 아니라, 경찰조직과 다른 조직 간의 긴장을 고조시키는 결과를 초래한다. 따라서 경찰리더는 경찰조직 내에서 발생되는 다양한 갈등을 효과적으로 해소하는 역할을 수행하여야 한다.

둘째, 경찰리더는 효과적인 조직 통제에도 관심을 가져야 한다. 경찰리더가 경찰조직에 대한 통제를 수행하기 위해서는 ① 그 통제가 구체적이고 효율적이어야 하고, ② 주요한 사건과 관련되어야 하며, ③ 적절한 방향지시 등이 적시에 이루어져야 하고 명료해야 한다는 점이다.

셋째, 경찰리더는 경찰조직의 성과촉진을 도모하여야 한다. 따라서 경찰리더는 성과촉진을 효과적으로 실천하기 위해서 ① 제반 실태를 명확히 파악하고, ② 가시적 기여도에 관심을 두며, ③ 조직역량을 강화하며, ④ 역점 분야에 집중하며, ⑤ 효율적인 결정을 내릴 줄 알아야 한다.[86)]

---

84) 김상호 외 공저, 전게서, p.166.

85) Charles R. Swanson and Leonard Territo, Police Administration : Structures, Processes and Behavior, Macmillan Publishing co., Inc., 1983, pp.119－124.

86) 김충남, 경찰학개론, 서울: 박영사, 2002, pp.249－250.

제 9 절 경찰조직의 윤리규범

Ⅰ. 개 념

1. 경찰조직의 윤리규범의 확립은 경찰조직의 사기관리와 리더의 지도력과도 밀접한 관련성이 있다. 특히 권력기관제도(검경수사권조정·국정원 대공 수사권 이관 등) 개편으로 비대해진 경찰권을 우려하는 분위기가 형성되고 있는데, 이를 극복하는 방안 중의 하나가 경찰윤리규범을 강력하게 확립하는 것이다. 경찰윤리 확립은 최고관리층에서부터 최하층까지 경찰조직원 전체가 추진하여야 할 기본가치이다.

문제는 경찰윤리가 해이되어 국민들로부터 비판의 대상이 되면 경찰조직 전체의 사기가 저하될 수밖에 없고, 결국 리더십이 흔들릴 수밖에 없게 된다는 사실이다. 경찰관은 업무수행 중 법규준수와 사생활에도 품위유지 의무가 있다. 법규준수와 사적 생활에서의 품위유지 문제는 조직 전체의 신뢰와 직결되기 때문에, 경찰윤리는 모든 경찰행정영역에서 우선적으로 지켜야 할 기본이념이다. 따라서 경찰관리자는 조직원 스스로가 이와 같은 사회규범(윤리·도덕·법)을 준수할 수 있도록 끊임없는 정신교육을 시켜야 하고, 다른 한편으로는 관리자의 지시에 따라 조직원 각자가 이를 실천할 수 있도록 신뢰관계 형성 등의 여건을 만들어 주는 것이 무엇보다도 필요하다고 생각되어진다.

2. 경찰의 기본이념은 경찰의 기본가치와 윤리를 포함하는 광의의 개념이다. 경찰의 가치관과 윤리는 '오늘날 우리 현실에 왜 경찰이 필요한가'라는 명제에 대한 철학적 배경을 의미한다. 이에는 경찰조직으로서 추구해야 할 조직이념론의 분야와 경찰 개개인이 갖추어야 할 바람직한 신념과 태도를 논하는 경찰윤리의 분야로 나눌 수 있다. 경찰이념론은 경찰 조직의 가치를 논하고, 경찰 윤리는 경찰구성원들의 가치를 논한다는 점에서 완전히 독립적인 것이 아니고 상호의존적이다.[87] 이하에서는 경찰윤리에 한정하여 기술하였다.

---

87) 김형중,「경찰학 총론」서울: 형지사, 2014, p.55.

Ⅱ. 가치와 가치관의 개념

1. 가　　치

엄밀히 말하면 '가치(a value)'와 '가치관'은 구분되는 개념이다. 사전적 의미로서 가치는 사물이 지니고 있는 값어치를 말하며, 철학적으로는 대상이 인간과의 관계에 의하여 지니게 되는 중요성을 의미한다.[88] 즉, 가치란 개인적으로나 사회적으로 보다 선호하는 '지속적인 신념'으로 정의되어진다. 가치는 불변하지는 않지만 비교적 지속적이며, 어떤 수단이나 행동의 결과가 사회적으로나 개인적으로 바람직한지를 판단하게 하는 규범적 신념이다.

2. 가치관

인간이 자기를 포함한 세계나 그 속의 만물에 대하여 가지는 평가의 근본적 태도나 보는 방법, 또는 가치를 중심으로 보는 관점을 가치관이라 한다. 즉, 가치관이란 옳은 것·바람직한 것·해야 할 것 또는 하지 말아야 할 것 등에 관한 일반적인 생각을 말한다.

1) 개인적 가치관

(1) 의의

사람은 누구나 판단의 기준이 되는 가치관을 가지고 있기 때문에 개인적 가치관은 개인의 선호 의지에 따라 명백해진다. 물질적 풍요로움을 추구하는 사람이 있는가 하면, 명예·자아실현 등을 추구하는 사람들도 존재하기 때문에 개인의 삶의 기준은 매우 다양하기 마련이다. 따라서 자신의 삶의 목표를 성취하기 위해 선호하는 행동 양식도 사람마다 다르다고 할 수 있다. 즉, 각자의 궁극적인 삶의 목적과 그 목적을 이루기 위해 채택한 행동양식을 개인적 가치관이라고 한다.

---

88) 이희승 편저, 「국어 대사전」, 서울: 민중서림, 1999, p.44.

(2) 개인적 가치관의 형성 및 충돌

① 개인적 가치관의 형성

가치는 개인이 소속된 사회 문화 속에서 다양한 방법으로 습득되고 내면화된다. 일단 습득된 개개인의 가치는 상호유기적으로 조직화된 하나의 체계를 이루게 된다. 동시에 그러한 체계 속에서 어떤 가치가 보다 손쉽게 적용할 수 있는지, 그리고 자기방어나 합리화·지식획득 및 자아실현에 기여하느냐에 따라서 하위 가치로부터 상위가치로 우선순위가 결정된다.[89)]

② 개인적 가치관의 충돌

가치관이란 인간의 성장과정에 있어서 개인 내력 혹은 환경과의 상호작용을 통해서 형성된 것으로 가변성과 지속성을 지니고 있다. 그렇지만 각 개개인의 여정이 다르기 때문에 상담이나 또 다른 방법으로 다른 이들을 도울 때 조언을 할 수도 있고 자신의 생각을 이야기할 수도 있겠지만, 자신의 가치관을 다른 이에게 강요하는 우를 범해서는 안 된다. 왜냐하면 각자 인간의 성장과정에서 형성된 가치는 목적이나 사명 또한 다르기 때문이다.

2) 사회적 가치관

개인의 자신이 속한 세계나 그 안에 존재하는 특정 대상에 관하여 나타내는 근원적인 태도나 관점을 말한다. 사회적 가치관은 개인적 가치관이 보다 추상화 될 수 있는 보다 범위가 넓고 안정적이며 공식성(公式性)을 지닌 전체 사회문화의 공약(公約: 공적 약속)을 의미한다. 예컨대, 기업의 본질은 이윤을 추구하지만 사회적 책임을 수행하기 위한 기업가 정신이 필요하다.[90)]

---

89) 임규혁, 교육심리학, 서울: 학지사, 1996.

90) 최태원 sk회장은 한 언론과의 인터뷰에서 "사회적 가치는 생존문제, 행복한 사회를 만들고 싶다"고 하여 사회적 가치관을 추구하는 기업이 되고 싶다는 희망을 피력한 바 있다 (연합뉴스 2019. 12. 4.).

Ⅲ. 윤리 · 도덕

윤리와 도덕은 일상적으로 구분 없이 사용되고 있지만 양자의 개념은 다르다.

1. 의 의

윤리(ethics)란 사회 구성원으로서 지켜야 하는 행동지침을 말한다. 예컨대, 의사윤리 · 교사윤리라는 말이 이에 해당한다. 반면, 도덕(morals)이란 개인별로 옳고 그름을 판단하는 가치 기준을 말한다.

2. 윤리와 도덕의 비교

구분	윤리	도덕
정의	사회구성원으로서 지켜야 하는 행동지침, 즉 사람으로서 마땅히 행하거나 지켜야 할 도리	개인별로 옳고 그름을 판단하는 가치 기준
원천	사회-외생적, 도덕적인 성향과 더불어 법률적 성향의 혼합적 성격을 가지며, 도덕보다는 규범의 성격이 강함	개인-내재적, 도덕은 내면성에 치우친 것이고, 법률은 외면성에 치우친 것임
지키는 이유	사회가 옳다고 규정했기 때문에	개인이 옳다고 믿기 때문에
유연성	다른 사람들의 규정에 따르는 것이므로 상황에 따라 변할 수 있음	기본적으로 일관성을 갖지만, 그러나 신념이 바뀌면 도덕관도 변할 수 있음
상호관계	자신의 도덕적 신념을 지키기 위해 사회 · 조직의 윤리를 따르지 않을 수도 있음	사회 . 조직의 윤리를 따르기 위해 자신의 도덕적 신념을 저버릴 수도 있음
형성	윤리는 조직과 사회구성원 사이의 관계에 의해 형성됨	도덕적 신념은 자신의 경험과 학습 결과에 의해 형성됨
영어 어원	그리스어 ethos(인성)	라틴어 mos(관습)

3. 윤리와 도덕의 충돌

어떻게 행동하는 것이 윤리적이고 어떻게 판단하는 것이 도덕적인 가는 상대적인 것이기 때문에, 윤리와 도덕은 서로 충돌하는 경우가 발생할 수 있다. 의사의 경우 자신의 도덕관으로는 안락사에 찬성하지만, 의사 윤리로 인해 안락사의 시술을 거부할 수도 있다. 즉, '안락사의 윤리'와 같은 민감한 윤리 이슈에 직면할 수도 있다. 한편, 살인자는 그 목숨으로 죗값을 치러야 한다고 믿는 변호사일지라도 자신의 직업윤리를 지키기 위해 살인자를 성실하게 변호해야 할 경우도 있다. 이처럼 윤리와 도덕이 항상 일치하고 부합하는 것은 아니다.

Ⅳ. 직업과 직업윤리

1. 직업의 의의와 가치

1) 의의

사전적 의미에서 직업이라 함은 생계를 유지하기 위하여 자신의 적성과 능력에 따라 일정한 기간 동안 계속하여 종사하는 일을 말한다.[91] 따라서 사전적 정의로서의 직업은 돈을 벌기 위한 활동이라고 정리할 수 있지만, 돈을 버는 것 이외에 직업은 일자리·직종·경력·업종·노동 등으로 다양하게 그 의미가 이해되기도 한다.[92]

2) 직업의 가치

직업은 1) 개인 및 가족의 생계유지, 2) 사회생활을 통한 공동체 일원으로

---

91) 이희승 편저, 앞의 책, 1999, p.3625.

92) 미국의 사회학자 로버트 벨라(Robert Bellah)는 직업에 의해 한 개인의 정체성이 결정된다고 하였다. 예컨대, '당신의 직업은 무엇입니까'라는 질문에 "저는 공무원입니다", "저는 대학교수입니다", "저는 작은 사업을 합니다" 등과 같이 직업을 밝힘으로써 자신이 누구인지를 타인에게 알려준다. 이것은 자신의 직업을 통해 자신의 정체성을 설명하는 것으로서, 직업은 그만큼 중요한 것이다(강보현,기업윤리, 서울: 박영사, 2018, p.287-290).

서의 활동, 3) 자신의 꿈을 실현하기 위한 수단, 4) 봉사를 위한 수단 등과 같이 다양한 가치를 가지고 있다. 이처럼 직업은 일 그 자체가 목적이 아니라, 다른 목적을 달성하기 위한 수단 또는 도구로서의 역할을 의미한다.[93]

2. 사회규범으로서의 윤리(도덕)와 직업윤리

1) 사회규범으로서의 윤리와 도덕

(1) **사회규범으로서의 윤리와 도덕**

① 인류가 공동체사회를 만들면서부터 구성원들에게 공동체사회의 일원으로 요구되는 사회적 규범이 발생하게 되었고, 그 결과 윤리라는 커다란 틀에서 인간의 행위에 대한 옳고 그름이나 선과 악, 또는 도덕적인 것에 대한 판단기준이 체계화 되어 왔다. 이것이 사회전체에서 요구되는 보편적 윤리이다.

② 사회규범이란 사회공동체에서 지켜야 할 행동의 기준을 말하며, 사회규범으로는 도덕 또는 윤리(어른공경·효도 등)·법 등을 들 수 있다. 사회규범은 절대적이고 고정불변하는 것이 아니라 시대적 상황과 공간적 장소에 따라 변할 수 있다.[94] 오늘날 사회규범 중 법으로 규정되어 있는 것도 있으나, 법으로 규정되어 있지 않은 것도 허다하다. 따라서 윤리와 도덕, 그 밖의 비공식적 사회규범(관혼상제 등)은 비강제적 성격을 지니고, 그 위반에 대해서는 양심의 가책이나 구성원들의 비난으로 그치게 된다.[95]

(2) **사회규범으로서의 법**

① 공식적 권위(국민의 대표기관인 국회)에 의해서 탄생하게 되는 법의 효력은 국가의 강제력에 의해 보장된다. 따라서 사회규범을 어긴 행위라 하더라도

---

93) 강보현, 앞의 책, p.291. 우리는 직업을 가지고 일을 함으로써 우리가 살아가기 위해 필요한 재화를 얻을 수 있다. 따라서 직업이 가지는 도구적 가치는 모든 사람에게 매우 중요하다.

94) 우리나라에서는 동성연애와 문신을 새기는 것은 불법은 아니지만 아직까지 일반적으로 옳지 않은 일로 받아들여지고 있다. 그러나 말레이시아에는 동성애가 불법이며 유죄인 경우 최대 20년 형을 받게 된다(중앙일보, 완와르, 동성애 협의 벗었다, 국제면, 2012. 1. 11.).

95) 이성용, 경찰윤리, 서울: 박영사, 2015, p.39.

비공식적 사회규범(도덕 또는 윤리)은 법에 명문의 규정이 없기 때문에, 처벌하지 못한다.

② 공적기관(경찰·검찰·행정기관)이 당면한 문제를 해결하기 위한 규범으로서 가장 강력한 것은 「법」이라고 말할 수 있으며, 정당한 법이 요구하는 바는 윤리도 요구한다.[96]

3. 직업윤리

1) 정의

(1) 직업윤리란 어떤 직업을 수행하는 사람들에게 요구되는 행동규범을 의미한다. 즉, 어떤 직업에 종사하고 있을 때에 그 직업에서 특별히 요구되는 기본적인 도리와 질서를 직업윤리라고 한다. 직업윤리라는 말은 전문적인 용어로서 시작된 것이 아니라 상식적인 일반용어로 시작되었고, 이와 같은 일반적 윤리의 원칙(도덕·윤리 등과 같은 보편적 윤리의 원칙)을 구체적인 대상에 적용할 때 다양한 측면의 윤리(기업윤리·공무원윤리·경찰윤리 등)가 발생하게 되는 것이다.[97]

(2) 모든 사람은 직업의 특수성에 따라서 각각 다른 직업윤리를 가지게 된다. 그러나 이러한 직업윤리들은 일반적 윤리의 원칙(보편적 윤리의 원칙)을 바탕으로 삼고, 그 바탕 위에 각자의 특수성에 맞는 직업윤리가 정립된다. 따라서 일반윤리와 직업윤리는 서로 대립하는 것이 아니라 상호보완하는 관계에 있다.[98]

2) 직업윤리의 종류

직업윤리는 일반적 직업윤리와 특수 직업윤리로 구분할 수 있다.

---

96) 윤리와 법을 대립시켜 생각할 이유는 없으며, 사회적 문제해결에서 윤리는 법보다 더 넓은 범위를 담당한다는 차이가 있을 뿐이다. 인간의 행위규범으로서의 윤리는 명령성·금지성·예절·관습 등의 형식으로 나타나기도 한다. 반면 법률은 이러한 윤리질서가 국가적 권위에 의해 강제성을 부여받은 대표적인 사회윤리이다.

97) 김형중 외, 일반경비원 현장실무론, 서울: 박영사, 2019.

98) 김순석·김양현 외, 일반경비원신임교육, 인천: 진영사, 2017, p.365.

(1) **일반적 직업윤리**

일반적 직업윤리는 직업을 가진 사람이라면 누구나 지켜야 할 공통적인 윤리규범을 말하는 것으로, 어느 직장에 다니느냐를 구분하지 않는다. 직업윤리는 직업생활에서 나타내는 행동이나 태도의 옳고 그름을 판단할 수 있는 기준의 역할을 하기 때문에, 일반적인 직업윤리의 근원적인 철학은 공동체 윤리와 근로윤리라고 볼 수 있다.[99] 즉, 직업의 세계에는 사회라는 공동체의 질서를 도모함으로써 공동체의 발전을 위해서 요구되는 기본적인 원칙(공동체 윤리)과 기준(근로윤리와 질서)이 있어야하기 때문에, 일반적 직업윤리는 사회통념상의 가치와 기준을 지킬 것이라는 사회적으로 기대되는 마음가짐이다. 따라서 직업인은 책임·의무·정직·신의성실 등의 정신을 함양시켜야 하며, 나아가 소명의식·사명감·자부심을 가지고 자기 직업에 임하는 자세가 무엇보다 필요하다 하겠다.[100]

(2) **특수 직업윤리**

① **의의**

현대사회가 다분화되고 새로운 산업 분야가 등장하게 되면서 수많은 직업군이 다양하게 표출되고 있고, 동시에 첨단지식과 정보화사회로 진입하면서 새로운 전문직종이 두드러지게 증가하고 있다. 이러한 새로운 전문직 종사자들이 특정한 직무를 수행하게 될 때에는 일반직종과는 다르게 특별히 요구되는 행동기준과 윤리가 있는데, 이를 특수 직업윤리라고 한다. 이들에게는 일반적으로 높은 사회적 기대 수치와 한층 강조된 인성과 도덕적 자질이 요구되고 있고, 특별한 규범을 준수하도록 하고 있다.

② **특수직업군(職業群)과 윤리관**

특수직업군으로는 경찰·변호사·의사·약사·회계사·노무사·각종 기술사·

99) 예컨대, 의사가 환자를 치료할 때 책임감 있게 하여야 하고, 교사가 학생을 가르칠 때에 성실하게 가르쳐야 하고, 공장의 노동자가 물건을 만들어 낼 때 정직하게 만들어 내는 것 등은 직종은 다르지만 직업인이 지켜야 할 기본적인 원칙과 기준도리(윤리·도덕)이다.

100) 이재희·김경진 외, 직업윤리, 서울: 양성원, 2017, p.57; 김형중, 민간조사의 이론 및 실무, 서울: 박영사, 2020, p.294.

학자·교사·과학자·금융인 등을 들 수 있다. 경찰은 직무수행의 성격에 비추어 볼 때, 높은 도덕적 행동기준과 지침, 윤리가 요구되는 특수 직업군의 범주에 속한다고 볼 수 있다.

Ⅴ. 경찰윤리기준

1. 의 의

왜 경찰관에게 다른 공직자보다 경찰윤리가 더 필요하며 강조되어야 하는가?

경찰윤리는 개별 경찰관의 올바른 신념과 태도를 말한다.[101] 경찰은 단속과 규제 등 그 업무의 성격상 시민들의 생활에 많은 영향을 미치는 역할을 수행하고 있다. 따라서 시민들은 경찰의 규제와 단속 그리고 법집행과정에서의 문제점 등에 대해 대부분 저항하고 반감을 가지거나, 심지어 적대감을 표명하기도 한다. 때문에 시민사회는 경찰관에게 더 높은 윤리 수준을 요구하고, 시민단체나 지역주민의 여론을 통해 경찰을 끊임없이 감시하고 있는 것이다.

2. 경찰관의 윤리수준(행동기준)

1) 법규범

경찰관의 행동기준에서 가장 먼저 떠오르는 것은 법규범이다. 경찰의 업무수행 행위는 당연히 문제 해결을 위한 것이다. 경찰이 당연한 문제해결을 하기 위한 규범으로서 가장 강력한 것은 「법」이라고 말할 수 있으며, 정상적인 국가에서의 법은 최소한의 윤리에 해당한다.[102]

2) 도덕률(행위규범)

도덕률은 경찰관이 지켜야 할 가장 근원적인 행위규범으로서, 개인의 양심으로 대표되는 개인윤리·사회윤리·직업윤리를 모두 포함한다. 이런 의미에서

101) 김형중, 경찰학총론, 서울: 형지사, 2014, p.60.
102) 김태길, 윤리학, 서울: 박영사, 2002, pp.450－451.

과연 경찰관이라는 직업은 어느 행위기준에 따라서 행동하는 것이 바람직한가 하는 것이 중요한 과제 중의 하나이다.

경찰관은 구체적 행위를 통해 평가받는 직업이다. 따라서 구체적인 업무수행 행위나 사생활은 직관이나 상황의 적합성의 작용에 의해 판별되는 「옳음」의 차원에서 준수되어야 할 것이다. 예컨대, 부부싸움 사건 신고를 받고 출동한 경찰관이 형사사건으로 다루지 않고는 이 사건이 제대로 해결되지 않을 상황인데도 가정문제라고 해서 사건처리를 방관한다든가, 부부 간의 적절한 대화에 의해 조용하게 끝날 수 있는 상황인 데도 끝까지 형사절차에 의한 사건으로 처리하겠다고 고집하는 것은 상황에 대한 적합성이 없는 것이다. 이 경우 경찰관이 업무수행은 「옳은 행위」라는 평가를 받지 못할 것이다.[103]

3) 도덕적 지표(경찰윤리현장)

경찰윤리현장은 경찰관이 업무수행 시에 지켜야 할 도덕적 지표이다. 즉, 경찰윤리현장은 자율적이고도 체계적인 봉사자로서 갖추어야 할 기본정신과 실천하여야 할 윤리적인 행동지침이다.[104] 그러나 문제는 도덕적 지표(경찰윤리현장)가 아무리 완벽하게 규정되어 있다 하더라도, 경찰조직 구성원이 업무수행 중 이를 얼마나 잘 준수하느냐가 관건이다.

「경찰윤리현장」

우리는 국민의 생명과 재산을 보호하고 공공의 안녕과 질서를 유지하는 경찰관으로서
1. 우리는 헌법과 법률을 수호하고 명령에 복종하며 각자의 맡은 바 책임과 의무를 충실히 완수한다.
1. 우리는 냉철한 이성과 투철한 사명감을 가지고 모든 위해와 불법과 불의에 과감하게 대결하며 청렴 검소한 생활로써 영리를 멀리하고 오직 양심에 따라 행동한다.
1. 우리는 주권을 가진 국민의 수임자로서 공공의 복리를 증진하고 국민의 자유와 권리를 존중하여 성실하게 봉사한다.
1. 우리는 국민의 신뢰를 명심하여 편견이나 감정에 사로잡히지 않고 공명정대하게

103) 조철옥, 경찰윤리학, 서울: 대영문화사, 2005, pp.297－324

104) 조성호, “경찰사를 통해본 경찰정신”, 한국민간경비학회보 제11호, 한국민간경비학회, 2008, pp.123－158.

업무를 처리한다.
1. 우리는 이 모든 목표와 사명을 달성하기 위하여 끊임없이 인격과 지식의 연마에 노력할 것이며 민주경찰의 발전에 헌신한다.

4) 업무수행태도와 윤리기준

경찰은 법집행 권한을 국민으로부터 위임받았다는 점을 명심하여야 한다. 코헨과 펠드버그는 존로크의 사회계약설로부터 경찰활동이 지향해야 할 다섯 가지 기준을 제시하였다.[105)]

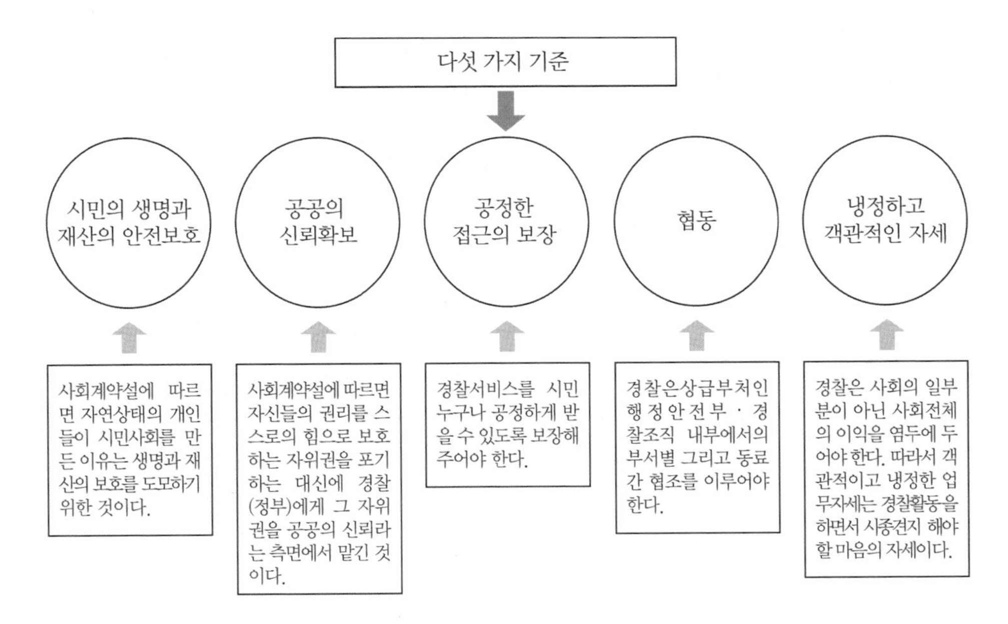

3. 경찰윤리 확립의 필요성

직업의 특수성으로 인하여 경찰관에게는 더욱 더 고도의 도덕성을 요구하고 있는데 경찰관에게 특별히 고도의 도덕성을 요구하는 이유는 다음과 같다.[106)]

105) 김형중, 앞의 책, pp.64－65.
106) John Kleinig, *The Ethics of policing*, Cambridge Univ. press. 1996. p.4.

1) 경찰관은 권한행사에 있어서 상당한 재량과 각종 물리력을 사용하는 권한이 주어져 있다. 따라서 경찰관 개개인에 의한 합리적인 판단 및 자율적 반성이 더욱더 그 중요성을 띠게 된다.

2) 경찰관은 상당 부분 비정상적인 상황에서 업무를 수행해야 할 뿐만 아니라, 대개는 위기상황 하에서 순간적인 판단에 따라 행동해야 한다. 따라서 비정상적이며 긴박한 상황에서 의사결정을 합리적으로 할 수 있기 위해서는 경찰관으로서 윤리의식이 평소에 확립되어 있어야 한다.

3) 위기상황에서 행하는 경찰관의 활동은 법적 명령이다. 위기상황에 대한 경찰의 개입은 선택적인 적이 아니라, 법과 조직에 의한 명령이다. 그 결과 경찰관은 하기 싫어도 복종해야 하는 업무가 많기 때문에 높은 윤리의식이 요구된다.

4) 경찰관은 업무의 특성상 대부분의 다른 사람들보다 더 많은 유혹에 노출되어 있다. 이러한 유혹을 뿌리치지 못하는 경우 국민적 분노나 불신의 상황에 직면하게 되고, 경찰조직 전체에 해악을 끼치게 된다. 따라서 이를 극복하기 위한 강한 윤리 의식이 필요하다.

5) 의무 불이행의 유혹은 외부로부터 뿐만 아니라, 내부로부터도 초래된다. 경찰은 조직 구성원 간에 내부적으로 강한 유대감을 갖는 경향이 있다. 따라서 집단규범에 동조하라는 동료들의 고도의 압력에 동조하지 않을 경우, 배척당하고 소외당하기 쉽다. 그 결과 불의와 타협할 가능성이 있다. 이런 점을 극복하기 위해서는 구성원 개개인의 고도의 도덕적 용기가 요구된다.

Ⅵ. 경찰관의 부패(일탈)요인론

경찰관의 일탈행위는 경찰관이 공·사적으로 바람직한 형태에서 벗어나는 행위를 말한다. 즉, 업무 수행 시에 부정부패·사생활에서 축첩·성매매·도박이나 음주운전 등 경찰관으로서 바람직하지 못한 행위들을 의미한다. 그중 경찰의 일탈행위 중에서 윤리적으로 가장 심각한 문제는 바로 업무수행과정에서 발생하는 부정부패이다. 경찰관의 부정부패는 경찰조직에 대한 사회적 불신을 심화시키고, 경찰이미지를 부정적인 방향으로 각인시킨다는 측면에서 가장 근절되어야 할 행태이다.

1. 경찰관의 일탈행위와 부패

1) 의의

경찰부패란 경찰관이 자신이 사적인 이익을 위해, 또는 특정인을 위해 경찰권을 의도적으로 오용하는 것을 말한다. 즉, 특정 경찰관이 그에게 주어진 업무상의 권한을 부정하게 행사하는 대가로 금전이나 물질적인 사례를 수수하는 행위를 말한다. 그러므로 부패는 업무상 권한의 부정적 사용, 물질적인 대가의 수수(향응·성상납·다양한 물질적 이익 기회제공) 등으로 집약될 수 있다.[107]

2) 경찰부패의 원인

경찰부패의 원인은 다양하게 제시되고 있지만, 이들은 상호배타적이라기보다는 상호보완적으로 이해되어야 한다고 델라트르는 주장하고 있다.[108] 그가 제시하는 가설은 (1) 전체사회가설, (2) 구조적 원인 (3) 썩은 사과가설 등으로 요약할 수 있다.

(1) **전체사회가설과 미끄러지기 쉬운 경사로 이론**

① 전체사회가설

미국 시카고 경찰의 부패원인을 분석하여 내린 윌슨의 결론이다. 그에 의하면 사회 전체가 경찰관의 부패를 묵인하거나 조장할 때 자연스럽게 부패행위를 하게 되며, 처음에는 불법적인 행위를 하지 않더라도 커피 한 잔을 대접하는 것과 같은 작은 호의에 길들여져 나중에는 명백한 부정부패 행위로 발전하게 된다고 하였다. 이처럼 전체사회가설에서는 부패라는 것이 비교적 해악이 없고 좋은 관행으로부터 시작되나 시간이 지남에 따라 명백한 부패유형으로 발전하게 되

107) 조철옥, 경찰행정론, 서울: 대영문화사, 2003, p.143.
108) 경찰대학, 경찰윤리론, 서울: 경찰대학, 1998, p.249.

는데, 이는 전체사회가 그 원인을 제공한다는 것이다.

② 미끄러지기 쉬운 경사로 이론

전체사회가설과 유사한 논리는 미끄러지기 쉬운 경사로 이론이다. 이 이론은 실제로 부패는 아주 사소한 행위로부터 시작해서 점차적으로 큰 부패로 이어지며, 작은 호의의 수용은 경사로위에 행위자를 올려놓는 것과 같아 점점 깊이 빠져들게 되고, 나중에는 그 속에서 빠져나오지 못하고 부패하게 된다는 것이 핵심적인 내용이다.

(2) **구조적 가설**

구조적 가설은 경찰조직 내부에 구조적으로 존재하는 부패관행에서 그 원인을 찾는다. 로벅(Julian B. Roebuck)과 바커(Thomas Barker) 등이 주장한 가설로써, 경찰부패는 경찰관의 개별적인 일탈이 아니라 조직의 모순적인 규범체계에 의한 조직적 일탈로 이해해야 한다는 것이다.[109] 이 견해에 따르면 신참 경찰관들은 그들의 고참 동료들에 의해 조직의 부패 전통 내에서 사회화되어 부패의 길에 들어서게 되고, 이런 부패의 관행은 경찰관들 사이에서 '침묵의 규범'으로 받아들여진다는 데 문제가 있다고 보는 것이다.

(3) **썩은 사과 가설**

부패의 원인을 처음부터 자질이 부족한 경찰관의 경찰 입문에서 그 원인을 찾는다. 사과상자의 사과 전체 중 일부가 썩으면 전체가 썩듯이 처음부터 경찰로서의 자질이 없는 사람이 모집단계에서 배제되지 못하고 조직 내에 유입됨으로써, 경찰의 부패가 나타난다는 이론이다. 이 이론은 부패의 원인을 조직의 체계적 원인보다는 개인적 결함에 두고 있다.

109) Edwin J. Delattre, *Character and cops: Ethics in policing*, 3rd, The AEl press, 1996, pp.71－78.

2. 작은 호의와 경찰부패에 대한 논쟁

경찰은 업무수행 과정에서 시민들로부터 사적으로 선물이나 커피, 그리고 식사를 대접받는 경우가 있다. 이와 같은 물질적 작은 호의를 부패로 볼 것인지에 대해서 미국에서는 논의가 진지하게 이루어지고 있다.

1) 작은 호의에 대한 견해

작은 호의[110]의 허용 여부에 대해 학자에 따라서 견해가 서로 나뉘어져 있다.

카니아(Kania)는 "경찰관은 지역사회 사이의 좀 더 긴밀한 협력관계를 구축하기 위해서 지역사회의 구성원들로부터 선물들을 받도록 격려되어야 한다"고 주장한다.[111]

반면, 경찰관이 그러한 이익을 받는 것은 경찰관을 타락시키는 행위라고 보는 견해이다.

(1) 전 뉴욕 시경국장 패트릭머피(Patrick Murphy)는 "봉급을 제외하고 깨끗한 돈(clean luck)이란 건 없다"고 주장하여, 작은 호의에 대한 부정적인 견해를 분명히 했다.

(2) 특히 윌슨(O. W. Wilson)은 경찰관이란 어떤 작은 호의, 심지어 한 잔의 커피도 받도록 허용되어서는 안 된다고 주장하였다.[112]

2) 작은 호의에 대한 허용주의

작은 호의는 용인해야 한다는 허용주의자들의 논거는 다음과 같다.

---

110) 작은 호의는 뇌물과 구별되는데 뇌물은 직무와 관련하여 정당한 의무를 그르치거나 의무의 불이행을 감행하게끔 하는 정도의 이익을 말하는 것이고, 호의는 감사와 애정의 표시, 훌륭한 경찰관에 대한 자발적 보상 등을 의미한다.

111) Richard E. Kania, "should we tell police to say Yes to Gratuities?", in Criminal Justice Ethics, Summer/Fall, 1988. p.39.

112) Micheal Felderberg, "Gratuities, Oorruption, and Democratic Ethos of Policing: The Case of the Free Cup of coffee", in Frederick A. Elliston and Michael Feldberg eds, Moral Issue in police Work, Rowman and Allanheld, 1985, p.267.

첫째, 경찰관이 당연히 해야 할 일을 수행하는 것이지만, 그로 인해 도움을 받았다고 생각하는 사람들의 고마움의 표시는 당연하다(당연성).

둘째, 작은 사례나 호의는 강제된 것이 아니라, 자발적으로 이루어지는 것이다(자발성).

셋째, 경찰관이 비록 작은 호의를 받았다고 하더라도 그러한 사소한 것 때문에 자신의 직무를 부당하게 처리하지 않는다(분별성).

넷째, 경찰관은 관내를 순찰하면서 커피 한 잔, 과일 한 조각을 나누는 친밀함 속에서 지역주민과 우호적인 관계가 형성된다(친밀성).

다섯째, 공짜 커피와 음료수 한잔 같은 작은 호의는 이미 지역사회에서 오래된 관행이어서, 그것을 근절시키려는 노력은 아무 효과가 없을 것이다(관행성).

3) 작은 호의에 대한 금지주의

작은 호의는 절대 허용되어서는 안 된다는 금지주의자들의 논거는 다음과 같다.

첫째, 아주 작은 선물이라도 이러한 작은 호의가 정례화된다면 받은 사람은 준 사람에게 늘 신세나 의무감을 지게 되어 업무를 불공정하게 처리한다.

둘째, 작은 호의의 수용은 경사로 위에 경찰관을 올려놓는 것과 같아 점점 깊이 빠져들게 함으로써, 나중에는 그 속에서 빠져나오지 못하고 부패의 미끄러지기 쉬운 경사로 위에 서 있는 격이 된다. 작은 호의를 거부해야 한다고 주장하는 사람들이 제시하는 논리 중의 하나가 '미끄러지기 쉬운 경사로' 논증인데, 실제의 부패는 아주 사소한 행위로부터 시작해서 점차적으로 큰 부패로 이어진다는 것이다.

셋째, 대부분의 경찰관들이 뇌물과 작은 호의를 구별하고 판단할 수 있으나, 일부는 양자를 구별할 능력이 없다.

넷째, 작은 호의를 제공하는 사람들 중에는 대개 불순한 의도를 가지고 있는 경우가 빈번하고, 경찰관에게 어떤 특별한 대우를 받기를 원한다. 예컨대, 경찰관들에게 식사를 제공하는 사업가들은 "경찰관들이 자기들의 영업장에 머물러 방범효과가 있기를 기대할 수 있고, 그럴 경우에 경찰관들은 다른 곳보다 그

영업장 주변에서 시간을 많이 보내게 된다"고 생각한다. 따라서 치안과 관련해서 그 영업장의 주인들에게는 도움이 되겠지만, 그것은 경찰력의 불공정한 배치를 초래하게 되고 부패한 경찰이라는 비난을 면하기 어렵다.

4) 작은 호의의 허용 가능성

작은 호의를 허용할 것인가 하는 미끄러지기 쉬운 경사로 논증은 셔먼과 펠드버그의 서로 다른 논거에 의해 접근해 볼 수 있다.

(1) **셔먼의 견해**

셔먼은 경사로 논증과 관련하여 경찰관의 작은 호의는 허용되어서는 안 된다고 주장한다. 셔먼은 작은 부수입의 수용으로부터 불법영업시간을 봐주는 대가로 금품을 수수하거나, 나아가 도박장과 윤락업소로부터 갈취를 하고 결국에는 마약에 손대는 것까지 비교적 부드러운 경사로 하강양상을 보인다고 하였다.

(2) **펠드버그의 견해**

① 펠드버그는 셔먼의 논리에 대해 동의하지 않는다. 펠드버그는 대부분의 경찰관들은 사소한 호의들과 부패한 뇌물사이를 구별할 수 있으며, 미끄러지기 쉬운 경사로 논증은 비현실적이고 경찰관의 지능과 인격에 대한 모독적인 주장이라고 주장한다. 그는 미끄러지기 쉬운 경사로 논증은 연구에 의해서 증명되지도 않았으며, 논리적으로 설득력 있는 것도 아니라고 주장한다.[113] 즉, 관념적 가설에 불과하다는 것이다.

② 펠드버그 자신도 작은 호의들의 수용에 아무 문제가 없다고 생각하지는 않았다. 다만, 작은 호의들이 문제가 되는 이유는 '미끄러지기 쉬운 경사로'에서의 미끄럼을 통해 떨어지기 때문은 아니라는 것이다. 작은 호의의 수용은 경찰관이 작은 호의를 베푸는 장소에 주로 근무함으로써 근무지역의 불균형이 발생하고, 경찰서비스가 지역적으로 균등하게 행해져야 함에도 돈 있는 사람들에게만 경찰서비스가 집중되는 데 문제점이 있다고 보았다. 따라서 실제로 경찰의

113) Feldberg, 전게서, pp.268－269.

도움이 더 필요한 가난한 사람들에게 경찰서비스가 제대로 이루어지지 않아 민주적인 원리를 침해한다는 점에서 거절되어야 한다고 주장하였다.

5) 셔먼과 펠드버그의 견해에 대한 찬반론

(1) 존 클라이니히

존 클라이니히는 펠드버그가 셔먼보다 좀 더 현실적이라고 생각한다. 펠드버그는 공짜 커피 그 자체가 본질적으로 나쁘다고는 생각하지 않으며, 그 단계에서 도덕적 타협이 문제가 되지 않는다고 본다. 또한 보통 경찰관들은 공짜 커피를 얻어 마셨다고 해서 더 나쁜 유형의 부패행위에도 빠지지 않는다고 본다. 다만 그에 의하면 경찰의 서비스는 서비스를 필요로 하는 모든 사람에게 골고루 제공되어야 함에도 불구하고, 공짜 커피와 같은 작은 호의의 제공으로 인해 돈 있는 사람에게 서비스가 집중된다는 점에 문제가 있다고 지적을 하였다.

(2) 델라트르

델라트르는 모든 작은 호의는 제도적으로 금지되어야 한다고 강조한다. 그는 공짜 커피를 마시는 경찰관이 모두 미끄러지기 쉬운 경사로를 따라 더 큰 부패에 빠지는 것은 아니지만, 일부의 경찰관이 더 큰 부패에 빠져드는 것은 사실이라고 주장하였다. 따라서 이와 같은 행위는 결코 무시할 수 없는 일이기 때문에, 작은 팁에 유사한 작은 호의의 수용은 인용되어서는 안 된다고 하였다.

3. 부정부패 이외의 경찰관의 일탈행위

부정부패 이외에도 경찰관의 일탈행위로서 그중 대표적인 것이 가혹행위·여성차별과 성희롱·불건전한 사생활의 문제(이성문제)·채무관계 등을 들 수 있다. 가혹행위는 경찰관들의 윤리의식과 인권존중 의식의 결여와 연관되어 있고, 성차별과 성희롱은 경찰조직 안에서 남녀 간의 갈등과 분열을 초래할 수 있다.

제 3 장

경찰인사행정

제 3 장 경찰인사행정

제 1 절 인사행정 일반론

Ⅰ. 인사행정의 개념

조직은 분업과 전문화의 원리에 따라 분화되어진 수많은 직무가 다시 상호 연관성을 갖고 하나로 통합되어 있는 체계이다. 따라서 조직목표의 달성은 개별 공무원이 각자 맡은 바 직무를 성공적으로 수행할 때 가능해진다. 인사행정의 목표는 바로 공무원 각자가 맡은 직무를 성공적으로 수행할 수 있도록 지원하는 것이다. 인사행정의 핵심은 바로 사람과 직무를 통합시키는 과정이고 그것을 한 마디로 요약하면 적재적소에 해당 능력을 갖춘 인재를 배치하는 것이라 할 수 있다.[1)]

특히, 경찰인사행정은 경찰조직의 목적을 달성함에 필요한 인적 자원을 효율적으로 활용하는 기술 또는 체제이며, 이러한 경찰인사행정은 경찰관의 생산성 향상뿐만 아니라 경찰관의 모집, 선발, 교육훈련, 보수, 승진, 퇴직관리 그리고 복지 등 다양한 영역을 다루는 것이다.[2)]

---

1) 유민봉, 한국행정학, 박영사. 2014, p.463.

Ⅱ. 인사행정의 발전과정

인사행정은 시대적 상황, 국가의 이념 및 국가 발전의 수준에 따라 그 기준과 중요성이 달라진다. 민주정치는 본질적으로 의회정치이며 의회정치는 정당정치를 기반으로 하고 있다. 따라서 정당이 정권을 획득하기 위해서는 개인 또는 정당 간에 많은 이해관계를 맺게 되며, 정당의 변동에 따라 승진한 자 또는 정당이 그 후원자에게 보답하는 문제가 자연적으로 생기게 되었다. 그 결과 대의민주정치가 발달함에 따라 엽관제 또는 정실임용제가 인사정책으로 등장하게 되었다. 제도적인 엽관주의가 본격적으로 발달한 것은 미국이었으나, 특정 정당의 공직 독점은 온갖 부작용과 부패를 낳았고, 그 결과 산업혁명 이후 인사행정의 경향도 능력과 실적을 강조하는 실적주의로 바뀌게 되었다.[3)]

1. 엽관주의(Spoils System)

1) 엽관주의의 의의

엽관주의 또는 정실주의(Patronage System)란 공무원의 인사관리나 공직임용에 있어서 그 기준을 능력·자격·업적 기준보다 당파성(이념)이나 인사권자에 대한 개인적 충성·혈연·금력·학연·지연·정치적 영향력 등에 두는 인사제도를 말한다. 즉, 전쟁에서 승리한 자에게 전리품이 귀속되는(to the victors belongs the spoils) 것처럼 관직도 선거에서 승리한 정당이 일방적·자의적으로 처분할 수 있는 전리품이 되어야 한다는 것이다.[4)] 따라서 정권이 바뀔 때마다 하위 공무원까지 모조리 정당의 뜻에 따라 물갈이 할 수 있는 제도로서, 미국이 자유 민주정치 발전과정에서 도입된 인사행정제도이다. 엽관제는 공무원의 임명기준을 정치적 신조나 정당관계에 두고 있다는 점에서 실적주의와 구별된다.

---

2) 이황우 외, 경찰인사행정론, 법문사, 2012, p.1.
3) 신두범·오무근, 전게서, p.368.
4) 이종수·윤영진 외, 전게서, p.393.

2) 발전요인

(1) 민주주의의 요청

공직의 특권화방지를 위한 잭슨(A. Jackson)민주주의는 자유·평등과 정치적 민주화의 달성에 목적이 있었고, 엽관주의는 그 행정적 수단이었다. 즉, 공직을 대중에게 개방하여 다수에 의한 지배를 실현하고 선거를 통하여 실정(失政)에 대한 책임을 확보하려는 민주주의 이념의 요청이었다.

(2) 정당정치의 발달

정당정치발달의 기본조건인 동질적인 양대 정당이 존재하고, 미국 특유의 공정한 선거에서 승리한 정당이 국민에 대한 공약이나 정책을 보다 강력히 추진하기 위해서는 대통령 측근에 정치적 이념을 같이하는 사람의 임용이 필요하였다.

(3) 행정의 소극성과 단순성

당시의 정부행정기능 자체도 극히 소극적이고 단순성을 띠어 고도의 전문적 지식이나 능력 위주의 공직임용방식을 필요로 하지 않았다. 한편, 잭슨(A. Jackson) 대통령은 평범한 상식이 있으면 누구나 공무원이 될 수 있다고 주장하였다.

(4) 대통령의 지지세력 확보

대통령중심제하에서 대통령의 강력한 정책추진을 위해서는 행정수반에 대한 충성심 있는 인재의 등용이 필요하였다.

3) 엽관주의와 정실주의

엽관주의와 정실주의는 오늘날 동일한 뜻으로 통용되고 있으나, 정실주의는 정치적 요인을 중요시하는 엽관주의보다는 더 넓은 개념이다. 엽관주의는 미국에서 처음으로 인사행정에 도입되었다. 엽관(Spoils)은 전리품을 의미하며, 선거에서 승리한 정당이 모든 관직을 전리품처럼 정치적 충성도(정치적보상)에 따라

임의대로 처분할 수 있는 제도이다. 반면 정실주의는 영국에서 발달되기 시작한 인사제도로 개인적 친분 및 정치성에 의거 공직을 임용하는 제도이다. 따라서 엽관주의하에서는 정권이 교체되면 공직의 광범위한 경질이 단행되었지만, 정실주의하에서는 일단 임용되면 관직은 종신적 성격을 띠어 신분이 보장되었다.

(1) 엽관주의의 장점

① 엽관제는 특정한 신분이나 시험·경력·실적·자격조건을 따지지 않고 정당이 적절하다고 판단한 인사가 임명되기 때문에, 연공서열 등으로 인한 관직의 민주화에 기여하는 면이 있다.

② 공직자의 적극적인 충성심이 확보되는 측면이 있고, 특별히 경력 같은 것이 없더라도 인선을 잘한다면 유연하게 능력을 갖춘 인재를 적시에 투입할 수 있다는 장점도 있다.

③ 관료들의 생명은 정권유지와 깊은 상관성이 있기 때문에, 대응성이 높아진다는 것도 흔히 엽관주의의 장점으로 꼽히기도 한다.

(2) 엽관주의의 단점

① 엽관제도하에서는 정당에 대한 공헌도를 위주로 공직임용이 이루어지는 관계로 무능한 사람들이 공직에 진입하여(낙하산 인사) 업무의 능률성을 떨어뜨리고, 정치적 요구를 충족시키기 위해 불필요한 관직들이 증설되어 국가재정의 낭비를 초래한다.

② 정권이 바뀔 때마다 대량적인 인력교체가 일어나 행정의 안정성과 전문성이 손상된다.[5]

③ 엽관주의는 정권이 바뀌면 전체 공직임용이 다시 이루어지기 때문에, 공무원의 객관적이고도 공평한 업무수행을 기대하기 어렵다. 그 결과 공직의 민주성과 공평성에 대한 기여는 제한적일 수밖에 없다.

④ 대통령으로 하여금 공직을 나누어 주는데 시간과 정력이 빼앗기게 되는 문제점을 내포하고 있다.

---

5) 신두범·오무근, 전게서, p.369.

⑤ 특정정당의 공직 독점은 온갖 부작용과 부패를 낳았고, 엽관주의의 폐해 때문에 실적주의가 도입되었다. 그렇지만 오늘날에도 아직도 부분적으로 남아 있으며, 현대 대부분의 국가들이 행정부 각 조직의 수장들을 실적이 아닌 대통령이나 총리가 인선하여 임명하는 것이 엽관주의의 일환이다.

2. 실적주의(Merit system)

1) 실적주의 의의

실적주의제는 실적이 모든 인적자원을 확보하고 활용하는 근간이 된다는 뜻으로 간단히 말할 수 있다. 하지만 개념의 발상지인 미국에서 그 개념이 어떻게 진화되었는지를 보아야 정확한 이해가 가능하다.[6] 미국은 19세기 말부터 행정국가가 대두되고 정당의 부패에 대한 민주적 정화와 능률행정이 요청되었다. 그 결과 엽관주의의 병폐를 극복하고 부패된 정치로부터 행정을 분리·독립시켜 공무원의 정치적 중립을 보장하기 위하여, 정당과는 관계가 없이 능력중심의 공직임용을 하는 실적주의의 채택이 불가피하게 되었다.

따라서 실적주의는 정당이나 연고관계를 떠나서 개인의 능력·자격·성적을 기준으로 공직임용과 승진을 시키는 인사제도로서, 직업공무원제의 확립을 위한 기반이 되었다. 초기의 실적주의는 단순히 엽관주의자들의 횡포를 방지·견제하기 위하여 공직채용에 있어서 객관성의 실현, 공직에 대한 기회균등, 공무원의 정치적 중립과 신분보장을 강조하였다.[7]

2) 엽관주의의 극복을 위한 펜들튼법(Pendleton Act)의 제정

1883년 펜들튼법(Pendleton Act)에 의해 실적주의가 확립되었다. 여기에는 능력위주의 공정한 인사를 전담할 수 있는 초당적·독립적 인사위원회의 설치, 공개경쟁시험에 의한 임용, 제대군인에 대한 임용 시 특혜의 인정, 공무원의 정치자금 헌납·정치활동의 금지, 그리고 민간과 정부 간의 인사교류를 폭넓게 인

6) 유민봉, 전게서, p.465.
7) 김형중, 전게서, p.84.

정하고 있다.[8] 당시 실적주의제의 핵심은 행정을 정치로부터 영향을 받지 않도록 보호하는 일이었다. 이를 소극적 실적주의라 한다.

3) 실적주의와 과학적 관리론

실적주의 개념은 1900년대 초 과학적관리론의 영향을 받으면서 방어적·소극적 인사관리에서 적극적 인사관리로 바뀌기 시작하였다. 지금까지 인사에서 정치권력의 남용을 어떻게 방지할 것인가에 모아졌던 실적주의의 초점이 채용 후의 승진, 교육훈련, 보수 등과 같은 인사활동의 전 범위로 확대되었다. 특히 과학적관리론을 통해 직무에 대한 과학적 분석과 직무수행의 적격자를 연결시키는 노력이 이루어졌다. 실적주의가 과학적 관리정신과 합쳐지면서 공직에 들어오는 사람들이 전문가들로 변하기 시작했다.[9]

4) 인사개혁법(Civil Service Reform Act)을 통한 실적주의 원칙이 보완

미국은 1978년 인사개혁법(Civil Service Reform Act)을 통해 실적주의의 원칙이 또 한번 보완되었다. 전통적 의미의 실적주의(공직취업의 기회균등·정치적 중립·신분보장 등)원칙 외에 채용·교육훈련·승진·근무성적평가·보수 등 인사행정의 전 과정에서 인적 자원을 능력·자격·성과에 의하여 관리함으로써, 행정의 효율성을 높이고자 하는 적극적·발전적 실적주의 원칙이 표방되었다.

5) 실적주의의 문제점

본래 실적주의는 엽관주의를 극복하기 위하여 대두되었으나 다음과 같은 문제점이 제기되었다. 실적주의에 의한 공무원의 관리는 지나치게 소극화·형식화되고 말았으며, 이는 오히려 경찰공무원 관리의 이상적 형태와는 거리가 먼 것이었다. 그 결과 엽관주의의 현실성과 필요성도 어느 정도 재검토하면서 실적주의를 보다 과학화·적극화하려는 노력이 요청되었는데, 이러한 경향을 1935년 이후의 적극적 인사행정이라고 부른다.[10]

---

8) 김형중, 경찰학개론, 청목출판사, 2010, pp.340－341.
9) 유민봉, 전게서, p.466.

Ⅲ. 적극적 인사행정

1. 의 의

적극적인 인사행정[11]이란 인사행정의 원칙으로서 소극적인 실적주의와 과학적 인사행정만을 고집하지 아니하고 실적주의의 개념과 범위를 더욱 확대하여 엽관주의적인 요소나 인간관계론적인 요소를 신축성있게 받아들이는 발전적 인사관리방안을 의미한다. 따라서 비융통성·소극성·집권성·경직성 등의 폐단을 가진 실적주의를 적극적·분권적·신축적인 인사원칙으로 확대·발전시켜 나가기 위하여, 실적주의에 엽관주의적인 요소를 가미하고 인사행정의 인간화를 기하려는 노력으로 적극적 인사행정이 대두되었다. 다시 말하면, 소극적인 실적주의나 폐쇄적인 직업관료제에 대한 반발적인 인사행정인 것이다.[12]

2. 확립방안

1) 적극적 모집

과거와 같이 단순히 공무원의 결격사유만을 예시해서 일정한 장소에 게시하는 소극적 모집방법만으로써는 모집의 성과를 충분히 거두기 어려우므로, 많은 사람들로 하여금 공직에 흥미를 가질 수 있게 하는 적극적 모집방법이 강구되어야 할 필요가 있다.

2) 공무원의 능력발전

공무원의 능력발전을 위하여 교육훈련·근무성적평정·승진·전직·파견근무제도의 합리적인 운용 등이 합리적으로 운영되어야 한다.

---

10) 박천오 외 5인 공저, 인사행정의 이해, 법문사, 2005, pp.32−33.

11) 적극적 인사행정이라는 개념은 1935년 W. E. Mosher, J. D. Kingsley와 O. G. Stahl이 그들의 공저 인사행정론 제3판(*Public Personnel Administration*)에서 적극적 인사행정의 시대라고 부르는 데서 유래되었다.

12) 신두범·오무근, 전게서, p.377.

3) 인사권의 분권화

중앙인사기간에 집중되기 쉬운 인사권 내지 인사기능을 가능한 한 각 운영 부처의 자율성에 맡기는 분권화가 증대되었다.

4) 인간관리의 민주화

공무원의 인간적 욕구·가치를 존중함으로써 사기 앙양 및 인간관계 개선을 위하여, 인사 상담제도, 고충처리심사제도, 제안제도, 민주적 리더십의 발휘, 참여의 확대, 제안제도, 하의상달, Y이론적 인간관리 등이 요구되었다.

5) 공무원단체활동의 허용

공무원의 권익보호 및 근무조건 개선을 위한 공무원단체 활동이 점차 허용되었다.

6) 필요시 부분적인 정치적 임용 허용

정책수립에 관련된 고위직 공무원들은 행정수반과 이념을 같이하는 자를 정치적으로 임명하거나, 공무원의 참정권을 보장하기 위하여 엄격한 정치적 중립을 완화한다는 것도 적극적 인사행정의 내용이다.

7) 지나친 과학적 인사행정 지양 및 인간중심적인 인사관리 병행

직위분류제 등과 같은 과학적·객관성의 지나친 강조에 기인하여 융통성이 없는 기계적인 인사성향이 초래되므로, 인간중심적 인사관리제도와의 조화를 도모해야 한다.

Ⅳ. 직업공무원제

1. 직업공무원제의 의의

행정국가에 있어서는 국가기능의 확대에 따른 행정사무의 양적 증대와 질적 변화에 수반하여 필연적으로 행정의 전문화와 기술화가 요구되고 있다. 그러므로 전문적인 지식을 지니고 있는 유능한 인재가 공직에서의 근무를 평생 명예로운 직업으로 생각하는 직업공무원제의 확립이 필요하게 되었다.[13]

직업공무원제도(Career Civil Service System)란 사회에 첫발을 내딛는 젊은이들이 공직을 명예로운 직업으로 선택하고, 공직에 근무하는 것을 생애의 보람있는 일로 생각하면서 일생을 여기에 기꺼이 바쳐 봉사할 수 있도록 인사제도를 조직하고 운영하는 공무원제도를 말한다.[14]

이러한 의미에서 경찰직업공무원제도란 유능한 인재를 경찰직에 흡수·확보하는 것은 물론 이들이 경찰직에 근무함으로써 이를 일생의 영예로 생각하고 긍지를 느끼게 하는 공직관을 갖도록 하는 제도라고 볼 수 있다. 따라서 이는 일반적이고 보통의 지식만으로는 경찰직무를 수행할 수 없으며, 투철한 경찰관으로서의 긍지의 확립이 없이는 경찰직업공무원제도를 확립할 수 없다는 의미이기도 하다.[15]

2. 직업공무원제의 필요성

직업공무원제도는 원래 계급제에 입각하여 폐쇄형(Closed System)을 채택하던 국가에서 확립되었다. 즉, 영국·프랑스 등 유럽제국에서는 신규채용자는 원칙적으로 해당계급의 최하위에 임용되며, 고위직에 결원이 생겼을 경우 그 충원을 주로 승진임용에 의함으로써 직업공무원제를 택하였다. 이러한 직업공무원제도는 민주주의 국가에서 정권교체에 따르는 행정의 무정부 상태에 대비하기 위

13) 신두범·오무근, 전게서, p.372.

14) Frederick C. Mosher, "Career and Career Service in the Public Service," *Public Personnel Review,* Vol. 24, No. 1(january), 1963, pp.46－51.

15) 이상안, 전게서, p.421.

한 제도적 안전장치라 할 수 있다.

3. 직업공무원제의 전제조건[16)]

1) 계급제

계급제란 경찰공무원의 인적 특성을 기준으로 공직을 종적으로 구분하여 계층을 만들고 여기에 행정업무를 수준별로 구분하여 담당케 하는 사람 중심적인 제도로서, 경찰공무원의 신분을 강하게 보장하는 특색을 가진다.

2) 폐쇄형 충원

폐쇄형 충원은 경찰직의 계층구조 중간에 빈자리가 생겼을 때 이를 내부의 승진이나 인사이동으로 채우고 외부로부터의 신규채용을 허용하지 않는 것이다. 경찰직업공무원제도는 일반적으로 계급제에 입각하면서 폐쇄형을 채택하는 국가에서 확립되고 있다. 예를 들면 경찰직업공무원제도가 확립된 영국에서는 신규채용자는 하위계급에 임용하고 결원은 승진임용에 의하여 충원하는 폐쇄형 제도를 채택하고 있다.

3) 일반능력자 중심의 임용

일반능력자 중심의 임용은 경찰공무원 임용의 기준을 현재의 직무수행능력이 아니라 장기적 발전 가능성 내지 잠재력에 두는 것으로서, 특정한 직무수행에 요구되는 구체적 전문지식을 임용기준으로 삼는 전문가주의와 대조가 된다.

4) 신분보장

신분보장은 기본적으로 두 가지 의미를 내포하고 있는데, 하나는 부당한 정치적 압력으로부터 경찰공무원의 권익을 보호하는 방어적 의미이고, 다른 하나는 경찰공무원이 공직을 일생의 본업으로 여기면서 일할 수 있도록 직업의 안정

16) Frederick C. Mosher, Democracy and the Public Service (New York: Oxford University Press, 1982), pp.156-160.

을 보장해 주는 적극적인 의미이다.

4. 직업공무원제와 실적제의 차이점

직업공무원제가 실적제를 바탕으로 하여 성립된 것은 사실이지만, 그렇다고 실적제가 바로 직업공무원제를 뜻하는 것은 아니다. 미국에서는 19세기 말엽 펜들튼법(Pendleton Act, 1883)의 제정을 계기로 실적제가 확립되었다고 하겠으나, 직업공무원제의 필요성이 대두된 것은 1930년대에 접어들어서부터이다. 이와는 대조적으로 유럽에서는 일찍이 직업관료제가 수립되었으나 실적제가 나타난 것은 최근의 일이다. 또한 실적제에 의하여 공무원의 신분이 보장된다고 하더라도 개방형에 따라 상위직에 외부 사람을 충원한다면 하위직 공무원의 승진 기회가 적어지므로, 직업공무원제의 확립이 어렵게 된다.[17]

5. 직업공무원제의 확립요건[18]

1) 민주적 공무원상의 형성

민주주의 국가에서 공무원에 대한 평가는 비민주적인 관존민비 사상을 떠나 사회를 위해 봉사하고 있다는 만족감과 긍지에 바탕을 둔 것이어야 한다. 따라서 공공봉사 정신에 입각한 민주적 공무원상의 정립이 무엇보다 필요하다.

2) 젊은 인재의 등용

가능한 한 학교를 갓 졸업하고 다른 직업을 거치지 않은 젊은 사람을 곧바로 공직에 들어오게 하는 것이 직업공무원으로서 일생 근무할 가능성을 많아지게 한다.

3) 공무원의 능력개발

공무원이 가지고 있는 능력을 각종 전문화 교육훈련을 통해서 발전시켜서

17) 신두범·오무근, 전게서, p.374.
18) 이상안, 전게서, pp.422－424.

그들의 소질·능력·흥미와 일치되는 직책을 담당하도록 해야 한다.

4) 보수 및 연금제도의 적정화

공무원의 장기근무를 적극적으로 장려하기 위해서는 보수가 적정하여야 하며, 공직에서 일생 동안 근무하다 퇴직한 후 연금에서 나오는 수입으로 생계가 이루어질 수 있도록 연금제도의 뒷받침이 있어야 한다.

5) 승진·전직제도의 합리화

채용·승진 등에 있어서 엄격한 실적주의 원칙을 적용해야 하며, 부처 간에 있어서의 전직 또는 전보의 기회를 주어 신축성 있는 인사관리를 함으로써 그들이 발전할 수 있는 여건을 마련해 주어야 한다.

V. 공직의 분류

1. 계급제와 직위분류제

1) 계급제

(1) 의의

계급제란 인간중심적 입장에서 자격·능력·학력을 기준으로 하여 계급을 부여하고 일정한 신분상의 자격·지위에 중점을 두는 공직분류방식을 말한다. 계급제를 채택하고 있는 국가는 오랜 관료제의 전통을 가진 서구제국을 비롯하여 이들로부터 문화적 영향을 많이 받았거나 농업사회적 전통이 강한 국가들이다. 계급제는 영국·독일·프랑스·한국·일본·파키스탄 등에서 운용되고 있다.[19]

(2) 장점

① 계급제의 특성은 직위분류제와의 비교를 통해서 두드러지게 나타나는

---

19) 김형중, 전게서, p.87.

데, 우선 일반행정가(Generalist)를 강조하고 폐쇄형 충원 그리고 계급과 신분의 동일시, 그리고 신분보장이 강조된다.

② 계급제는 인적자원을 탄력적으로 운용할 수 있을 뿐만 아니라 직업공무원제의 확립에도 기여할 수 있다.

③ 계급제는 여러 부서에서 많은 직무를 경험하기 때문에 넓고 전체적인 안목을 갖게 된다. 따라서 부처 이기주의에서 벗어나 다른 부서에 대한 이해를 통해 원만한 협력을 이끌어 낼 수 있는 장점이 있다.

(3) 단점

① 공직의 해당 분야에 대한 전문가 양성이 어려우며, 폐쇄적인 인사관리로 공직사회의 정체와 부패를 가져올 수 있다.

② 계급제는 보수와 업무에 대한 형평성을 유지하지 못하는 경우가 발생한다.

③ 계급제는 객관적인 기준의 인사관리보다 연공서열과 같은 주관적·편의적 기준으로 인사가 이루어질 수 있다는 단점도 갖는다.[20)]

(4) 경찰공무원의 분류

경찰공무원의 분류는 계급·경과·특기 등 세 가지 기준을 정하고 있다. 계급은 직책의 난이도와 보수의 차이를 두기 위한 것이고, 경과와 특기는 개인의 능력·적성·자격 등을 활용하기 위한 목적을 가지고 있다. 우리나라의 경우 경찰공무원의 계급은 치안총감, 치안정감, 치안감, 경무관, 총경, 경정, 경감, 경위, 경사, 경장, 순경 등 11계급으로 구분된다(경찰공무원법 제2조). 이 점에서 1급에서 9급으로 구분되고 있는 국가공무원법상의 경력직 공무원과 차이가 있다.

2) 직위분류제

직위분류제란 사람이 수행할 업무나 책임을 단위로 공직을 분류하는 제도로, 직무의 특성에 중점을 두고 각 직위에 내포되어 있는 직무의 종류와 책임·난이도를 기준으로 하여 수직·수평적으로 분류하는 제도이다.[21)] 직위분류제는

---

20) 유민봉, 전게서, pp.477-479.

임용·보수 및 인사행정의 합리화를 위한 수단으로서 객관적인 직무중심의 분류방법이다. 이는 한 사람이 하는 업무의 속성과 그에 따른 책임의 경중에 따라 공직의 체계를 조정하는 것이기 때문에, 시험이나 임용·보수 등에 관한 인사행정의 합리화를 위한 중요한 전제가 된다.

다시 말해서 직위분류제는 직위를 기본단위로 하여 이를 수직·수평적으로 배열하여 구조화하는데, 우리나라 국가공무원법에서는 직위, 직렬, 직군, 직류 등의 용어를 사용하고 있다.

〈표 1〉 용어의 정리

- 직위 : 1인이 공무원에게 부여할 수 있는 직무의 책임
- 직급 : 직무의 종류, 곤란성과 책임도가 상당히 유사한 직위의 군
- 직렬 : 직무의 종류가 유사하고 그 책임과 곤란성의 정도가 상이한 직급의 군(경찰·행정·전산·감사직렬 등)
- 직군 : 직무의 성질이 유사한 직렬의 군(행정·공단·시설직군 등)
- 직류 : 동일한 직렬 내에서의 담당 분야가 동일한 직무의 군

이러한 직위분류제에서 또 하나 중요한 용어가 등급(grade)이다. 등급은 직무의 종류는 다르지만 곤란도와 책임도 측면에서 유사한 것을 의미하고, 동일한 보수를 지급하게 된다. 우리나라의 경우 계급이라 부른다.

공직에 관한 최초의 직위분류제는 1912년 미국 시카고시에서 실시되었으며, 1923년 직위분류법이 제정되어 발전되기 시작하였다. 현재는 미국·캐나다·필리핀 등에서 채택되고 있다. 우리나라에서 공직의 분류는 계급제 위주로 되어 왔으나, 지난 약 30년간 직위분류 제도의 요소를 많이 가미시켜 왔다. 따라서 현재는 계급제를 기반으로 하고 직위 분류제적 요소를 가미한 혼합형태라고 할 수 있다.

21) 김형중, 전게서, p.87.

3) 직위분류제와 계급제의 조화

직위분류제와 계급제는 이념적으로는 상호대립·모순되는 제도이지만, 오늘날 양제도의 장점을 따서 상호조화시키려는 절충적 접근이 시도 되고 있다. 따라서 직위분류제와 계급제는 서로 양립될 수 없는 상호배타적인 관계가 아니라, 상호결점을 치유할 수 있는 상호보완적인 관계에 있다고 볼 수 있다.

〈표 2〉 계급제와 직위분류제의 장단점 비교[22)]

구 분	장 단 점	
	계 급 제	직위분류제
인적자원의 충원	폐 쇄 적	개 방 적
직업공무원제의 확립	기 여	장 애
공무원의 시각	종합적, 광범위	부분적, 협소함
행정의 전문화	장 애	기 여
보수 및 직무수행의 형평성 정도	낮 음	높 음
인사관리 (교육훈련, 승진, 평가, 보상 등)	연공서열 중심, 상관의 자의성 개입 용이	능력·실적 중심, 객관적 기준 제공

2. 폐쇄형제도와 개방형제도

1) 폐쇄형

(1) 의의

폐쇄형은 계층구조의 중간에 외부로부터의 충원을 허용하지 않는 인사제도를 말한다. 폐쇄형은 최하위계급에 젊은 사람을 신규채용하여 상위계급으로 승진해 올라가게 하는 제도이므로, 최상위 계급에까지 내부승진이 보장된다.

22) 유민봉, 전게서, p.483.

직업공무원제도가 확립된 영국·프랑스의 경우 신규 채용자는 하위계급에 임용하여 결원은 승진임용에 의하여 충원하는 폐쇄형을 채택하고 있다. 우리나라 경찰조직은 폐쇄형 제도에 개방형 인사제도를 가미하고 있다.[23]

(2) **장·단점**

폐쇄형은 조직의 안정과 일체감, 승진기회보장으로 사기진작, 평생직장보장에 의한 직업공무원제도 확립이라는 측면에서 이점이 있다. 반면 환경의 변화에 대한 적응이 어렵고, 무사안일에 빠질 수 있으며, 공직에 대한 민주적 통제가 어렵다는 단점이 있다.

2) 개방형

(1) **의의**

개방형은 공직의 모든 계급에 대한 신규임용을 허용하는 인사제도이다. 직업공무원제도가 확립되어 있지 않은 미국은 개방형을 채택하고 있기 때문에, 다른 직업에 종사하던 사람이라도 승진과정을 거치지 않고 상위직에 임용될 수 있다. 따라서 전문가주의와 직위분류제를 채택하는 공무원제도에서는 외부의 전문가를 채용할 수 있는 개방형이 유용하다.[24]

(2) **장점**

개방형은 외부로부터 새로운 전문성을 갖춘 인재를 확보할 수 있으므로, 조직의 신진대사를 촉진하고 행정의 질을 높일 수 있다는 이점이 있다.

(3) **단점**

① 개방형은 하위계급에서 출발한 기존 공무원의 승진의 길이 좁아져서 공무원의 사기를 저하시킬 수 있다. 따라서 하위계급 공무원의 적극적 모집에 악영향을 끼칠 수 있다.

---

23) 박연호, 인사행정신론, 법문사, 1996, p.104.
24) 김형중 외, 새로 쓴 경찰행정학, 서울: 박영사, 2015, p.134.

② 개방형은 공직의 안정성·계속성·전문성을 저해할 수 있다. 따라서 승진 적체와 소신 있는 임무수행의 좌절로 인하여 조직구성원 사이에 보이지 않는 갈등을 조성하는 문제점들이 있다.[25)]

3) 우리나라 경찰인사관리

오늘날 인사관리는 실적주의가 지배하고 있기 때문에, 인사관리기관은 분권적인 부처인사기관 형태가 보편적이며, 경찰인사기관 역시 부처인사형태이다. 우리나라의 경우 계급제를 원칙으로 하고 직위분류제요소를 가미하고 있기 때문에, 양자는 상호보완적 관계에 있다. 경찰조직 역시 계급제를 기본으로 직위분류제를 가미하고 있다.

제 2 절 경찰조직과 인력관리

Ⅰ. 경찰공무원의 채용

1. 의 의

경찰공무원의 채용은 경찰공무원이 될 수 있는 자격과 능력을 갖춘 사람에게 균등한 기회를 제공하여 동일한 조건 아래에서 공정한 선발과정을 거쳐 적재적소에 배치하는 행위를 말한다.[26)] 경찰공무원의 신규채용은 공개경쟁채용시험에 의함을 원칙으로 하고 특별한 경우에 한하여 특별채용을 한다.[27)] 이러한 채용과정은 모집, 선발, 신임교육훈련, 시보임용의 순서에 따라 이루어진다. 따라서 모집 및 선발 등의 과정은 채용이라는 전체 절차의 일부에 해당한다.

---

25) 오석홍, 인사행정신론, 박영사, 1994, pp.49－50.

26) 이황우 외, 전게서, p.62.

27) "특별채용"의 명칭을 "경력경쟁채용"으로 변경하는 경찰공무원법 일부 개정안이 2011. 9. 30. 정부안(案)으로 국회에 발의되었다.

2. 모집 및 선발

1) 모집

(1) 모집의 의의

모집(recruitment)은 경찰조직이 원하는 인력을 확보하기 위해서 유인(誘因)하는 일련의 활동을 말한다. 종래의 소극적 모집은 부적격한 사람을 제거하는 것으로 생각해 왔으나, 오늘날에는 적극적으로 많은 사람으로 하여금 공직에 응시하도록 흥미를 유도하는 것을 말한다.[28] 직업공무원제하에서 경찰직의 선택에 영향을 미치는 요소로는 임무의 다양성과 중요도, 국민에 대한 봉사심, 안전성, 보수, 자아실현의 기회 마련 등을 들 수 있다.

(2) 모집의 중요성

경찰조직에서 경찰조직의 목표달성을 위해 가장 중요한 요소는 유능하고 충성심 있는 경찰관의 모집에 있다. 따라서 경찰조직 운영의 성패는 유능한 경찰관을 얼마나 확보하여 어떻게 관리하느냐에 있다. 나아가 효과적인 모집활동을 통하여 부적격 경찰관을 걸러내는 효과와 함께 경찰서비스 향상과 국민의지지 여부도 모집을 통해서 이루어진다.

(3) 모집의 전제조건

경찰행정의 양적·질적 내용이 변화함에 따라 기존의 모집방법에서 탈피하여 적극적인 모집이 이루어져야 한다. 이를 위해서는 채용절차를 신속하게 하며 모집방법과 고용조건에 대한 상세한 홍보가 필요하다. 뿐만 아니라 다양한 입직경로를 개발하여 새로운 노동시장의 형성에도 노력하여야 한다.

한편, 우수한 인적자원 모집을 위해서 장·단기적인 인력수급계획을 수립하여 체계적이고 예측가능한 모집이 이루어져야 하며, 경찰조직에 대한 부정적인 인식을 개선하기 위한 노력도 유능한 인재의 모집에 필수적으로 요구된다. 더불

---

28) 김형중, 전게서, p.91.

어 새로운 경찰관을 선발하기 전에 경찰기관은 모집경찰이 어떤 유형의 직무를 수행할지를 결정하는 등 철저한 직무분석을 통하여 모집이 이루어져야 한다.[29]

(4) **경찰공무원 모집 시 자격제한 및 응시자격**

민주국가에서 공직자 모집에 있어서의 자격제한 문제는 이율배반적 위치에 있다. 슈탈(O. G. Stahl)은 현대행정은 고도로 전문화·기술화되어 있기 때문에 일정한 자격 이상을 구비하지 않으면 원활한 행정업무수행에 많은 지장을 초래하므로, 기회균등이나 평등사상과 같은 인도주의적 감정에 젖어서는 안 된다고 주장[30]하였다. 반면 국가의 공복을 모집하는 데 있어 어떤 제한을 가한다는 것은 민주원칙에 위배된다는 주장도 있다.

그러나 이러한 견해에도 불구하고 능률적 업무수행이라는 측면에서 볼 때 자격요건은 불가피한 것으로 받아들여지고 있었고, 우리나라의 경우에도 일정한 연령에 해당하거나, 병역을 필한 자(면제된 자)만이 지원이 가능했다. 그러나 2020년 하반기부터 군대와 관계없이 고등학교 졸업 후 바로 경찰공무원 시험에 응시가 가능하도록 경찰공무원법이 개정되었다. 군 미필자가 경찰공무원 시험에 응시할 수 있게 된 것은 병역법 시행 후 70년 만이다.

① **경찰공무원 시험응시 결격사유**

경찰공무원은 신체 및 사상이 건전하고 품행이 방정(方正)한 사람들 중에서 임용한다. 다음의 어느 하나에 해당하는 사람은 경찰공무원으로 임용될 수 없다(개정 2019. 12. 3.)

---

29) 이황우 외, 전게서, pp.64-65.

30) O. Glenn, *Public Personnel Administration,* 5th ed.(New York: Harper & Row, 1962), p.282.

〈표 3〉 경찰공무원 시험응시 결격사유

1. 대한민국 국적을 가지지 아니한 사람
2. 「국적법」 제11조의2 제1항에 따른 복수국적자
3. 피성년후견인 또는 피한정후견인
4. 파산선고를 받고 복권되지 아니한 사람
5. 자격정지 이상의 형(刑)을 선고받은 사람
6. 자격정지 이상의 형의 선고유예를 선고받고 그 유예기간 중에 있는 사람
7. 공무원으로 재직기간 중 직무와 관련하여 「형법」 제355조 및 제356조에 규정된 죄를 범한 사람으로서 300만원 이상의 벌금형을 선고받고 그 형이 확정된 후 2년이 지나지 아니한 사람
8. 「성폭력범죄의 처벌 등에 관한 특례법」 제2조에 규정된 죄를 범한 사람으로서 100만원 이상의 벌금형을 선고받고 그 형이 확정된 후 3년이 지나지 아니한 사람
9. 미성년자에 대한 다음 각 목의 어느 하나에 해당하는 죄를 저질러 형 또는 치료감호가 확정된 사람(집행유예를 선고받은 후 그 집행유예기간이 경과한 사람을 포함한다)
   가. 「성폭력범죄의 처벌 등에 관한 특례법」 제2조에 따른 성폭력 범죄
   나. 「아동·청소년의 성보호에 관한 법률」 제2조제2호에 따른 아동·청소년대상 성범죄
10. 징계에 의하여 파면 또는 해임처분을 받은 사람

② 응시자격

㉠ 공통자격

경찰공무원 시험에 응시하기 위해서는 원서접수 마감일까지 운전면허 1종 보통 또는 대형면허를 취득하여야 한다.

㉡ 공채자격 연령 및 자격요건

모집분야	일반순경 (남자·여자·101단)	간부후보생
응시연령	18세 이상 40세 이하	21세 이상 40세 이하
자격요건	학력제한 없음	

㉢ **특채자격 요건**

구분		내용
모집분야	자격요건	
경찰행정학과	응시연령	20세 이상 40세 이하
	자격요건	2년제 이상 대학의 경찰행정 관련 학과를 졸업했거나, 4년제 대학의 경찰행정 관련 학과에 재학 중이거나 재학했던 사람으로서 경찰행정학 전공 이수로 인정될 수 있는 과목을 45학점 이수한 자
	경찰행정학 전공이수로 인정될 수 있는 과목	체포술(무도 · 사격 포함), 헌법, 행정법, 형법, 형사소송법, 행정학, 범죄학, 경찰학, 비교경찰론, 한국경찰사, 경찰윤리, 경찰경무론, 경찰생활안전론, 경찰수사론, 경찰경비론, 경찰교통론, 경찰정보론, 경찰보안론, 경찰외사론, 범죄심리학, 피해자학, 과학수사론, 법의학, 형사정책론, 경찰연구방법론, 테러정책론, 민간경비론, 경찰기획(정책)론, 소년범죄론, 자치경찰론, 국가정보학, 사회병리학, 범죄통계학, 범죄예방론 또는 이와 유사한 과목으로서 경찰청장이 인정하는 과목
전의경 특채	응시연령	21세 이상 30세 이하
	자격요건	경찰청 소속 '전투경찰'로 임용되어 소정의 복무를 마치고 전역한 자 또는 전역 예정인자 (해당 시험 면접시험 전일까지 전역 예정자)

2) 선발

(1) 선발의 의의

모집과정을 통해서 지원자를 확보한 후에는 지원자들 중에서 직무수행에 뛰어난 적격자를 선발하는 과정이 필요하다. 선발이란 각종 시험 결과를 토대로 경찰공무원 채용기준에 가장 부합하는 지원자들을 뽑는 것이다. 선발은 모집·선발·신임교육훈련·시보임용으로 구성되는 채용(recruit)의 한 구성요소라고 볼 수 있다.[31] 현재 우리나라에서 채용시험이라고 부르는 것은 이러한 선발과정의 하나에 해당한다.

31) 이황우 외, 전게서, p.95.

(2) 선발 시험의 효용성

선발시험은 응시자의 지식, 기술, 능력을 측정하는 도구이다. 모든 측정도구는 측정의 대상이 무엇이든 신뢰성과 타당성을 갖추어야 한다.

① 신뢰성

신뢰성의 의미는 측정도구의 측정결과가 보여주는 일관성을 말한다. 따라서 동일한 사람이 동일한 문제를 시간을 달리하여 치른 경우, 그 성적의 차이가 근소할수록 선발시험의 신뢰도가 높다고 할 수 있다. 이를 높이기 위해서는 채점의 객관도를 높이고 출제문항수를 많이 하며, 답안작성기간을 적절하게 제공하여야 한다.

② 타당성

타당성(validity)이란 시험이 측정하고자 하는 것을 실제로 얼마나 정확하게 측정했는가를 말한다. 선발시험의 타당성은 시험성적과 근무성적 간의 상호관계에 의해 검증될 수 있다. 타당성은 기준타당성과 내용타당성으로 구분하여 볼 수 있다. 기준타당성은 시험성적과 시험으로 예측하고자 했던 기준 사이에 얼마나 밀접한 상관관계가 있는가를 말하는 것이고, 반면, 내용타당성은 직무에 정통한 전문가 집단이 시험의 구체적인 내용이나 항목이 직무의 성공적 임무수행에 얼마나 적합한 것인지를 판단하는 것이다.

③ 기타

이외에도 선발시험의 난이도(difficulty), 객관성(objectitivity), 실용성(practicability) 등이 요구된다.

(3) 경찰 채용 시험의 종류

경찰공무원의 채용시험은 필기시험 → 신체검사 → 체력·적성검사 → 면접시험 → 최종합격(가산점 적용) 순으로 진행된다.

① 필기시험

필기시험은 비용효과적인 선발방법이다. 필기시험은 절차상의 동일성 때문에 상대적으로 인정된 선발방법이자, 모든 응시자들을 공평하게 대한다는 장점이 있다. 경찰공무원 필기시험과목은 <표 4>와 같다.

〈표 4〉 경찰채용 필기시험 과목(2022년 경찰채용시험과목 개편안 포함)

<table>
<tr><th colspan="2">구분</th><th>현행</th><th>2002년 시험과목 개편(안)</th></tr>
<tr><td colspan="2">순경공채</td><td>「총 5과목」
- 필수: 영어 · 한국사
- 선택: 형법 · 형사소송법 · 경찰학 · 국어 · 수학 · 사회 · 과학 중 택3
* 2022년부터 고교과목 폐지</td><td>「선택과목폐지 · 필수 5개 과목」
- 영어(검정제) · 한국사(검정제 또는 절대평가) · 헌법 · 형사법 · 경찰학
* 영어 · 한국사는 검정제로 실시
<table><tr><th>구분</th><th>분야</th><th>기준점수</th><th>유효기간</th></tr><tr><td rowspan="2">영어</td><td>순경공채</td><td rowspan="2">550점
(토익기준)</td><td rowspan="2">3년</td></tr><tr><td>경찰행정공채</td></tr><tr><td>한국사</td><td>순경공채</td><td>한국사 능력검정 3급</td><td>4년</td></tr></table></td></tr>
<tr><td colspan="2">경행공채</td><td>「총 5과목」
- 형법 · 형사소송법 · 경찰학 · 행정법 · 수사</td><td>「총 4개 과목」
- 영어(검정제) · 형사법(형법+형사소송법 포함) · 범죄학 · 경찰학</td></tr>
<tr><td rowspan="2">간부후보생</td><td rowspan="2">일반</td><td>「1차 객관식」 5개 과목
- 영어(검정제) · 한국사 · 형법 · 행정학 · 경찰학</td><td rowspan="2">「1차+2차 총 7개 과목 객관식」
- 필수: 영어(검정제) · 한국사(검정제 또는 절대평가) · 형사법 · 형법 · 경찰학 · 범죄학
- 선택: 택일(행정법 · 행정학 · 민법총칙)
* 영어 · 한국사 검정제</td></tr>
<tr><td>「2차 주관식」
- 필수: 형사소송법(1과목)
- 선택: 행정법 · 경제학 · 민법총칙 · 형사정책 중 택1</td></tr>
</table>

<table>
<tr><td></td><td></td><td></td><td>
<table>
<tr><th>구분</th><th>분야</th><th>기준점수</th><th>유효
기간</th></tr>
<tr><td>영어</td><td>간부
후보생</td><td>625점
(토익기준)</td><td>3년</td></tr>
<tr><td>한국
사</td><td>(일반 ·
세무
회계 ·
사이버</td><td>한국사
능력검정
2급</td><td>4년</td></tr>
</table>
</td></tr>
<tr><td></td><td>세
무
회
계</td><td>「1차 객관식 5개 과목」
- 영어(검정제) · 한국사 · 형법 · 형사소송법 · 세법개론
「2차 주관식 4개 과목」
- 필수: 회계학
- 선택: 택일(상법총칙 · 경제학 · 통계학 · 재정학)</td><td>「1차+2차 총 7개 과목 객관식」
- 필수: 영어(검정제) · 한국사(검정제 또는 절대평가) · 헌법 · 형사법 · 세법개론 · 회계학
- 선택: 택일(상법총칙 · 경제학 · 통계학 · 재정학)</td></tr>
<tr><td></td><td>사
이
버</td><td>「1차 객관식 5개 과목」
- 영어(검정) · 한국사 · 형법 · 형사소송법 · 정보보호론
「2차 주관식 2개 과목」
- 필수: 시스템네트워크보안
- 선택: 택일(데이터베이스론 · 통신이론 · 소프트웨어 공학)</td><td>필수: 영어(검정제) · 한국사(검정제 또는 절대평가) · 헌법 · 형사법 · 정보보호론 · 시스템네트워크보안
- 선택: 택일(데이터베이스론 · 통신이론 · 소프트웨어 공학)</td></tr>
</table>

② 신체검사

㉠ 경찰공무원 채용 신체검사 기준표

신체검사는 직무수행에 필요한 신체조건 및 건강상태를 검사하는 것으로서 경찰공무원 모집 시에 미리 공고한 신체조건을 갖춘 사람이 지원했는지 여부를 확인하는 것이다.[32]

경찰업무는 신체적 민첩성과 인내력이 요구되므로 의학적 또는 신체적으로 적합한 자가 선발되어야 하기 때문에, 경찰공무원 채용시험에 있어서는 신체검사 또한 매우 중요시되고 있다.

32) 이황우 외, 전게서, p.99.

〈표 5〉 경찰공무원 채용시험 신체 검사 기준표

구분	내용 및 기준
체격	국·공립병원 또는 종합병원에서 실시한 경찰공무원 채용신체검사 및 약물검사 결과 건강상태가 양호하고 사지가 완전하며 가슴·배·입·구강·내장의 질환이 없어야 한다.
시력	시력(교정시력을 포함한다)은 양쪽 눈이 각각 0.8 이상이어야 한다.
색신	색신이상이 아니어야 한다(단, 국공립 종합병원의 검사결과 약도색신 이상으로 판정된 경우 응시자격을 인정한다).
청력	청력이 정상이어야 한다 (좌·우 각각 40㏈ 이하의 소리를 들을 수 있어야 한다).
혈압	고혈압(수축기 혈압이 145mmHg을 초과하거나 확장기 혈압이 90mmHg을 초과하는 것), 또는 저혈압(수축기 혈압이 90mmHg 미만이거나 확장기 혈압이 60mmHg 미만일 것)이 아니어야 한다.
문신	시술동기 의미 및 크기에 비추어 볼 때, 경찰공무원의 명예를 훼손할 수 있다고 판단이 되는 문신이 없어야 한다.
사시(斜視)	검안기 측정결과 수평사위 20프리즘 이상이거나 수직사위 10프리즘 이상이 아니어야 한다(단, 안과 전문의의 정상판단을 받은 경우는 가능하다).

㉡ 필기시험 합격자는 여러 가지 서류를 제출하여야 한다. 「공무원채용신체검사서」도 그중 하나인데, 「공무원채용신체검사서」는 약물검사(TBPE)로 인해 많은 시일이 소요되므로, 필기시험 합격자 발표 즉시 준비해 두는 것이 바람직하다. 제출서류에 대한 세부사항은 합격자 발표 시 별도 공지한다.

㉢ 국·공립병원 또는 종합병원에서 시행한 공무원 채용신체검사서와는 별도로 경찰공무원 채용시험에 관한 규칙인 자체신체검사표에 따라 신체검사관이 합격여부를 종합판단한다. 따라서 신체검사는 국·공립병원 또는 종합병원에서 시행한 공무원채용신체검사 및 자체신체검사에서 모두 합격 판정을 받아야 한다.

③ 체력·적성검사

㉠ 체력검사

경찰의 직무는 범죄와의 투쟁과 같은 업무를 수행하기 때문에, 상당히 높은 민첩성과 지구력이 요구된다. 종래의 경찰관 선발과정에서는 신장과 체중을 중심으로 한 강인성의 척도로 사용되어 왔으나, 오늘날에는 민첩성 검사가 이를 대신하게 되었다. 민첩성 검사는 신체적 소질과 능력을 평가하는 유효한 변수가 되고 있다.

〈표 6〉 경찰공무원 채용시험(순경) 체력검사의 평가기준 및 방법

평가기준

구분		10점	9점	8점	7점	6점	5점	4점	3점	2점	1점
남자	100m 달리기 (초)	13.0 이하	13.1 ~ 13.5	13.6 ~ 14.0	14.1 ~ 14.5	14.6 ~ 15.0	15.1 ~ 15.5	15.6 ~ 16.0	16.1 ~ 16.5	16.6 ~ 16.9	17.0 이상
	1000m 달리기 (초)	230 이하	231 ~ 236	237 ~ 242	243 ~ 248	249 ~ 254	255 ~ 260	261 ~ 266	267 ~ 272	273 ~ 279	280 이상
	윗몸일으키기 (회/1분)	58 이상	57 ~ 55	54 ~ 51	50 ~ 46	45 ~ 40	39 ~ 36	35 ~ 31	30 ~ 25	24 ~ 22	21 이하
	좌우 악력(kg)	61 이상	60 ~ 59	58 ~ 56	55 ~ 54	53 ~ 51	50 ~ 48	47 ~ 45	44 ~ 42	41 ~ 38	37 이하
	팔굽혀펴기 (회/1분)	58 이상	57 ~ 52	51 ~ 46	45 ~ 40	39 ~ 34	33 ~ 28	27 ~ 23	22 ~ 18	17 ~ 13	12 이하
여자	100m 달리기 (초)	15.5 이하	15.6 ~ 16.3	16.4 ~ 17.1	17.2 ~ 17.9	18.0 ~ 18.7	18.8 ~ 19.4	19.5 ~ 20.1	20.2 ~ 20.8	20.9 ~ 21.5	21.6 이상
	1,000m 달리기 (초)	290 이하	291 ~ 297	298 ~ 304	305 ~ 311	312 ~ 318	319 ~ 325	326 ~ 332	333 ~ 339	340 ~ 347	348 이상
	윗몸일으키기 (회/1분)	55 이상	54 ~ 55	49 ~ 45	44 ~ 40	39 ~ 35	34 ~ 30	29 ~ 25	24 ~ 19	18 ~ 13	12 이하
	좌우 악력 (kg)	40 이상	39 ~ 38	37 ~ 36	35 ~ 34	33 ~ 31	30 ~ 29	28 ~ 27	26 ~ 25	24 ~ 22	21 이하
	팔굽혀펴기 (회/1분)	50 이상	49 ~ 45	44 ~ 40	39 ~ 35	34 ~ 30	29 ~ 26	25 ~ 21	20 ~ 16	15 ~ 11	10 이하

평가방법

- 체력검사의 평가종목 중 1종목 이상 1점을 취득하거나, 총점이 19점 이하의 경우에는 불합격으로 한다.
- 100미터 달리기의 경우에는 측정된 수치 중 소수점 둘째 자리 이하는 버리고, 1,000미터 달리기의 경우에는 소수점 첫째 자리 이하는 버리며, 좌우 악력의 경우에는 소수점 첫째 자리에서 반올림한다.
- 체력검사의 평가종목별 구체적인 측정방법은 경찰청장이 정한다.

〈표 7〉 경찰간부후보생 공개경쟁선발시험 체력검사의 평가기준 및 방법

평가기준

구분		10점	9점	8점	7점	6점	5점	4점	3점	2점	1점
남자	50m 달리기 (초)	7.0 이하	7.01 ~ 7.21	7.22 ~ 7.42	7.43 ~ 7.63	7.64 ~ 7.84	7.85 ~ 8.05	8.06 ~ 8.26	8.27 ~ 8.47	8.48 ~ 8.68	8.69 이상
	왕복오래달리기(회)	77 이상	76 ~ 72	71 ~ 67	66 ~ 62	61 ~ 57	56 ~ 52	51 ~ 47	46 ~ 41	40 ~ 35	34 이하
	윗몸일으키기 (회/1분)	58 이상	57 ~ 55	54 ~ 52	51 ~ 49	48 ~ 46	45 ~ 43	42 ~ 40	39 ~ 36	35 ~ 32	31 이하
	좌우 악력 (kg)	64 이상	63 ~ 61	60 ~ 58	57 ~ 55	54 ~ 52	51 ~ 49	48 ~ 46	45 ~ 43	42 ~ 40	39 이하
	팔굽혀펴기 (회/1분)	61 이상	60 ~ 56	55 ~ 51	50 ~ 46	45 ~ 40	39 ~ 34	33 ~ 28	27 ~ 22	21 ~ 16	15 이하
여자	50m 달리기 (초)	8.23 이하	8.24 ~ 8.47	8.48 ~ 8.71	8.72 ~ 8.95	8.96 ~ 9.19	9.20 ~ 9.43	9.44 ~ 9.67	9.68 ~ 9.91	9.92 ~ 10.15	10.16 이상
	왕복오래달리기(회)	51 이상	50 ~ 47	46 ~ 44	43 ~ 41	40 ~ 38	37 ~ 35	34 ~ 32	31 ~ 28	27 ~ 24	23 이하

	윗몸일으키기(회/1분)	55 이상	54 ~ 51	50 ~ 47	46 ~ 43	42 ~ 39	38 ~ 35	34 ~ 31	30 ~ 27	26 ~ 23	22 이하
	좌우 악력(kg)	44 이상	43 ~ 42	41 ~ 40	39 ~ 38	37 ~ 36	35 ~ 34	33 ~ 31	30 ~ 28	27 ~ 25	24 이하
	팔굽혀펴기(회/1분)	31 이상	30 ~ 28	27 ~ 25	24 ~ 22	21 ~ 19	18 ~ 16	15 ~ 13	12 ~ 10	9 ~ 7	6 이하

평가방법

- 체력검사의 평가종목 중 1종목 이상 1점을 받은 경우에는 불합격으로 한다.
- 50미터 달리기의 경우에는 측정된 수치 중 소수점 셋째 자리 이하는 버리고, 좌우 악력의 경우에는 소수점 첫째 자리에서 반올림한다.
- 체력검사의 평가종목별 구체적인 측정방법은 경찰청장이 정한다.

㉡ 적성검사

경찰관의 직무가 심리적 긴장상태는 물론 직권남용과 유혹의 기회를 많이 가지기 때문에, 심리적 부적응자나 유혹에 약한 자를 선별하기 위해서는 심리검사를 하는 것이 무엇보다 중요하다.[33] 따라서 적성검사는 직무수행에 필요한 적성과 자질을 종합 검정하는 것이다. 적성검사 결과는 점수화(비점수화)하지 않으며, 면접위원에게 면접자료로만 제공된다.

④ 면접시험

면접시험은 직무수행에 필요한 능력, 발전성 및 적격성을 검정하는 것으로 시험실시권자는 평정을 위하여 필요한 참고자료를 수집하여 시험위원에게 제공하여야 한다.

---

33) 이황우, 전게서, p.329.

㉠ 면접시험의 평가요소

구분	면접방식	면접내용	배점
1단계	집단면접	의사발표의 정확성 · 논리성 · 전문지식	10점(1점~10점)
2단계	개별면접	품행 · 예의 · 봉사성 · 정직성 · 도덕성 · 준법성	10점(1점~10점)
계			20점

㉡ 면접시험은 20점 만점으로 한다. 면접시험의 합격자는 단계별(1단계 · 2단계) 평가요소부터 가산점까지의 평가요소에 대하여 각 면접위원이 평가한 점수를 합산하여 총점의 40% 이상 득점자로 한다. 다만, 면접위원이 과반수가 어느 하나의 평가요소(가산점 제외)에 대하여 2점 이하로 평가한 경우에는 불합격으로 한다.[34)]

⑤ **최종합격**(가산점 적용)

㉠ **취업보호대상자 및 취업지원대상자**

㉮ 「독립유공자 예우에 관한 법률」 제16조 및 「국가유공자 등 예우 및 지원에 관한 법률」 제29조에 의한 취업보호대상자와 「5 · 18 민주유공자 예우에 관한 법률」 제20조 및 「특수임무유공자 예우 및 단체설립에 관한 법률」 제19조에 의한 취업지원 대상자에 대하여는 필기시험의 각 과목과 각 시험마다 만점의 10% 또는 5%를 가산한다(단, 전 과목 각 4할 이상 득점한 자에 한하여 적용한다).

㉯ 취업보호대상자 및 취업지원대상자 중 가점을 받아 합격하는 사람은 선발 예정 인원의 30%를 초과할 수 없다. 다만, 취업보호(지원)대상자 여부는 사전에 국가보훈처에 본인이 확인하여야 한다.

㉡ **자격증 소지자**

㉮ 동일분야 자격증을 복수로 제출한 경우 가산점수가 가장 높은 자격증만 인정한다. 예컨대, 워드프로세서 1급(2점)과 정보처리기사(4점)를 제출하는 경우, 점수가 높은 정보처리기사(4점)만을 인정한다.

---

34) 경찰공무원임용령시행규칙 제36조.

㉯ 어학능력자격증은 면접시험일을 기준으로 2년 이내 것만 인정한다. 자격증 가산점은 최대 5점이며, 그 이상 자격증을 제출하여도 5점으로 한정한다.

㉢ 최종 합격자 결정

최종합격자 결정은 필기 또는 실기시험(50%)+체력검사(25%)+면접시험(20%)+가산점(5%)을 합산한 성적의 고득점 순으로 선발예정인원을 최종합격자로 결정한다. 단, 경찰특공대는 실기(45%)+필기(30%)+면접(20%)+가산점(5%)으로 한다.

3. 시보임용

1) 의의

시보임용(probation)은 신규임용된 경찰관을 바로 경찰 공무원으로 임명하는 것이 아니고, 경찰관으로서의 적격성을 보유하고 있는지를 확인하기 위해 경찰적응기간을 부여하여 경찰관으로서 부적격이라고 인정될 때는 정규임용심사위원회의 일정한 심사를 거쳐 면직시킬 수 있는 조건부임용제도이다.

2) 시보임용의 목적

시보임용은 지원자에 대하여 시험으로 알아내지 못하였던 점을 검토해 보고 직무를 감당할 능력이 있는가를 알아보는 데 그 주된 목적이 있다. 시보임용은 채용시험제도를 보완하려는 것이기 때문에, 공식적인 채용과정의 일부라고 볼 수 있다.[35)]

3) 시보임용기간

우리나라의 경우 경정 이하의 경찰관을 신규채용하는 경우에 1년을 시보임용기간으로 하며 그 기간 중에는 경찰공무원으로서 신분이 보장되지 못하며, 기간이 만료되는 다음 날에 정규경찰관으로 임명된다.

---

35) 이황우 외, 전게서, pp.126－127.

Ⅱ. 경찰공무원의 교육훈련

1. 의 의

본래 교육이란 개인의 잠재력을 종합적으로 개발하는 것을 뜻한다. 반면 훈련이란 이러한 일반적·종합적인 것이 아니고, 어떠한 직원이 자기가 맡은 바 직책을 수행하는 데 그 직책이 요구하는 자격을 구비하고 있지 못한 경우 그 부족한 능력이 무엇인가를 파악하고 보충하는 것을 의미한다. 결국 양자는 종합적이냐 개별적이냐 하는 점에 차이가 있을 뿐이다. 따라서 전체 맥락에서 볼 때 훈련이라는 용어를 별도로 사용할 필요는 없고, 널리 교육훈련이라는 개념으로 사용하여도 무방하다.[36)]

경찰조직의 교육훈련은 경찰공무원이 직책을 수행함에 있어 필요로 하는 전문적 지식이나 기술은 물론 가치관, 태도까지 발전시키려는 체계적·계속적인 과정을 의미한다. 경찰공무원의 교육훈련은 학교교육, 위탁교육, 직장훈련 등으로 나누어 실시하고 있다.

2. 교육훈련의 종류

1) 학교교육기관 교육

학교교육기관 교육이란 경찰교육기관인 경찰대학, 경찰교육원(구 경찰종합학교), 중앙경찰학교에서 실시하는 교육훈련을 말한다.

(1) 신임교육

신임교육은 신규채용자를 대상으로 하여 경찰임용을 전제로 실시하는 적응 및 기초훈련을 말한다. 경찰관이 받는 최초의 교육훈련이며, 신임경찰관에게 경찰관서에 대한 방향을 설정할 수 있도록 도와준다. 나아가 경찰관서의 목표 및 목적을 주입시키며, 경찰업무에 요구되는 필요한 기술 및 지식을 제공해 준

---

36) 박동서, 인사행정론, 제5전정판, 법문사, 2001, pp.212－213.

다.[37] 신임교육 중 간부후보생은 경찰대학에서,[38] 신규채용순경은 중앙경찰학교에서 교육을 받고 소정의 성적을 취득해야 임용될 수 있다.

(2) **기본교육**

기본교육과정은 재직경찰관이 승진한 경우 당해 계급의 직무와 관련한 학식, 기술의 습득은 물론 직무수행능력과 관리기법을 배양할 수 있도록 실시하는 교육훈련이다. 기본교육은 경위·경사반(30시간), 경감(2주), 경정반(2주), 치안정책과정반(총경 및 승진후보자, 24주) 등으로 나누어지며, 해당 계급에 속하는 경찰관은 이 교육을 이수하지 않으면 상위계급으로 진급할 수 없다.

〈표 8〉 교육과정별 교육시간

교육과정 \ 구분		교육대상	교육기간(시간)	교육기관
신임 교육 과정	신규채용자 교육과정	경찰공무원으로 임용될 자 또는 임용된 자	34주	중앙경찰학교
	간부후보생 교육과정	간부후보생	52주	경찰대학교
기본 교육 과정	경사기본 교육과정	경사 및 승진후보자	30시간	사이버교육 (경찰교육원)
	경위기본 교육과정	경위 및 승진후보자	30시간	
	경감기본 교육과정	경감 및 승진후보자	2주	경찰대학
	경정기본 교육과정	경정 및 승진후보자	2주	
	치안정책 교육과정	총경 및 승진후보자	24주	

※ 출처: 경찰공무원 교육훈련규칙(훈령제755).

37) Larry K. Gaines, John L. Worrall, Mittie D. Southerland, and John E. Angell, Police Administration, 2nd ed. (New York, NY: McGraw－Hill Companies, 2003), p.374.

38) 경찰간부생 관련 교육 및 임용은 2019. 1. 25. 경찰인재개발원에서 경찰대학으로 업무가 이관되었다.

(3) 전문화 과정

각 기능별 전문기술 능력을 향상하기 위하여 경정 이하의 경찰관들을 대상으로 전문교육을 실시하고 있다. 전문화 과정의 대표적인 교육은 경찰수사연수원에서 실시하는 수사간부 연수교육과정(4개월)이다.

2) 직장훈련

직장훈련은 경찰기관의 장이 소속 경찰공무원의 직무수행능력을 향상시키기 위하여 일상 업무를 통하여 행하는 훈련을 말한다. 경찰기관의 장은 업무 관련 직무교육·각급 상사지시사항에 대한 전달교육 등을 월 1회 이상 하여야 한다.

3) 위탁교육

경찰공무원이 국내외 대학원의 학위취득 및 단기연수를 위하여, 경찰공무원을 국내외의 교육기관 등에 위탁하여 교육시키는 것을 말한다. 이에는 국외파견교육과 국내위탁교육이 있다.

3. 교육훈련의 과정[39]

1) 교육훈련 수요조사

교육훈련을 체계적으로 실시하기 위한 첫 번째 과정은 교육훈련의 수요를 정확하게 조사하는 것이다. 교육훈련의 수요가 정확하게 파악되어야 교육훈련의 규모, 일정, 내용, 교관, 방법을 결정하는 데 지침을 제공할 수 있다. 또한 교육훈련의 수요조사는 교육을 통해 변화시키고자 하는 목표를 분명히 할 수 있기 때문에, 교육훈련의 효과성을 평가하는 데 유용한 기준이 된다.

2) 프로그램 개발 및 교육훈련실시

교육훈련 수요조사가 완료되면 수요를 충족시킬 수 있는 교육훈련프로그램

---

39) 유민봉, 전게서, pp.494-497.

을 개발하여야 한다. 기존의 프로그램이 있는 경우에는 이를 수정·보완하는 작업이 필요하다.

교육훈련의 프로그램이 완성되면 다음 프로그램에 따라 교육훈련을 실시한다. 교육훈련을 실시할 때는 훈련의 목적에 맞는 방법을 선택한다. 여기에는 지식·기술·능력의 변화에 대한 효과성뿐만 아니라, 교육훈련 대상자의 규모·예산의 규모·시설과 장비의 가용성·훈련담당교관의 능력 등 여러 요소가 고려되어야 한다.

3) 효과성 평가

교육훈련 과정의 마지막 단계에 해당하는 것이 효과성 평가이다. 이러한 효과성 평가에는 반응평가(교육훈련 자체에 대한 교육참가자의 생각을 평가하는 것)와 영향평가(반응평가와 교육훈련의 실시가 개인이나 조직에 미친 영향을 평가하는 것)가 모두 포함된다.

4. 교육훈련[40)]

1) 현장훈련

현장훈련(On the Job Training)이란 피훈련자가 실제 실무를 수행하면서 감독자 또는 선임자로부터 직무수행에 관한 지식과 기술을 배우는 훈련방법을 말한다. 특히 기술의 습득이 필요한 직무에서 이미 그 기술을 터득한 선임자가 초보자에게 그에 관한 내용을 교육시킬 때 유용한 방법이다. 이러한 현장훈련은 직업의 성격이 고도의 기술·전문성·정밀성을 요구하는 경우의 훈련에 적합하여 실무적 훈련에 유리하다. 반면, 많은 시간에 적은 수의 인원을 훈련할 수밖에 없다는 단점이 있다.

2) 순환보직

순환보직(Rotation)이란 일정한 기간을 주기로 체계적인 사전계획을 기초로

40) 신두범·오무근, 전게서, pp.392－403.

피훈련자의 근무처를 변경시키는 것이다. 순환보직훈련은 여러 가지 보직을 담당하는 과정에서 공무원의 안목을 넓히고 관리능력을 향상시키는 장점이 있다. 반면, 전보가 빈번히 이루어지는 경우 행정의 계속성·업무의 전문성·능률성에 다소 저해를 초래할 우려도 있다.

3) 강의

강의(Lectures)는 다수의 피훈련자들을 대상으로 지식을 전달하는 것이며, 비교적 단시간 내에 교육훈련의 성과를 기하려고 할 때 흔히 사용되는 방법이다. 이러한 교육방법은 교육생의 수동성, 일방적인 의사전달, 그리고 환류(Feedback)가 거의 이루어지지 않는 단점이 있다.

4) 토의

토의(Discussion)는 토론지도자와 토론참가자가 자유로운 분위기 속에서 자신들의 의견을 제시하고 다른 사람들의 의견을 듣는 것이다. 효과적으로 토의가 이루어지는 경우, 해답이 알려지지 않은 문제의 검토와 공동으로 추구해야 할 새로운 방침 및 접근방법의 개척에 특히 유용한 교육훈련이다.

5) 사례연구

사례연구(Case Study)는 조직 내의 현상을 비교적 단순화한 과제(case)로 제시하여, 주로 토의에 의해 문제의 본질이나 해결책을 규명하는 방법이다. 무엇보다도 구체적 사례를 통하여 가능한 실제적인 상황에 유사한 경험을 체득케 하는 것이 장점이다.

6) 역할연기

역할연기(Role－Playing)는 인간관계 등에 관한 사례를 참가자 중 일부가 피훈련자들 앞에서 실제의 행동으로 연기하고, 사회자가 참가자들에게 그 연기 내용을 비평·토론하도록 한 후 결론적인 설명을 하는 교육훈련방법을 말한다. 이러한 역할연기 방법은 주로 대인관계, 즉 인간관계 훈련에 이용된다.

7) 시뮬레이션과 관리게임

시뮬레이션과 관리게임(Simulation and Management Game)은 피훈련자가 업무를 수행해 가는 과정에서 직면하게 될 어떤 가상적인 상황을 설계해 놓고 거기에 대처하도록 하는 것이다. 이러한 방법은 피훈련자를 자극시켜 동기를 부여하고, 이론과 실무에서 발생하는 격차를 해소하는 과정을 피훈련자들이 배우게 된다.

8) 감수성훈련

감수성훈련(Sensitivity Training, T-groups Training)은 자신과 타인의 관계에 관한 감수성을 개발함으로써 자신의 내면세계에 대해 정확하게 인식하고 조화되도록 하며, 집단과 조직 속에서 타인과의 인간관계를 협동적이고 생산적인 것으로 발전시키는 소집단 훈련이다. 감수성훈련은 1946년 미국에서 인종편견을 없애기 위한 훈련으로 시작되었고, 현재는 상담원 훈련 · 태도변화를 위한 기업체의 산업훈련, 그 외 인간관계 향상을 위한 각종 훈련에 사용되고 있다. 감수성훈련은 소집단에 참가한 경험을 통하여 자기를 발전하고 대인관계 기능을 배우는 장(場)이 된다.

9) 분임연구

분임연구(Syndicate)는 영국의 관리자학교(The Administrative Staff College at Henley-on-Thames)에서 관리자훈련을 위해 개발한 집단적 과제연구의 한 형태이다. 교육생을 약 10인 정도의 소집단으로 나누고 각 집단별로 동일한 문제를 토의하여 그 문제에 대한 해결방안을 작성한다. 그 후 다시 전체가 모인 자리에서 각 집단별로 작성한 문제해결방안을 발표하고 토론하여, 하나의 합리적인 문제해결방안을 모색하는 방안이다. 분임연구는 최적의 의사결정을 할 수 있는 능력을 기르고, 다른 사람의 지식과 능력을 동원하는 기술을 습득할 수 있다는 장점이 있다.

10) 실무수습

실무수습(Internship)이란 공무원이 되려고 준비하는 자에게 정부기관의 실무를 실습케 하는 훈련방법이다. 실무수습 훈련방법은 학문적인 것과 실무를 연결하는 교량적 구실을 한다. 실무수습은 단일한 훈련방법이라기보다는 현장훈련, 순환보직 등 여러 가지 방법을 복합한 훈련방법이다.

Ⅲ. 경과와 전과

1. 경　과

1) 임용권자 또는 임용제청권자는 경찰공무원을 신규채용 할 때에는 경과를 부여하여야 한다(경찰공무원임용령 제3조 제2항). 총경 이하의 경찰공무원은 경과를 부여 받는데, 경과는 일반경과와 수사경과, 보안경과 및 특수경과로 구별되고, 이중 특수경과는 항공경과와 정보통신경과로 나누어진다. 수사·보안경과는 경정 이하 경찰공무원에게 부여된다(경찰공무원임용령 제3조 제1항).

2) 일반경과는 기획·감사·경무·생활안전·교통·경비·작전·정보·외사 기타의 직무로서 수사경과·보안경과 및 특수경과에 속하지 아니하는 직무를 담당한다. 수사경과는 범죄수사에 관한 직무를 담당하며, 보안경과는 보안경찰에 관한 직무를 담당한다. 특수경과 중 항공경과는 경찰항공기의 운영·관리에 관한 직무, 정보통신경과는 경찰정보통신의 운영·관리에 관한 직무를 담당한다(경찰공무원임용령시행규칙 제19조).

2. 전　과

1) 전과는 일반경과에서 수사경과·보안경과 또는 특수경과로의 전과만 인정한다. 다만, 정원감축 등 경찰청장이 정하는 사유가 있는 경우 수사경과·보안경과 또는 정보통신경과에서 일반경과로의 전과를 인정할 수 있다.

2) 다만, 경과가 신설 또는 폐지되는 경우에는 다음과 같이 전과를 인정할

수 있다(경찰공무원임용령 시행규칙 제27조 제2항).

(1) 경과가 신설되는 경우: 일반경과·수사경과·보안경과 또는 특수경과에서 신설되는 경과로의 전과

(2) 경과가 폐지되는 경우: 폐지되는 경과에서 일반경과·수사경과·보안경과 또는 특수경과로의 전과

Ⅳ. 경찰공무원의 승진 및 보직관리

1. 승 진

1) 승진의 개념

승진(promotion)은 직급(계급)상의 직위상승을 의미한다. 승진으로 인해 책임이 무거워질 뿐만 아니라 감독해야 할 부하의 수가 많아지게 된다. 따라서 문제해결 능력이나 예산 사용에 대한 결정을 직접 내려야 하는 등 권한이 증대된다. 그 결과 책임과 의무의 증가에 비례하여 여러 가지 유형적·무형적 보상이 수반된다. 승진은 보수만 증액되는 '승급'이나 횡적 인사이동을 의미하는 '전직' 또는 '전보'와도 구별된다.

2) 승진의 기준

(1) **필기시험**(Written Examinations)

필기시험은 승진하는 직원이 지니고 있어야만 하는 광범위한 지식(법률, 경찰관서의 각종 절차, 리더십 이론 등)을 평가하는 것이기 때문에, 승진체계에 있어서 매우 중요한 부분이다. 따라서 이러한 지식영역들을 측정할 수 있도록 필기시험이 개발되어야 하고, 필기시험의 항목들은 경찰직무의 중요한 영역에 중점을 두어야 한다.

(2) **근무성적평정**(Performance Appraisals)

근무성적평정은 직원의 지식을 측정하는 것이 아니라 그 직원이 업무를 얼마나 잘 수행하는가를 측정하기 때문에, 승진체계에 있어서 자주 이용되는 방법이다.

(3) **면접위원회**(Oral Interview Board)

면접위원회가 야기할 수 있는 문제로는 그 절차가 매우 피상적이고, 일반적으로 승진후보자의 잠재력을 깊이 있게 평가할 수 있는 광범위한 기회를 제공받지 못한다는 점이다. 그러므로 면접위원회의 평가는 제한된 자료에 의존하는 경향이 있으며, 승진후보자들의 수가 증가함에 따라 승진후보자들을 상호비교하는 것이 점점 더 어려워지고 있다는 점을 들 수 있다.

(4) **교육성적**(Education and Training points)

경찰승진시험비율은 근무성적 25% + 시험성적 60% + 교육 15%이며, 시험성적이 가장 많은 비중을 차지하고 있다. 경찰 승진시험에 응시하기 위해서는 특정 응시자격 요건에 부합하여야 하는데, 그중 하나가 교육성적이다. 교육성적은 당해 계급 기본교육과정 이수 시 교육성적 만점의 6할 이상이어야 시험에 응시할 자격이 있다.

(5) **선임자 여부**(Seniority)

선임자 여부는 승진에서 종종 이용되는 시험방법이다. 우선 승진시험에 응시하기 위해서는 시험실시년도 승진시험 최저근무연수기간이 요구되고, 승진점수에 있어서 동점이 있을 경우 승진자를 결정하기 위하여 근무기간이 이용되어야 한다.

그러나 승진후보자들의 근무기간을 점수화해서는 안 된다. 왜냐하면 선임자라고 해서 반드시 능력이 우수하다고 볼 수는 없기 때문이다. 승진과 관련된 모든 시험은 승진후보자의 지식·능력·태도를 측정하는 데 그 기초를 두어야 하는 것이 원칙이다.

(6) **징계여부**(Discipline)

징계는 승진과정에 있어서 중요한 역할을 해야 한다. 예컨대, 만약 경찰관이 징계를 받았다면, 승진과정에 참여하는 것이 허용되어서는 안 된다.

3) 승진의 종류

(1) **심사승진**

심사승진이란 시험이나 기타 특별한 사유로 하는 승진이 아니라 심사에 의하여 이루어지는 승진을 말한다. 현행 심사승진은 경무관 이하의 계급에의 승진에 있어서 적용된다. 심사승진은 승진에 필요한 요건을 갖춘 총경 이하의 경찰공무원에 대하여 매년 1월 1일을 기준으로 하여 계급별로 성적순에 의하여 승진대상자명부를 작성한다.

승진대상자명부는 경정 이상의 경찰공무원 및 경찰청 소속 경찰공무원에 대하여는 경찰청장이, 경감 이하의 경찰공무원에 대하여는 경찰대학·경찰인재개발원·중앙경찰학교·경찰병원·지방경찰청의 장이 작성한다. 다만, 경찰청 소속 경장 이하의 경찰공무원에 대하여는 경찰청의 각국 단위급 부서별로 국장이나 부서장이 작성하고, 경찰서 소속 경장 이하의 경찰공무원에 대하여는 경찰서장이 각각 작성한다.

(2) **시험승진**

시험승진은 승진소요 최저근무연수의 기준에 도달한 경찰관에게 일정 과목의 시험을 거치게 하여 그 결과와 함께 근무성적평정점수와 교육훈련성적을 합한 총점의 고득점자 순으로 승진대상자를 결정하는 방법이다. 시험승진은 계급별로 실시하는 것을 원칙으로 하고, 경찰청장이 필요하다고 인정할 때에는 경과별·직무분야별로 실시할 수 있다.

(3) **특별승진**

특별승진은 경찰공무원으로서 전사 또는 순직한 자, 직무수행에 남달리 뛰어난 공적이 있는 자를 심사승진에 의하지 않고, 1계급 또는 2계급 승진시키는 제도를 말한다.

(4) **근속승진**

근속승진은 성실히 근무하고 헌신적으로 직무를 수행한 자로서, 상위직의 직무수행능력이 인정되는 자를 상위계급으로 1계급 승진임용하는 제도를 말한다.

2. 보직관리

보직관리는 전직·전보 등 직위의 책임도나 보수액에는 아무런 변동 없이 횡적으로 이동하는 것을 말하는데, 이것은 현재의 직위보다 높은 직위로 수직적 이동을 하는 승진과 구별된다. 즉, 전직이란 직급은 동일하나 직렬을 달리하는 직위로 수평적 이동을 하는 것이며, 전보란 동일한 직급·직류·직렬 내에서 직위만 변동되는 보직변경을 의미한다.[41]

V. 경찰공무원의 근무성적 평정제도

1. 경찰공무원의 근무성적 평정

1) 의의

근무성적평정은 경찰공무원 개개인의 근무실적·직무수행능력·근무태도·그리고 공직관이나 경찰관 개인의 인품 등을 공식적이며 체계적으로 감독자가 평가하는 제도이다. 따라서 근무성적평정제도는 개인의 능력 발전과 조직의 효과성을 높이고, 더 나아가 개인과 조직의 발전에 기여하기 위한 것으로 평가되기도 한다.[42] 그러나 이는 이상적이고 관념적인 주장에 불과하고, 경찰관 개개

41) 신두범·오무근, 전게서, p.447.

인들이 실제로 근무평정 점수를 중요시하는 이유는 승진(심사승진이나 시험승진)[43]·보직·포상·성과급 등의 결정에 중요한 점수 요인이 된다는 점 때문이다. 이처럼 근무성적 평가제도는 이론상의 목적과 실질적인 차원에서의 목적이 괴리가 있었던 것만은 틀림이 없다. 그러나 근래에는 개인의 동기유발과 직무에 대한 헌신적 노력 촉진과 능력발전, 그리고 직무수행개선과 행정발전을 위한 적극적인 목적을 위한 제도로 이행되고 있다.

2) 근무성적평정의 목적

근무성적평정의 목적은 (1) 근무성적 평정을 통하여 경찰공무원 개개인의 장·단점을 파악함으로써, 개개인의 능력발전을 도모하는 데 활용한다.

(2) 근무성적평정 결과를 승진 및 전보·훈련·보수 지급 등의 기준으로 활용함으로써, 공정하고 객관적인 인사행정을 기할 수 있다.

(3) 근무성적평정을 통해 채용시험의 타당성을 측정하고, 훈련수요를 파악하는 데 적용된다.

(4) 적재적소의 인사배치, 감독자와 부하 간의 협조·이해의 증진 등에 활용된다.[44]

3) 근무성적평정 대상자

경찰승진임용규정은 총경 이하의 경찰공무원에 대해서는 근무성적을 평정하여야 하며, 그 평정의 결과는 승진, 전보, 특별승급 및 특별상여금 지급 등 각종 인사관리에 반영한다고 규정하고 있다. 반면, 인사평정제도는 경무관 이상을 대상으로 근무성적을 평가하는 제도이다.

---

42) 신현기의 공저, 전게서, p.220.

43) 경찰인사관리의 실무적인 차원에서 본다면, 근무성적 평가는 심사승진 대상자 명부를 작성하고 시험승진 대상자의 성적집계를 위한 것이 실질적인 목적이라고 할 수 있다. 근무성적 점수는 심사승진 대상자 서열명부 작성 시에 50%의 비율을 차지하는 필수적인 요소이기 때문에, 심사승진 대상자 서열명부 작성을 위해서는 반드시 필요하다. 뿐만 아니라 시험승진의 경우에도 25%의 비율을 차지하기 때문에 경찰관 개개인은 주어진 근무성적 평가항목에 대해서 꾸준히 점수를 관리해야 높은 점수를 얻을 수 있다.

44) 신형기 외, 전게서, p.291; 이상현, 전게서, p.205.

4) 근무성적 평정의 방법

(1) 평정의 방법

근무성적 평정의 방법에는 도표식 평정척도법,[45] 강제배분법,[46] 서술법,[47] 목표관리형 평정법,[48] 다면평가방법 등이 있다. 우리나라의 근무성적 평정방법은 도표식 평정척도법과 강제배분법을 채택하고 있으며, 평가결과의 비공개주의를 채택하고 있다. 이 중 다면평가방법(다면평가제)에 대해서만 간략하게 기술하였다.

2. 다면평가제(다면평가방법)

1) 의의

다면평가제는 360°평정법, 집단평정법이라고도 한다. 다면평가제는 공무원의 근무평정 시에 기존의 전통적인 감독자 평정 방식에서 벗어나, 상급자·동료·하급자·민원인·타부서의 관리자 등 다수의 평가자가 여러 방면에서 평가를 하는 인사평정방식을 말한다. 다면평가는 민간기업을 중심으로 적용되다가 공기업·공공기관에서도 지도력과 관리능력이 요구되는 고위직에 적용이 확대되는 추세에 있다. 최근에는 객관성과 신뢰성을 확보 내지는 보완할 수 있는 평가방법의 하나로 인식되고 있다. 따라서 경찰에서도 중하위직보다는 총경 이상의 고위직 평가에 더 적합하다는 평가를 듣고 있다.

---

45) 도표식 평정척도법은 가장 일반적인 방법으로 전형적인 양식은 다수의 평정요소(경찰의 경우 7개의 평정요소임)와 각 평정요소마다 실적 수준을 평가할 수 있는 등급(수, 우, 양, 가)으로 구성된다.

46) 강제배분법은 평정의 객관성과 신뢰성을 어느 정도 확보할 수 있는 방법이다.

47) 서술법은 평정대상자가 실적, 능력, 태도 및 장단점에 대하여 직접 기술하는 것으로, 자유서술법과 제한서술법이 있다.

48) 목표관리형 평정법은 관리자와 조직구성원들의 공동으로 목표를 정하고 일정한 시간이 경과한 후 이를 측정하고 성과에 대한 공통토의를 거쳐 새로운 목표를 설정하는 일련의 연속적 관리과정이다.

2) 장점

이 제도는 첫째, 상사에게만 잘 보이면 된다는 단일평가의 폐해를 시정할 수 있으며, 둘째, 인사의 공정성과 확보가 가능하고, 셋째, 조직구성원 상하 간의 의사소통을 활성화시키고 조직관리자의 리더십을 향상시키는 계기가 된다는 장점이 있다.

3) 단점

이 제도는 첫째, 상호평가로 인해 조직 내 갈등이나 불신이 우발될 수 있고, 둘째, 하급자에 의한 평가라는 점에서 전통적인 하향식 행정문화와 마찰이 발생할 수 있기 때문에 비공개를 원칙으로 해야 한다는 점이고, 셋째, 평가자의 선발, 평가의 시행, 파벌의식에 의한 평가의 왜곡, 평정절차의 복잡성 등으로 시간과 비용이 많이 든다는 단점이 있다.

Ⅵ. 경찰공무원의 징계 및 보수

1. 징 계

1) 징계의 의의

공무원은 일반기업과 달리 그 담당업무의 성격상 엄격한 질서의 유지가 요구된다. 징계처분이라 함은 공무원의 복무위반에 대하여 국가 또는 지방자치단체가 징계로서 내리는 처분을 말한다. 경찰공무원 징계처분은 경찰공무원의 복무의무위반에 대하여 징계로서 내리는 행정처분을 말한다.

2) 징계의 사유

경찰공무원은 다음과 같은 행위를 하였을 때 징계처분을 받게 된다. 첫째, 국가공무원법 및 국가공무원법에 의한 명령에 위반한 때, 둘째, 직무상 의무에 위반하거나 직무를 태만한 때, 셋째, 직무의 내외를 불문하고 그 체면 또는 위신을 손상하는 행위를 하였을 때 등이다.

3) 징계의 종류

(1) **파면**

파면은 경찰공무원을 강제로 퇴직시키는 처분으로 5년간 국가공무원으로서의 임용자격이 제한되고, 퇴직급여의 2분의 1을 제한받는다.

(2) **해임**

해임은 공무원을 강제로 퇴직시키는 중징계처분을 말한다. 해임의 경우는 3년 동안 공무원으로 임용될 수 없으나, 파면과는 달리 연금법상의 불이익은 없기 때문에 퇴직금은 전액 지급받을 수 있다.

(3) **강등**

경찰관 징계 가운데 중징계의 하나로서 2010년 7월 경찰공무원징계령에 의해 신설되었다. 강등은 공무원 신분은 보유하나 3개월간 직무에 종사하지 못하며, 3개월간의 정직기간을 거쳐 한 단계 낮은 계급의 보직을 받게 된다. 강등을 받은 자는 21개월이 지나야 승진 후보자가 될 수 있다.

(4) **정직**

정직은 1월 이상 3월 이하의 기간 동안 공무원의 신분은 보유하나 직무에 종사하지 못하며, 보수의 3분의 2를 감한다. 정직 기간 종료 후 18개월 동안 승진과 호봉 승급이 제한된다.

(5) **감봉**

감봉은 경찰공무원으로 신분을 보유하고 직무를 수행하지만, 1월 이상 3월 이하의 기간 동안 보수의 3분의 1을 감하는 처분이다. 감봉 기간 종료 후 12개월 동안 승진과 호봉 승급이 제한된다.

(6) **견책**

견책은 발생된 과오에 대하여 훈계하고 회개하는 것을 말하며, 6개월간 승진 및 승급이 제한되는 처분이다.

(7) 기타(직위해제)

직위해제는 징벌적 제재인 징계와는 그 성질을 달리하나, 직위해제처분을 받은 자는 직무에 종사하지 못할 뿐만 아니라 승급·보수·보직 등에서 불이익을 받게 된다. 따라서 인사상 불이익한 처분에 해당한다.

직위해제는 징계와 구별되며, 직위해제와 동일한 사유로 징계처분을 해도 일사부재리의 원칙에 어긋나지 않는다.[49]

2. 보 수

1) 보수의 의의

경찰보수(police compensation)란 경찰공무원이 근무의 대가로 받는 금전적인 보상을 말한다. 보수는 조직구성원과 그 가족의 생계유지 및 사회적 품위를 유지하는 조직관리상의 필수요소이다, 또한 보수는 조직구성원의 근무의욕과 사기, 그리고 조직에 필요한 유능한 인재를 확보·유지하는 중대한 역할을 하게 된다.[50]

2) 보수의 기능[51]

(1) **경제적 역할**

인사행정발달의 초기단계에 있어서의 보수는 직무에 대한 대가로서 단순히 경제적 보상의 성격으로 이해되었다. 사람들은 의·식·주 그리고 기타생활에 필요한 기본적 욕구를 만족시키고자 조직의 구성원으로 참여하고 맡은 업무에 종

49) 경찰대학, 경찰경무론, 2004, p.210.
50) 이황우 외, 전게서, p.303.
51) 이황우 외, 전게서, pp.304－305.

사하는 경제적 동물로 생각되었다.

(2) **심리적 역할**

국가와 사회의 체제가 과학화·다변화함에 따라 행정분야 역시 변화와 발전을 하는 것은 필수적인 현상이다. 따라서 보수에 대한 개념과 그 역할이 초기단계의 단순한 직무에 대한 물질적 보상뿐만 아니라, 직무에 헌신하는 것에 대한 보상의 의미도 포함되게 되었다. 이러한 보수가 주는 기능은 구성원들의 직무에 대한 자기만족·자기실현·자존심과 같은 동기부여를 하게 하는 심리적 역할을 수행하게 된다.

(3) **정치적 역할**

일반적으로 경찰의 보수가 상대적으로 높은 자치경찰체제의 선진국들의 경우에 있어서는 보수가 다른 자치단체 또는 그 구성원들에 대한 경찰의 힘을 상징하는 정치적 도구로서 생각되었다.

(4) **신분상의 역할**

자치제경찰의 경우, 보수는 각 경찰조직체 상호 간에 보수정책수립의 기준으로서 제공된다. 대부분의 경찰관은 다른 자치경찰단위에서 채택하고 있는 보수율에 대해 계속적인 관심을 갖는다. 따라서 자신의 보수율이 다른 기관의 그것과 비교하여 현저하게 떨어질 경우에는 자신의 정당한 신분상의 지위 또는 위상이 침해당하는 것으로 생각하게 된다.

3) 보수의 체계

(1) **봉급**

기본 급여인 봉급은 직무상의 곤란성·책임의 정도에 따라 계급별 및 호봉별로 지급되는 '직무급'과 계급에 관계없이 재직기간에 따라 지급되는 '근속급'을 합한 금액으로 하고 있다. 순경에서 치안정감까지 각 등급별 호봉차액은 호봉수가 높아질수록 좁아지고 있다.

(2) **수당**

수당은 경찰관의 직책·능력·자격에 따라 일률적으로 지급되는 것이 아니고, 근무조건이나 생활조건의 특수성에 따라 일부에게만 지급된다. 수당은 기본급의 미비점을 보완해 주는 역할을 하기 때문에, 보수제도의 탄력성을 유지해 주는 수단이 된다.

(3) **실비변상**

업무수행상의 필요로 특별한 비용이 들 때에는 따로 실비변상을 받는다. 예를 들면 여비·일당·숙박료가 그것이다.

(4) **연금**

연금은 공무원이 상당한 기간동안(20년) 근무하다가 퇴직·사망하였거나 공무로 인한 부상·폐질 등에 대하여 적절한 급여를 실시함으로써, 경찰공무원 및 그 유족의 경제생활의 안정을 기하고 복지를 향상시키기 위하여 지급하는 것이다.

Ⅶ. 경찰공무원의 사기관리

1. 사기의 의의

사기(morale)란 조직구성원이 근무하는 조직의 목표달성에 대한 태도라고 할 수 있으며, 이러한 태도는 개별적인 것일 수도 있으나 조직의 일원이기 때문에 집단성도 띠고 있다.[52)]

경찰관의 사기는 경찰조직의 구성원인 경찰관에게 경찰조직의 목적달성을 위한 직무수행의 동기·근무의욕 등을 고취시키는 개인과 집단의 정신자세 또는 태도를 말한다.

52) Dale Yoder, Personnel Management and Industrial Relation(New york: Prentice-hall, 1970), pp.545-547.

2. 경찰사기의 결정요인

경찰사기는 조직 내의 인간관계·근무조건·신분의 안정·보수·승진 등과 관련되는 복합적 요인에 의해 포괄적·전체적으로 영향을 받는다. 또한 경찰관 사기는 앞에서 기술한 마슬로우(Maslow)의 욕구5단계설과 맥락을 같이하므로, 이러한 기본적 욕구들의 충족 여부에 의하여 영향을 받는다고 할 수 있다.[53)]

3. 사기의 성격 및 제고 방안

1) 사기의 성격

(1) **자주적·자발적 성격**

사기가 고취되면 자발적이며 적극적인 근무의욕이 생성됨으로써, 개개인의 경찰관이 창의성과 자기개발을 통한 자기혁신을 계속하게 되어 조직목표달성에 기여하게 된다.

(2) **집단적·조직적 성격**

사기의 고취가 개인 경찰관의 직무향상뿐만 아니라 그 개인이 소속된 조직의 목표달성에 기여하는 것을 말한다. 이런 측면에서 사기는 협동성·단결성·단체성 등을 전제로 하는 것이다.

(3) **사회적 성격**

사기가 단순히 개개인의 경찰관 또는 경찰기관의 자기만족을 의미하는 것이 아니라, 보다 큰 사회적 가치 및 호용과 결부될 때 진정한 의미가 있는 것이다.

---

53) 김형중, 경찰학개론, 서울: 청목출판사, 2012, p.370.

2) 사기의 제고방안[54]

사기의 요인은 동기이론에 따르면 인간의 기본적 욕구와 관련이 있다는 것이고, 사기의 앙양과정은 기대이론과 맥락을 같이한다. 사기를 앙양하기 위해서는

첫째, 인간의 자율성을 발휘하게 하여 자발적 근무의욕과 창의성을 증진시켜 주어야 한다.

둘째, 경찰관 개개인을 계급으로서가 아니라 인격의 주체로서 합당하게 대우해 줄 때 상사에 대해서나 동료·부하에 대해서 인간적인 인정감이나 귀속감을 갖게 된다. 따라서 근무시간이나 근무방법에 있어 기본권 인격을 존중해 줄 때 사기와 직결될 수 있다는 점을 잊지 말아야 한다.

셋째, 능력주의에 따라 승진·전보 등 기회의 평등성이 보장되어야 한다. 따라서 평등하고도 차별 없는 인사가 이루어져야 하며, 지연·학연 등에 의한 편파적인 인사나 대상에 따라 다른 기준이 적용되는 인사는 당연히 배제되어야 할 것이다.

넷째, 경찰공무원에게 기본적 생활의 안정과 품위유지가 가능한 수준의 적정한 보수가 이루어져야 할 뿐만 아니라, 실적에 따른 상훈 등이 공정하게 이루어져야 한다.

다섯째, 인사상의 불이익 처분이나 불만·갈등 등을 해결할 수 있는 통로가 마련되어야 한다. 그리고 이러한 통로를 통하여 신속하고 적절하게 문제가 해결될 때 사기진작과 직결될 수 있다는 점을 명심하여야 한다. 예컨대, 경찰관의 고충처리 등을 심사하고 그 해결책을 강구하는 고충처리심사위원회를 활성화시키는 방안 등이 그 예이다.

여섯째, 경찰공무원의 참여의식과 과학적인 문제해결 능력의 증진 및 사기앙양을 도모할 필요가 있다. 제안제도 활성화 등이 그 예이다.

---

54) 김형중, 경찰학총론, 서울: 형지사, 2014, p.331.

4. 사기의 효과

경찰관의 사기를 고취·유지함으로써 경찰기관과 경찰관에게 미치는 효과는 다음과 같다.[55]

경찰은 사기가 양호할 때

첫째, 능률적인 직무수행을 가능하게 하여 임무를 열성적으로 수행한다.

둘째, 경찰기관의 이미지가 개선됨으로써 보다 우수한 자질을 갖춘 인재가 경찰기관에 지원하게 된다.

셋째, 경찰관은 사기가 높아짐으로써 경찰조직과 그 관리자에게 충성을 다하게 되며, 조직에 대한 자긍심을 가지게 된다.

넷째, 규칙이나 직무명령 및 규범들을 자발적으로 준수하게 된다.

다섯째, 경찰관들이 조직 활동과 담당직무에 대한 관심을 높이고 창의력을 드높인다.

여섯째, 경찰관의 자발적인 협력을 바탕으로 경찰기관의 위기극복 능력을 증대시켜 준다는 점 등을 들 수 있다.

---

55) 경찰대학, 전게서, p.213.

제 4 장

경찰예산관리

제 4 장 경찰예산관리

제 1 절 경찰예산관리의 기초이론

Ⅰ. 경찰예산의 의의

1) 국가예산

예산이 단순히 세입과 세출에 대한 계획안으로 머물지 않고 관리의 유용한 도구가 되기 위해서는 하고자 하는 사업과 소요되는 경비에 대한 정보를 담아낼 수 있어야 한다.[1] 국가예산이란 회계연도 내의 국가 활동을 위한 국가의 세입과 세출의 예정적 계획을 말한다. 국가의 주요정책이나 사업계획은 예산을 통하여 구체화되고 실제 행동에 옮겨지게 된다. 따라서 국가예산은 국가의 정책이념이나 사업계획을 구체화하는 일련의 계획과정이라 할 수 있다.

2) 경찰예산

경찰예산은 정부예산 중 치안업무수행을 위해 경찰조직에 배분된 예산을

1) 유민봉, 전게서, p.565.

말하며, 통상 1년 동안의 경찰의 사업계획은 예산을 통하여 구체화된다.

Ⅱ. 경찰예산의 기능

1. 예산의 일반적 기능

국가예산은 일반적으로 정치적 기능·행정 관리적 기능·법적 기능·경제적 기능을 한다.[2)]

1) 정치적 기능

의회는 예산을 통하여 행정부를 통제하며, 정치적 단체들 간의 이익과 주장을 통합·조정하는 기능을 한다. 즉, 예산의 규모와 내용은 정부·정당·압력단체, 그리고 이해관계자의 투쟁의 결과라는 점에서 정치적 기능을 가지고 있다.

2) 행정 관리적 기능

중앙예산기관은 각 부처의 사업계획과 경비를 검토·시정한 후 예산을 배정한다는 점에서 행정 관리적 기능을 갖고 있다.

3) 법적 기능

예산(예산안)은 의회에서 심의·확정된다. 이에 따라 행정기관은 예산을 지출할 수 있는 권한을 인정받는 동시에 예산의 목적과 금액의 범위 내에서 지출하도록 구속을 받는다. 즉, 예산은 원칙적으로 이미 정해진 항목에 따라 집행하고 예외적인 경우에는 법의 절차에 따르도록 되어 있다. 따라서 예산은 법령을 시행하는 법적 성격을 갖고 있다.[3)]

---

2) 유훈, 재무행정론, 법문사, 1983, pp.82－89.
3) 이종익, 재무행정론, 박영사, 1981, pp.114－115.

4) 경제적 기능

예산은 경제안정 기능·경제성장 촉진 기능·소득재분배 기능·자원배분기능을 한다. 즉, 예산은 불경기를 극복하여 경제적 안정을 기하고 경제성장의 주된 역할을 수행한다. 또 세입·세출의 양면에서 볼 때는 소득을 재분배하는 한편 사회보장적 지출도 행함으로써, 소득재분배를 수행하는 경제적 기능까지도 수행한다.

2. 경찰예산의 기능

경찰예산의 기능은 예산의 일반적 기능에 준한다고 볼 수 있기 때문에, 경찰예산은 경찰재정의 통제기능·법적 기능·행정 관리적 기능, 그리고 간접적으로는 경제적 기능까지도 수행하고 있다. 즉, 경찰예산은 인건비 등 경상적 지출·범죄예방과 수사 활동·질서유지 등 경찰활동에 관한 예산관리를 수행함으로써, 사회적 안정을 확보하게 되고 경제적 안정에도 간접적으로 기여한다.[4)]

Ⅲ. 경찰예산의 종류

국가예산은 먼저 일반회계와 특별회계로 분류될 수 있고, 예산성립과정의 측면에서 볼 때는 본예산·수정예산·추가경정예산·준예산으로 분류할 수도 있다.

1. 일반회계와 특별회계

1) 일반회계

일반회계는 국가 활동에 관한 세입·세출에 관한 회계를 의미한다. 일반회계는 중앙정부 예산의 중심회계로서, 치안·사법·국토방위 등 국가의 안녕과 질서유지를 위한 기본적인 기능들은 거의 모두 일반회계를 통하여 이루어지고 있

---

4) 조철옥, 전게서, p.343.

다. 따라서 경찰예산의 대부분은 일반회계에 속한다.

2) 특별회계

특별회계는 특정한 세입으로 특정한 세출을 충당하는 회계를 말하며, 국가가 특별히 필요한 경우에는 일반적인 세입·세출과 구분하여 특별회계를 설치할 수 있다.

종전의 경찰특별회계예산인 「국유재산관리특별회계」, 「자동차교통관리개선특별회계」 등은 일반회계로 편입되었다. 그 결과 현재는 책임운영기관[5] 특별회계(경찰병원)만이 존속하고 있다. 특별회계는 원칙적으로 이를 설치한 소관부서가 관리하며 국회나 기획재정부의 직접적인 통제를 받지 않는다. 이런 이유로 특별회계의 확대는 국회(국민)의 예산통제원칙에 악영향을 미치기 때문에, 정부는 특별회계의 무차별 적용에 제한을 가하고 있다.

2. 본예산·수정예산·추가경정예산·준예산

1) 본예산

본예산은 행정부에 의해 편성되고 국회의결을 거쳐 최초로 확정된 예산을 말한다. 정부는 예산안을 편성하여 회계연도 개시 120일 전까지 국회에 제출하고, 국회는 이를 회계연도 개시 30일 전까지 의결하여야 한다.

2) 수정예산

수정예산은 행정부가 예산을 편성하여 국회에 이미 예산안을 제출한 이후,

---

5) 책임운영기관이란 정부가 수행하는 사무 중 공공성을 유지하면서도 경쟁원리에 따라 운영하는 것이 바람직한 사무에 대하여 그 기관의 장에게 행정 및 재정상의 자율성을 부여하고 그 운영성과에 대하여 책임을 지도록 하는 행정기관을 말한다. 즉, 책임운영기관은 민간기업체의 소사장제처럼 인사·예산·보수·조직관리 등에 있어서 자율권을 부여하여 생산성과 효율성을 높이려는 제도이다. 2006년부터 경찰병원(특별회계)도 책임운영기관으로 운영되고 있다. 그러나 기존의 경찰청장 소속의 책임운영기관으로 운영되던 운전면허시험관리단은 2011년부터 도로교통공단으로 그 업무가 이임되었다. 해양정비창은 일반회계로 운영되는 책임운영기관에 해당한다.

성립·확정되기 전에 국제정세나 국내외의 여건의 변동으로 예산안의 일부 내용을 변경하여 다시 국회에 제출한 예산을 말한다. 수정예산은 예산금액의 감소나 증가, 예산목적이나 예산총칙의 변경 등 예산전반에 걸친 수정을 가져올 수 있다.

3) 추가경정예산

추가경정예산은 예산확정 후에 생긴 사유로 인하여 필요한 경비의 부족이 생기는 등 이미 예산에 변경을 가할 필요가 있을 때 편성하는 예산을 말한다. 추가경정예산이 성립되면 본예산과 추가경정예산을 통산해서 전체로서 집행한다.

4) 준예산

(1) 의의

준예산은 새로운 회계연도 개시 이전까지 예산안이 성립되지 못할 경우, 전년도에 준하여 지출하는 예산을 말한다. 국회의 의결은 불필요하고 경비지출기간에는 제한이 없으나, 지출항목에는 제한이 있다, 준예산은 예산집행에 신축성을 부여하고, 예산의 불성립으로 인한 행정의 중단을 방지하는 기능을 한다.

(2) 준예산의 지출 범위

준예산은 ① 헌법이나 법률에 의하여 설치된 기관 또는 시설의 유지·운영(공무원의 보수, 사무처리에 관한 기본경비), ② 법률상 지출의무의 이행, ③ 이미 예산으로 승인된 사업의 계속을 위해서 지출할 수 있다.

Ⅳ. 예산제도의 종류

예산은 해당 국가의 시대별 여건에 따라 다양한 목적으로 운영된다. 따라서 중점 목적이 무엇이냐에 따라서 예산의 종류가 구분될 수도 있는데, 여기에는 품목별 예산, 성과주의예산, 계획예산, 영기준예산 등이 포함된다.

1. 품목별 예산

1) 의의

품목별 예산제도(LIBS, Line－Item Budgeting System)는 정부의 지출을 체계적으로 구조화한 최초의 예산제도이다. 품목별 예산제도는 1688년 영국의 명예혁명 이후 국왕의 재정권을 통제하기 위한 노력에서 대두되었다. 미국의 경우에는 1912년 미연방정부의 '능률과 절약을 위한 대통령위원회'[6]가 도입을 추천하였는데, 그 이유는 이 제도가 예산지출에 대한 통제와 책임을 확보하는 데 아주 좋은 구조를 가지고 있었기 때문이다.[7] 품목별예산은 지출품목을 먼저 결정하고 품목마다 그 비용이 얼마인가에 따라 예산을 배정하는 제도이다. 예컨대, 세출예산을 인건비, 물건비, 자본지출 등과 같이 지출대상별로 대상을 분류한다. 그리고 다시 구체적으로 인건비의 경우 급여·연금·여비·수용비·상여금 등으로 품목을 구체화하여 예산을 편성하는 것과 같은 제도를 말한다. 품목별 예산은 편성한 예산에 대하여 재정통제에 초점을 두는 제도로써, 현재 우리정부(경찰)에서 채택하고 있는 예산제도이다.

2) 장점

이 분류방식을 사용하면 첫째, 예산집행자의 회계책임이 명확해지고, 행정부 통제가 용이하여 예산명확성의 원칙에 부합된다. 특히 인건비가 별도의 항목으로 구성되기 때문에, 이를 통해 정원 및 현원에 대한 자료 확보가 가능하며 인사행정에 도움이 된다.

둘째, 품목별 예산제도는 정치인들이 지지를 얻기 쉽다. 지출항목이 단순하기 때문에 전문성이 부족해도 쉽게 이해할 수 있고, 의회의 예산심의가 상대적으로 용이하다. 특히 예산지출을 통제하고 삭감해야 하는 정치인들 입장에서는 어떤 사업을 없애는 것보다 여비나 업무추진비와 같이 지출성 항목을 없애는 것이

6) '능률과 절약을 위한 대통령위원회'는 위원장의 이름을 따 '테프트 위원회'라고도 한다.
7) 유민봉, 전게서, p.567.

유권자들에게 호소력이 있고, 정치적 부담이 적다는 것도 장점 중의 하나이다

3) 단점

품목별예산은 장점만큼이나 다음과 같은 단점 등이 있다. 첫째, 품목별예산은 사업성과나 활동목적파악이 곤란하다. 따라서 예산만으로는 왜 돈을 지출해야 하는지, 무슨 일을 하려는 것인지에 대한 정보를 제공하기 곤란하다.

둘째, 예산운영의 신축성이 크게 제약되어, 지출항목별 통제가 강할수록 환경변화에 따라 요구되는 예산집행의 유연성을 반영하기 힘들다.

셋째, 사업의 우선순위 파악이 곤란하다는 점이다. 즉, 세출항목에 대한 단가를 모든 부처에 동일하게 적용하기 때문에, 부처별로 인건비 등 업무 특수성에 따른 차이를 반영하지 못한다.

넷째, 지출항목별 비용의 정당화에 관심을 갖기 때문에, SOC사업[8]과 같이 다년간에 걸친 사업을 소홀히 하기 쉬워 장기적 계획수립과 자원배분의 효율성을 저해하기 쉽다.

다섯째, 성과에 대한 측정이 어려워서 경찰업무에 대한 정확한 평가를 할 수 없다는 점 등이 단점으로 지적되고 있다.

2. 성과주의예산

1) 의의

성과주의 예산(PBS)은 정부가 무슨 일을 하느냐, 즉 정부에 의해서 지출될 돈보다 수행될 목표에 관심을 두는 제도로써, 품목별 예산제도를 보완하기 위한 제도이다. 성과주의 예산은 정부가 수행하는 기능·활동·사업 계획을 기초로 하여 편성하는 예산을 말하는데, 그 업무량과 단위원가로 계정된 비용을 합리적으로 표시함으로써 사업성과를 명백히 하는 관리지향적 예산이다. 예산 편성의 공식은 단위 원가×업무량=예산액으로 표시된다.[9] 경찰 성과주의 예산은 품목별

---

8) 사회간접자본(SOC)은 생산활동에 직접적으로 투입되지는 않으나 간접적으로 기여하는 자본으로, 도로·철도·항만 등이 이에 속한다.

로 지출된 품목이 마련되어 있지 않고, 경찰부서 내의 사업계획별로 자금이 할당된다. 각 사업계획은 연구 및 개발비, 운영감독, 리더십, 간접비 등이 포함되어 있다.[10)]

2) 장점

첫째, 성과주의 예산은 일반국민이 정부사업이나 경찰활동에 대한 이해가 용이하다는 점이다. 특히 성과주의 예산제도는 우선 품목별 예산제도에 비해 사업을 관리하는 데 매우 효과적이다. 예컨대, 전년도 사업에 비해 금년도에 어느 분야의 사업에 중점을 두고 있는지 정부 활동에 대한 정보를 상세히 알 수 있다.

둘째, 정부의 정책이나 계획수립을 용이하게 하고, 입법부의 예산심의를 용이하게 한다. 따라서 자원배분의 합리화를 기할 수 있다.

셋째, 성과평가의 측정이 용이하고 다음 회계연도 예산에 직접 반영할 수 있다는 것 등을 장점으로 들 수 있다.

3) 단점

성과주의 예산의 가장 큰 단점은 첫째, 기본 요소인 업무측정단위의 선정이 용이하지 않고 계산이 곤란하다. 예컨대, 극단적으로 인권과 같이 양이 아니라 질로 평가해야 하는 사업의 경우 측정의 문제가 발생한다.

둘째, 사업 단위로 예산을 편성할 때의 장점은 기존의 부서나 관료제의 벽을 허물 수 있으나, 반면, 오히려 책임 소재가 분산됨으로써 사업관리가 느슨해질 수 있다는 우려도 있다. 이러한 점은 품목별예산에 비하여 입법통제가 곤란하며, 회계책임이 불분명하다는 비판을 받는다.

셋째, 사업단위에서 선정한 성과목표가 대부분 중간목표 또는 산출(output)이지, 최종산출물(outcome, 결과)이 아니라는 점이다. 따라서 수단(중간목표)과 목표가 전도되는 부작용이 생길 수도 있다. 예컨대, 민원에 대한 회신속도(output)를

9) 여기서 단위 원가는 업무측정 또는 성과단위 하나를 산출하는 데 소요되는 경비를 말하며, 업무량이란 달성하고자 하는 업무를 업무측정단위로 표시한 양을 말한다.

10) 배철효 외 공저, 경찰학개론, 서울: 대영문화사, 2007, p.619.

높여 성과를 거둔다는 것이 업무 착오 발생률을 높여 서비스의 질(outcome)을 떨어뜨릴 수 있기 때문이다

3. 계획예산제도

계획예산제도(PPBS, Planning Programming Budgeting System)는 1960년대 초 미국방성에서 기획과 예산을 보다 밀접하게 연결시킬 필요성에서 시작하였다. 당시는 미소 냉전시대였고 월남에서 전쟁을 수행하고 있던 중이었기 때문에, 국방성에서 무기개발은 매우 중요한 목표 중의 하나였다. 이들 무기 개발에는 R&D에서부터 조립생산까지 장기간에 걸쳐 지속적인 예산 지원이 필요하였다. 따라서 1년 주기로 편성되던 기존의 품목별이나 성과주의 예산제도는 그 적합성이 떨어졌다. 따라서 장기적인 계획과 단기적인 예산을 구체적인 실시계획(프로그램 작성)을 통하여 유기적으로 결합하여 자원배분에 관한 의사결정을 일관성 있게 합리화하려는 제도로서 창안된 것이다.

1) 의의

계획예산제도(PPBS)는 장기적인 계획수립과 단기적인 예산편성을 프로그램을 통하여 유기적으로 연계하여 예산배분을 합리화하려는 것으로써, 계획기능을 중시한 제도이다. 계획예산제도는 조직의 목적을 가능한 정확하게 설정하기 위하여 시작된 것으로, 최소의 비용으로 최대의 정책효과를 거둘 수 있는 사업에 재원을 할당하기 위한 것이다. 경찰측면에서 보면 계획예산은 경찰활동을 순찰·수사·청소년·교통 등의 프로그램으로 구분하여 각 프로그램에 대한 지출에 근거하여 예산을 책정하게 된다. 그리고 이에 근거하여 프로그램의 실행과 영향을 분석하여 그 결과를 금년도의 예산과 연결짓게 만든다.[11)]

2) 장점

계획예산제도(PPBS)는 첫째, 사업과 예산의 연계에서 한 단계 더 나아가 계

11) 배철효 외 공저, 전게서, p.619.

획(다년간 사업)과 예산을 시스템적으로 연계시켜 사업계획과 예산편성 간의 차이(gap)를 해소시킬 수 있다.

둘째, 의사결정을 일원화시킴으로써 최고관리층으로 하여금 보다 합리적인 결정을 내리게 할 수 있다.

셋째, 조직의 목표에서부터 목표－수단의 연결구조를 가지고 최종사업을 정하기 때문에 장기적인 사업계획의 신뢰성을 높일 수 있다.[12)]

넷째, 계획예산제도(PPBS)는 합리주의를 적용한 대표적인 예산제도이다. 따라서 합리적 결정을 통하여 자원배분의 효율성을 높일 수 있고, 동일비용으로 최대효과를, 그리고 동일효과를 최소비용으로 달성케 함으로써 자원배분의 합리화에 기여한다.

3) 단점

계획예산제도(PPBS)는 장점만큼이나 단점도 많다.

첫째, 계획예산제도(PPBS)는 모든 결정권이 중앙에 집중되기 때문에, 의사결정이 지나치게 집권화되고 전문화되어 의회의 통제기능이 어렵게 된다.

둘째, 각 사업계획에 공통적으로 들어가는 간접비 할당의 문제가 생긴다. 즉, 계획예산제도(PPBS)의 프로그램의 구조와 예산과목 간의 차이로 인하여 예산편성과 집행에 있어서 막대한 환산작업이 필요하며, 이 과정에 불일치가 등장한다.

셋째, 가장 큰 문제점으로는 비용편익분석 등 대안분석에 있어 계량분석을 동원하기 때문에, 권한이 전문가에게 집중된다는 점이다. 이런 이유 때문에 입법부로부터 상대적 통제가 약화되고, 재정민주주의 이념 또한 위협받을 수 있다. 따라서 행정부 집권화에 대한 반발과 대중적인 이해가 쉽지 않기 때문에, 정치적 실현가능성이 낮다고 볼 수 있다.[13)]

넷째, 계량화가 불가능한 경우에는 적용가치가 저하되고, 상황변화에 신속하게 적용하기 어렵다는 점 등이다.

---

12) Fremont J. Lynden & Marc Linedeeberg, *Public Budgeting in Theory and Practice,* New York: Longmn, 1983, pp.92－93.

13) Wildavsky, op. cit., pp.186－202.

계획예산제도(PPBS)는 이런 한계점 때문에 도입된 지 6년 만인 1971년에 종결되었다. 그럼에도 불구하고 계획예산제도(PPBS)에 담겨 있는 프로그램(사업) 중심의 예산편성은 이후의 예산제도에 지속적인 영향을 준 것으로 보인다.[14]

4. 영기준예산

영기준예산(ZBB, Zero－Base Budgeting system)은 미국 카터 대통령에 의하여 1977년 연방정부에 도입되었으며, 우리나라에서도 1983년도 예산안 편성에서 영기준 제도를 도입한 바 있다.

1) 의의

영기준예산(ZBB)은 예산을 편성·결정할 때 전년도의 예산에 구애됨이 없이 모든 사업을 처음 시작한다는 전제 아래 필요성이나 우선순위가 낮은 사업은 축소 내지 폐지하고, 우선순위가 높은 사업과 활동을 선택하고 예산과 자원을 집중하는 것을 말한다. 영기준 예산제도는 조직이 소비하는 자원의 양을 감축하고 사업과 인력 및 조직규모를 줄이는 감축관리와 관련이 깊다. 이런 의미에서 '작은 정부시대', '자원난시대'의 예산제도라고도 한다.[15]

〈표 1〉 점증적 예산[16]과 영기준 예산의 비교

구 분	점증적 예산	영기준 예산
기 준	전연도가 예산편성의 기준	영기준(무전제 · 백지상태 예산)
분석대상	신규사업만을 분석	계속사업까지 분석
관심대상	화폐 · 품목중심	목표와 활동중심
장단점	의사전달의 제약	상하 간 의사전달의 활발

14) H. S. HAVENS, MBO and Program Evaluation or Whatever Happended to PPBS?, Public Administration Review, 36, 1976, p.43.

15) 김형중, 전게서, p.340.

16) 점증적 예산이란 현재의 예산에서 소폭적인 변화만을 대안으로 고려해 예산을 결정할 수밖에 없다고 보고 기존에 있는 것을 토대로 보완·수정하는 방식으로 결정하는 예산방식을

2) 장점

영기준예산제도는 첫째, 영(Zero)에서 찾을 수 있다. 전년도 예산이나 기존의 계속사업을 그대로 인정하지 않고 사업 간 우선순위를 정하고 가용한 예산의 범위 안에서 사업을 선정한다. 물론 '영'을 모든 사업을 백지 상태에서 매년 새로이 시작하는 파격적인 의미로 해석하는 것은 무리가 있겠지만, 기존의 점증주의 방식에 비하면 합리주의 접근임에 분명하다. 사업의 전면적 평가를 통하여 자원배분의 합리화를 기할 수 있다.

둘째, 예산편성이 보다 민주적이다. 특히 계획예산제도(PPBS)와 비교하여 중간관리층을 포함한 구성원의 참여 및 이들의 상향적 커뮤니케이션 통로가 확대된다. 즉, 참여의 폭을 확대할 수 있다는 것이 장점 중의 하나이다.

셋째, 예산운영의 효율성·탄력성 및 조세부담증가의 방지와 자원난을 극복할 수 있다.

3) 단점

영기준예산은 첫째, 모든 사업을 분석하기 위하여 시간과 인력이 과다하게 투입된다. 따라서 새로운 제도를 도입하면서 기존의 공무원들에게 업무부담을 과중시킬 수 있다는 것이 문제점으로 지적된다. 둘째, 계획예산제도(PPBS)에 비해서 장기적인 목표가 경시될 수 있다.[17] 예산의 제약이 사업선정에 중요한 기준이 되는 한 예산편성이 장기적인 기획 중심이 되지 못하고 단기적인 통제로 흐를 가능성이 높다. 따라서 장기적 계획이 위축되고 정부사업의 폐지·축소가 곤란하게 될 가능성이 있다.

이러한 영기준예산(ZBB)은 미국 정부기관(Georgia주 및 연방 정부)에서 운영해 본 결과, 예산의 삭감이나 예산팽창의 억제에 크게 기여하지 못했고, 결과적으로 점증주의 예산행태를 극복하는 데 실패하였다.[18]

말한다.

17) Allen Schick, The Road from ZBB, in F. A. Kramer(ed), Contemporary Approaches to Public Budgeting Cambridge, MA: Winthrop Publishers, 1979, pp.223－230.

〈표 2〉 계획예산제도(PPBS)와 영기준예산제도(ZBB)의 비교

구 분	PPBS	ZBB
관 점	정책적인 면 강조와 장기적 발전계획 중시	사업지향적이며 관리적 측면, 평가·환류 중시
용 도	중앙집권적(하향적)결정, 최고관리층의 관리도구	분권적(상향적) 결정, 중앙관리층의 관리도구
특 징	프로그램 중심, 조직 간 장벽 타파	기존의 조직구조를 토대로 한 모든 활동
체 계	개방체제	폐쇄체제
기 간	5년(장기)	1년(단기)
관 심	신프로그램과 구프로그램 간의 예산변동액에 관심	기존 프로그램의 계속적인 재평가에 관심
접근방법	점증형과 합리형의 중간형(양면성)	완전한 합리적·포괄적 접근법

5. 일 몰 법

일몰법(Sunset Law)은 영기준 예산에 대비되는 여러 가지 특징들을 가지고 있다. 일몰법은 특정의 행정기관이나 사업이 일정기간이 지나면 의무적·자동적으로 폐지되게 하는 법률을 말한다. 일몰법의 기본이 되는 것은 자동적 종결과 주기적 심사이다.

〈표 3〉 일몰법과 영기준예산제도(ZBB)와의 관계

공 통 점	차 이 점
• 일몰법이나 ZBB는 모두 현사업의 능률성과 효과성을 검토하여 사업의 계속 여부를 결정하기 위한 재심사라는 점 • 자원의 합리적 배분을 기할 수 있다는 점 • 자원난시대에 대비하는 감축관리(cutback management)의 일환이라는 점	• 일몰법은 예산에 관한 심의·토의를 위한 입법적 과정이나, ZBB는 행정과 예산편성에 관련된 행정적 과정임 • 일몰법은 행정의 최상위계층의 주요정책을 심사하기 위한 것이나, ZBB는 조직의 상층구조뿐만 아니라 중하층구조까지 관련됨 • 일몰법은 검토주기가 3년 내지 7년의 장기이나, ZBB는 매년 실시되므로 단기적임

18) 윤영진, 새 재무행정학, 대영문화사, 2010, p.397.

6. 자본예산(복식예산)

정부예산을 경상지출과 자본지출로 구분하고 경상지출은 경상수입으로 충당시켜 균형을 이루도록 하지만, 자본지출은 적자재정과 공채발행으로 그 수입에 충당케 함으로써 불균형 예산을 편성하는 예산제도를 말한다. 건전재정주의는 불경기에 극복이 어렵다는 문제가 야기된다. 반면, 자본예산은 투자재원 조달을 통해 유효수요를 증가시키고, 경기회복 후 흑자예산으로 적자를 상환 할 필요가 있는 경우에 그 존재가치가 있다.

7. 지출통제예산

1) 연혁

지출통제예산(Expenditure Control Budget)은 캘리포니아의 페어필드(Fairfield)시의 경험에서 생겨난 것으로, 미국의 12개시와 몇 개 국가에서 채택하고 있다. 이 제도는 오스본(David Osborne)과 게이블러(Ted Gaebler)에 의해서 지지를 받게 되었는데 그들은 "현재의 품목별예산제도는 내일이면 곧바로 쓰레기가 되어 버려, 어제의 우선순위에 관리자들을 묶어 놓고 있다"고 주장한다.[19] 전통적 예산제도(품목별예산제도)는 미리 정해진 품목에 따라 지출해야만 하고, 배정받은 예산액은 당해 회계연도 말에 가서 어떤 명목을 내붙이든 모두 사용해야만 하는 방식이다. 이러한 낭비적 요소를 개혁하기 위해 제시된 것이 지출통제예산제도이다.

2) 의의

지출통제예산제도는 각 부처별로 배달된 예산에 대하여 그 총액만을 통제하고 구체적인 항목별 지출에 대하여는 각 부서의 책임자에게 일임시켜 전용을

19) David E. Osborne and Ted Gaebler, Reinventing Government: *How the Enterepreneurial Sprit is Transforming the Public Sector* (New York: Penguin Books, 1992), pp.117–124.

허용하는 예산제도를 말한다. 즉, 총액의 규모만을 간단하고 핵심적인 숫자로 표시하고 구체적인 집행에 대해서는 각 부서의 책임자에게 과감하게 재량권을 부여한다.

3) 예산의 운영

지출통제예산제도는 사업목표의 달성에 초점을 두고 예산을 편성하여 쓰고 남은 것은 일반기업체의 경우처럼 다음해 예산에 보태어 사용할 수 있도록 한 것이므로, 일명 '기업형 예산'이라고도 한다.

지출통제예산제도는 가계예산제도와 매우 비슷하게 운영되어 주요 품목별 예산을 일반 자금예산으로 교체하고 있다. 이러한 예산은 정부 산하기관을 위하여 일반 자금을 배정하게 된다. 각 부처의 일반자금은 지난해와 동일액수를 주는 방식에 의하여 정해지며, 인구 및 서비스요구 등과 같은 인플레와 성장요인에 따라 예산이 배정된다, 만일 주요 신규프로그램이 제안되어 승인되었을 경우 신규자금이 배정된다.

8. 새로운 성과주의 예산제도(New Performance Budgeting)

1) 개요

미국에서 예산제도는 1990년대 클린턴 정부가 기업가형 정부개혁을 추진하면서 또 한 번의 중요한 변화를 맞게 된다.[20] 1990년대의 「새로운 성과주의 예산제도」는 기존의 투입 중심 예산제도와 반대되는 개념으로, 정부활동의 산출 또는 결과를 중심으로 예산을 운영하는 제도를 말한다. 즉, 사업성과와 예산을 연계시키되 투입요소인 예산이 아니라 산출요소인 사업성과를 중심으로 예산을 운영하는 데 초점을 맞춘 것이다. '어떻게' 그런 사업성과가 나왔는가의 과정보다 사업성과가 좋은가 나쁜가의 결과를 강조한 것이다. 특히 단순한 활동이나 산출이 아니라 산출이 가져오는 보다 근원적인 성과, 즉 결과(outcome)를 강조한다. 이런 점에서 보면 성과관리 예산제도는 미션(mission) 지향적이라 할

---

20) GPRA(Government Performance and Results Act, 1993)에 의해 의무화하고 있다.

수 있다.[21] 「새로운 성과주의 예산제도」가 초기(1950년대) 성과주의 예산제도(PBS)와 구별되는 점은 무엇보다 투입·활동 및 업무량보다는 산출과 결과 위주의 성과에 초점을 맞추어 예산운영을 도모한다는 데 있다.

2) 도입과 운영[22]

(1) 우리나라에서는 「성과관리(예산)제도」라는 명칭으로 2005년 중앙부처에 도입하였다. 정부업무평가기본법은 「성과관리」에 대해 "정부업무를 추진함에 있어 기관의 임무, 중·장기 목표, 연도별 목표 및 성과지표를 수립하고, 그 집행 과정 및 결과를 경제성·능률성·효과성 등의 관리하는 일련의 활동"이라고 규정하고 있다(동법 제2조 제6호). 또한 동법은 성과평가의 결과를 예산에 반영하도록 하고 있다(동법 제28조).

(2) 「새로운 성과관리(예산)제도」는 결과 중심의 성과를 강조하기 때문에 국민의 요구에 대한 대응성과 책임성을 높일 수 있고, 한편으로는 예산집행의 자율권을 부여함으로써 효율성을 높일 수 있는 장점들이 있다. 그러나 「새로운 성과관리(예산)제도」는 기존의 예산제도의 보완적 차원에서 활용하는 것이 일반적이어서, 목표관리제(MBO)와 같은 차원의 관리도구로 볼 수 있다.

제 2 절 경찰예산 과정(경찰예산의 4단계)

Ⅰ. 경찰예산의 편성

일반적으로 예산과정은 통상 예산의 편성[23] → 예산의 심의 및 의결 → 예

---

21) John L. Mikesell, Fiscal Administration: Analysis and applications for the public sector, 4th ed., Bellmont, CA: Wadsworth Publixhing Compan, 1995, p.186.

22) https://terms.naver.com/entry.nhn?docId=42149. 2020년 12월 16일 검색.

23) 예산편성방식에는 행정부의 요구에 의하여 입법부 소관상임위원회에서 예산을 법률로서 편성하는 입법부형 예산제도와 우리나라를 비롯한 대부분의 국가에서 취하는 「행정부제출 예산제도」가 있다. 오늘날 우리나라를 비롯한 대부분의 국가에서는 그 권한과 책임을 행정부에 맡기고 있는데, 이를 일컬어 '행정부예산제도'라 한다.

산의 배정 및 집행 → 회계감사의 4단계 과정으로 진행된다.

1. 사업계획수립

각 중앙관서의 장(경찰청장 포함)은 매년 1월 31일까지 사업계획을 작성하여 기획재정부장관에게 제출하여야 한다.

2. 지출한도 심의

기획재정부장관은 중앙부처와 사업계획을 검토한 후 중앙부처의 장(경찰청장 포함)에게 지출한도를 3월 31일까지 시달한다.

3. 예산요구서의 제출(5월 31일까지)

각 중앙관서의 장(경찰청장 포함)은 다음 연도의 예산요구서(세입세출예산·계속비·명시이월비 및 국고채무부담행위 요구서)를 작성하여 매년 5월 31일까지 기획재정부장관에게 제출하여야 한다.

4. 정부안의 확정 및 국회 제출(회계연도 개시 120일 전까지)

기획재정부장관은 중앙관서들로부터 제출된 예산요구서를 토대로 조정절차를 거쳐 예산안을 편성하여 국무회의 심의를 거쳐 대통령의 승인을 얻음으로써 예산편성의 과정은 일단락된다. 정부는 이 예산안을 회계연도 개시 120일 전까지 국회에 제출하여야 한다.

Ⅱ. 예산(경찰예산 포함)의 심의(회계연도 개시 30일 전까지)

대통령의 시정연설과 기획재정부장관의 예산안 제안설명 → 예비심사(상임위원회) → 종합심사(예산결산특별위원회) → 본회의 의결(회계연도 개시 30일 전까지)을 거쳐 최종 예산안으로 확정된다. 우리나라 국회는 정부의 동의 없이 예산을 증액할 수 없다.

Ⅲ. 경찰예산의 배정·집행

예산의 배정 및 집행이라 함은 국회에서 의결·확정된 예산에 따라 예산을 배정하고,[24] 경비를 지출하는 재정활동을 말한다.

1. 경찰예산의 배정

예산이 성립되면 경찰청장은 사업운영계획 및 이에 의한 세입·세출예산, 계속비와 국고채무부담행위를 포함한 예산배정요구서를 기획재정부장관에게 제출한다. 기획재정부장관은 4분기별 예산배정계획과 월별자금계획을 작성하고 국무회의의 심의를 거쳐 대통령의 승인을 받는다. 예산배정계획이 확정되면 기획재정부 장관은 회계연도 초에 매분기별 배정액을 명시하여 연간예산을 경찰청장에게 배정한다. 예산의 집행은 예산의 배정으로 시작된다.

2. 예산집행의 일반적 순서

각 부처는 원칙적으로 배정된 예산의 범위 내에서 정부활동에 필요한 금액을 사용하여야 한다. 예산집행의 일반적 순서는 배정요구 → 배정계획수립 → 배정·재배정 → 지출원인행위 → 지출행위 → 현금지급 등의 절차로 이루어진다.

1) 예산의 배정

(1) **예산의 배정방법**

예산의 배정방법은 정기배정·긴급배정·조기배정·당겨배정 등으로 이루어진다.

① 정기배정은 분기별 연간배정계획에 따라 정기적으로 예산을 배정하는 것을 말한다.

② 긴급배정은 회계연도 개시 전에 예산을 배정하는 것이다.

③ 조기배정은 경제정책상의 필요에 의하여 사업을 조기에 집행하고자 할 때,

---

24) 예산의 배정은 중앙예산기관이 각 부처의 요구와 자금계획에 따라 각 부처에 나누어 주는 것을 말한다.

연간정기배정계획 자체를 1/4분기 또는 2/4분기에 앞당겨 집중 배정하는 것이다.

④ 당겨배정이란 사업의 집행과정에서 계획의 변동이나 여건 변화로 인하여 해당 상업에 대한 예산을 분기별 정기배정계획에 관계없이 앞당겨 배정하는 것을 의미한다.

(2) **예산의 재배정**

재배정의 목적은 중앙관서의 장으로 하여금 각 기관의 예산집행 상황을 감독·통제하고 재정적 한도를 엄수하게 하려는 데 있다. 재배정은 중앙관서의 장이 산하 각 기관에 대하여 분기별로 예산을 다시 배정해 주는 절차이다. 따라서 경찰청장이 배정된 예산을 산하기관에 재배정하면, 산하 기관장은 매분기 초일에 예산이 배정된 것으로 보아 예산을 집행한다.[25)]

3. 지출원인행위 및 그 특례

1) 지출원인행위

"지출원인행위"라 함은 재무관이 행하는 세출예산·계속비·국고채무부담행위 및 기금운영계획에 따라 지출의 원인이 되는 행위를 하는 것을 말한다. 반면, "지급원인행위"라 함은 관서운영비출납공무원이 지출관으로부터 교부받은 국고금관리법 규정에 따른 관서운영경비에 의하여 지급의 원인이 되는 행위를 하는 것을 말한다. 회계관계의 유형을 보면 재무관·지출관·출납공무원(출납기관)으로 나눌 수 있다. (1) 재무관은(경찰청의 경무과장·지방경찰청 및 경찰서의 경무과장) 지출원인 행위권자로서 계약체결 등 채무부담을 결정한다. (2) 지출관(일반적으로 경리계장이 담당)은 계좌이체의 방법으로 지출행위를 담당한다. (3) 출납공무원은 현금의 수납을 담당한다.

(1) 각종 지출원인행위는 배정된 예산의 범위 내에서 하도록 되어 있다. 따라서 국회를 통과하여 예산이 확정되었더라도 해당 예산이 배정되지 않으면 지출원인행위를 할 수가 없다.

---

25) 김형중 외, 경찰학총론, 서울: 청목출판사, 2020, p.442.

(2) 지출원인행위란 예산의 배정과 집행을 의미한다. 예산배정 후 경찰청은 예산의 범위 내에서 계약 등 지출원인행위를 하게 된다. 모든 예산은 지출원인행위를 할 때로부터 예산을 지출할 수 있는 근거가 생기게 된다. 따라서 경찰의 경우 경찰청장 또는 위임을 받은 자가 지출원인행위를 할 수 있다.

2) 지출의 원칙

지출관이 세출예산에서 경비를 지출할 때에는 다음과 같은 원칙에 따라야 한다. 즉, 배정된 계획예산의 한도 내에서 공사나 계약에 의해 정당하게 발생한 채권자에게 그 이행기가 도래하였을 때 지급하여야 한다. 지급의 예로서는 정당한 채권자에게 지출, 당해 회계연도 개시 후에 지출, 당해연도의 예산에서 지출, 확정채무가 존재하고 그 이행기가 도래한 때 지출 등이 있다.

3) 지출의 특례

지출은 원칙적으로 그 요건이 구비되어야 하지만, 경리운영상 번거로움을 피하기 위해 특례를 인정하고 있다. 지출의 특례로 관서운영경비제도가 있는데, 이는 종전의 일상경비·도급경비를 통·폐합한 경비를 말한다. 관서운영경비는 그 성격상 경찰청·지방청·경찰서·지구대·파출소 등 각급 경찰관서에서 사용할 수 있고, 종래의 도급경비와 같이 일정한 소규모 관서에 한정되지 않는다.

(1) **경찰관서운영경비의 범위**

특정 경비에 대한 관서운영경비의 경우, 지출관이 관서운영경비출납공무원에게 필요한 자금을 교부하면, 그 자금을 가지고 관서운영경비 출납공무원[26]이 그 책임과 계산 하에 사용하게 하는 경비이다. 즉, 관서운영경비는 지출관이나 지출업무를 담당하는 출납공무원을 두기 곤란한 관서 또는 재외관서의 경비를 그 관서의 장의 책임하에 사용하도록 지급되는 공금을 말한다. 관서운영경비의 범위는 관서운영비·업무추진비·특수활동비(수사활동비 제외)·여비·비정규직 보

---

26) 관서운영경비는 관서운영경비출납공무원이 아니면 지급할 수 없으며, 관서운영경비출납공무원은 관서운영경비를 금융기관에 예치하여 관리하여야 한다.

수·특수지 근무수당 등이 해당된다. 경찰의 관서운영경비의 취급관서는 지구대·파출소·해외주재관 등이며, 방범순찰대는 해당이 되지 않는다.[27]

(2) **관서운영경비의 특징**

① **관서운영경비의 집행**

경찰의 관서운영경비의 집행은 업무현실을 고려하여 다른 집행기관과는 달리 종래의 도급경비와 같은 예외를 인정하고 있다.

② **관서운영경비의 지급방법**

정부구매카드를 사용하여야 한다. 예외적으로 계좌이체나 현금지급 등의 방법을 병행할 수 있다.

③ **일정한 관서운영경비는 회계연도 개시 전에도 지급 가능**

운영비·업무추진비 및 특수활동비·외국에서 지급되는 경비·국내여비 등은 회계연도 개시 전에도 지급이 가능하다.

④ **추가신청 및 잔액 반납**

관서운영경비의 사용잔액은 다음 회계연도 1월 15일까지 지출관에게 반납하여야 한다. 따라서 관서운영경비도 정산 및 회계검사를 거쳐야 하는 것이 원칙이다.

예외적으로 지급원인행위를 하고 지급하지 아니한 금액, 그리고 직전 회계연도에 사용한 정부구매카드 사용금액 중 그 대금을 지급하지 아니한 금액의 경우에는 사용잔액을 다음 연도로 이월하여 사용할 수 있다.

⑤ **관서운영경비의 전용**

교부받은 관서운영경비는 일반적인 전용절차를 거쳐서 일부 세목조정이 가능하다. 즉, 관서운영경비에 대해서는 목간 전용은 할 수 없으나 세목 간에는 용도를 바꿔 사용할 수 있다. 예컨대 봉급 및 공공요금의 경우, 예전에는 다른 비목으로 전용할 수 없도록 하였으나, 현재는 전용할 수도 있고 받을 수도 있다.

---

27) 김형중 외, 전게서, p.444.

⑥ **서류 등의 보관**

관서운영경비출납공무원은 관서운영경비를 금융기관에 예치하여 관리하여야 하고, 관서운영경비의 집행에 관한 증빙서류·현금출납부 등은 회계연도 종료 후 5년간 보존하여야 한다.

4. 예산의 신축성 유지방안(탄력적 집행제도)

1) 예산집행의 원칙

예산을 집행함에 있어서 원칙적으로 품목별체계에 따라 예산에 정한 목적 이외에 경비를 사용하거나 각 기관간, 각 장·관·항 간에 상호사용할 수 없다. 그러나 사업계획이나 여건변화에 따른 집행의 신축성을 확보하기 위하여 몇 가지 제도를 국가재정법은 인정하고 있다.

2) 예산의 탄력적 집행제도

(1) **예산의 이용**

예산편제의 입법과목인 장·관·항 간의 상호사용을 말한다. 예산집행상의 필요에 의하여 미리 국회의 의결을 얻은 부분에 한하여 기획재정부장관의 승인을 얻어 장·관·항 간에 예산금액을 상호이용할 수 있다.

(2) **예산의 전용**

행정과목인 예산의 세항 또는 목간의 경비를 기획재정부장관의 승인을 얻어 상호사용할 수 있다. 한편, 중앙관서의 장은 매 회계연도마다 기획재정부장관이 정하는 범위 안에서 각 세항 또는 목의 금액을 전용할 수 있도록 하고 있다(자체 전용권의 위임).

(3) **예산의 이체**

정부조직 등에 관한 법령의 제정·개정 또는 폐지로 인하여 직무와 권한에 변동이 있을 때에 예산을 이에 따라 변경하여 사용할 수 있다. 예컨대, 1996년 행정자치부장관 소속의 해양경찰을 해양수산부장관 소속으로 변경하였는데, 이때 예산을 변경하여 사용하였다.

(4) **예산의 이월**

세출예산을 다음 연도로 넘겨서 사용하는 것을 말하며, 이에는 명시이월과 사고이월이 있다.

① **명시이월**

세출예산 중에서 연도 내에 그 지출을 하지 못할 것이 예측될 때에 미리 국회의 승인을 얻어 예산을 다음 연도에 넘겨서 사용하는 것을 말한다. 사고이월과는 달리 재이월할 수 있다.

② **사고이월**

국회의 승인 없이 연도 내에 지출원인행위를 하고 불가피한 사유로 인하여 연도 내에 지출하지 못한 경비와 지출원인행위를 하지 아니한 그 부대경비의 금액을 다음 연도에 이월하여 사용하는 것을 말한다. 이월은 1년도에 한하므로, 한번 사고이월한 경비는 다시 다음 연도에 재차 이월하여 사용할 수 없다.

(5) **예비비**

① **의의**

㉠ 예측할 수 없는 예산 외의 지출 또는 예산초과지출에 충당하기 위하여 세입세출예산에 계상한 금액을 말한다. 이 제도는 국가활동을 수행함에 있어서 예측할 수 없는 불가피한 지출요소에 대비하게 함으로써, 예산운용의 탄력성을 부여함은 물론 국가사업의 효율적인 추진을 도모하기 위한 것이다.

㉡ 예비비의 사용을 필요로 할 경우에는 그 이유·금액과 추산의 기초를 명백히 한 명세서를 작성하여 기획재정부장관에게 제출하여야 한다. 기획재정부장관은 각 중앙관서의 장이 제출한 예비비 사용요구 내용을 검토·심사한 후 필요하다고 인정하는 때에는 이를 조정하고 사용명세서를 작성하여 국무회의의 심

의를 거쳐 대통령의 승인을 얻어야 한다. 예비비는 총액으로 국회의 의결을 얻어야 하고, 예비비의 지출은 차기국회의 승인을 얻어야 한다(헌법 제55조).

Ⅳ. 결산 및 회계검사(국가재정법)

1. 예산결산 및 회계감사

1) 결산

예산과정에서 마지막 단계는 결산과 회계감사이다. 결산이란 예산의 집행이 끝난 후에 세입예산의 모든 수입과 세출예산의 모든 지출을 계산하여 수치로서 나타내는 것을 말한다. 결산은 기획부장관(4월 10일) → 감사원(5월 20일) → 기획재정부장관(5월 31일) → 국회결산 승인 순으로 진행된다.

(1) **의의**

① 기획재정부장관은 결산보고서를 기준으로 총결산서를 작성하여 대통령의 승인을 받아야 한다. 감사원은 5월 20일까지 기획재정부장관에게 회계검사결과보고서를 송부해야 한다.

② 결산은 회계 연도내의 국가의 수입과 지출의 실적을 확정계수로 표시하는 행위이다. 정부가 회계검사를 마친 결산서류를 국회에 제출하고 국회가 결산승인을 하게 되면, 정부의 예산집행 책임이 해제되고 당해 연도예산은 완결된다. 예산은 예산편성과 마찬가지로 예산결산도 국회의 사후 감독을 받는다.

(2) **기능**

예산결산은 다음과 같은 기능을 갖는다.

① 예산집행에 대한 정부의 정치적 책임을 명백히 하기 위하여 사후적 감독을 하는 기능을 갖는다.

② 입법부의 재정통제 이외에도 장래의 예산의 편성과 심의, 재정계획의 효율적인 운영을 위한 자료의 역할도 한다.

2) 회계검사

예산과정의 마지막 단계는 회계검사기관에 의한 회계검사이다. 회계검사는 행정부가 예산을 합법적으로 집행하였는가를 확인·검증하는 행위이다. 정부예산결산은 회계검사기관인 감사원의 결산 확인과 국회의 심의·의결에 의하여 확정되며, 이러한 확정을 통하여 정부의 정치적 책임이 해제된다.

2. 회계관계경찰공무원의 책임

회계관계직원 등의 책임에 관한 법률 등에 의해 1) 회계관계경찰공무원은 고의·중과실로 의무위반행위를 함으로써 국가 등의 재산에 손해를 끼친 경우,

2) 현금 또는 물품의 출납·보관자가 그 보관에 속하는 현금 또는 물품을 망실·훼손하였는데, 선량한 관리자의 주의를 태만하지 않았다는 입증을 못하는 경우에는 변상 책임이 있다.

3) 경찰공무원의 변상책임 유무의 판정과 배상액의 결정은 감사원이 행한다.

제 3 절 경찰기획

Ⅰ. 경찰기획의 의의

1. 의 의

기획은 미래지향적이며 장래문제에 대하여 계획적인 대비책을 강구하고 일어날 수 있는 사태에 대하여 체계적으로 대처할 수 있어야 한다. 따라서 기획은 대안의 선택을 골자로 하는 의사결정과정이다. 한편, 정책결정은 예견되는 상황과 정치적 또는 조직적 환경을 기초로 하여 채택할 수 있는 여러 선택안들 중에서 최대공약수를 선택하는 과정을 말한다. 그러므로 기획과 정책결정은 밀접하게 작용한다. 기획은 정책결정의 효과적인 성과를 위한 중요한 단계이다.[28] 따

라서 기획이란 미래를 위한 정책결정을 말하는 것이다.[29]

Ⅱ. 경찰기획의 기능과 특징

경찰기획(Police Planning)이라 함은 경찰목적을 달성하기 위하여 최상의 이용 가능한 방법·절차를 의식적으로 개발하는 과정을 말한다. 즉, 기획은 발전을 관리하는 행동이자, 목표달성을 위한 최적의 수단과 방법을 찾아내는 노력이다. 따라서 경찰기획은 궁극적으로 현재와 다른 바람직한 변화를 목표로 한다.

1. 경찰기획의 기능

기획은 조직구성원의 구심점 확보를 통한 목표의식을 제고하고, 조직관리자에게 행정통제의 수단과 자원의 효율적 배분, 그리고 경찰직무수행을 위한 지침서의 역할도 한다. 따라서 경찰기획은 경찰의 합리적인 정책결정을 위하여 미래의 요구를 특정할 수 있는 면밀한 기획절차를 세워야 하고, 정책결정에 기초가 되는 선택권을 경찰관리자에게 제공하여야 한다.

2. 경찰기획의 특징

경찰기획은 우선 미래의 경향과 사회적·정치적·경제적 그리고 법률적 지침에 관련된 적절한 해석을 통하여, 예상되는 변화에 현재 상황을 결합시키려는 목표 지향적이고 미래지향적인 계속성 있는 준비과정이다. 그렇기 때문에 변화지향적이고 행동지향적인 특징을 가지고 있을 뿐만 아니라, 획일과 구속 등 절차의 비민주성에 의한 통제적 성격도 내포하고 있다.[30]

---

28) 이황우, 전게서, p.429.

29) Charles R. Swanson and Leonard Territo, *Police Administration,* New York: Macmillan Publishing Co., 1983, p.386.

30) 기획이란 근본적으로 사회주의의 산물이므로, 경제이념상 시장경제에, 정치이념상 민주주의에 각각 반한다. 기획은 구속·획일·강제를 수반하지만, 민주주의는 자율·경쟁·다양을 중시하기 때문이다. 이에 대하여 기획과 개인의 자유는 양립 불가능하다는 견해(Hayek, 노예에의 길)가 있는 반면, 민주주의와 기획은 양립할 수 있다는 주장(Finer, 반도에의 길)

Ⅲ. 기획의 원칙

기획의 원칙으로는 다음과 같은 것 등을 들 수 있다.

1. **목적성의 원칙**

목표달성도를 높이기 위하여 구체적으로 명확한 목표가 제시되어야 한다.

2. **표준화의 원칙**

기획의 대상이 되는 서비스·재화·작업방법 등이 표준화되어야 한다.

3. **신축성의 원칙**

유동적인 상황에 적절하게 대응할 수 있어야 한다.

4. **경제성의 원칙**

인적·물적 자원의 낭비를 막기 위해 가능한 한 현재의 사용 가능한 자원을 활용해야 한다.

5. **장래예측성의 원칙**

기획은 미래를 대비하기 위한 것으로 장래를 예측할 수 있어야 한다.

6. **단순성(명료성)의 원칙**

기획에 사용되는 문장은 간단하고 명료해야 한다.

7. **계속성(단계성)의 원칙**

기획은 상위·중위·하위기획 등 단계적으로 연결되어야 한다.

8. **안정성의 원칙**

목적을 달성하기 위하여 정치권력의 변동을 받지 않고 지속적으로 존재하여야 한다.

Ⅳ. 경찰기획의 과정

경찰기획은 목표의 설정 → 상황분석 → 기획전제의 설정 → 해결책의 모색 → 최종안의 선택 → 기획집행 행동화 과정 → 기획평가 순으로 진행된다.

또한 제기되고 있다.

1. 목표의 설정

목표의 설정은 경찰기관이 이루고자 하는 바가 무엇인지를 설정 내지 확정하는 과정을 의미한다. 이러한 목표의 설정 단계에서는 정치적 요소의 개입 및 직관이나 판단과 같은 요인들이 작용할 여지가 많다. 기획은 가급적 명확한 하위목표로 세분화되기 쉽게 설정하여야 집행에 유리하다. 또 목표 간에는 때로 상충되는 것이 있을 수도 있으나, 가급적 일관성 있게 설정되어야 한다.

2. 상황분석

상황분석이란 목표를 달성하는 데 예상되는 장애요인과 문제점을 분석하는 것을 말한다. 이 단계에서 특히 중요시되는 것은 관련 문제점의 원인과 상황변동에 관련되는 요인, 즉 변수들을 밝혀내는 일이다. 변수 가운데서도 목표달성을 저해하는 요인, 즉 장애요인을 규명하는 것이다.[31)]

3. 기획전제의 설정

기획전제의 설정(planning premise)이란 기획을 통하여 달성하려는 목표에 영향을 미치는 변수에 관한 장래의 전망(가정)을 말한다. 이는 장래 나타날 불확실성을 어떻게 감소시킬 것인가?, 또 장래에 무엇이 어떤 방법으로 작용하여 어떤 현상이 현저하게 나타나고, 어떤 상태가 소멸될 것인가 등을 가정해야 한다.

4. 해결책의 모색

대개 한 목표에 대한 수단이 되는 행동대안은 여러 가지인 것이 보통이다. 따라서 중요한 대안이 누락되지 않게 하는 것이 매우 중요하다. 대안의 작성에 있어 일차적인 원천이 되는 것은 선례이다. 그러나 선례가 없는 분야에서는 새로운 대안이 필요하게 된다. 즉, 최종안이 실현 가능한지 여부와 경제적 합리성 등을 따져 보아야 한다. 대안이 작성되기 위해서는 경찰행정가의 과거의 경험이

31) 김신복, 전게서, p.133.

나 조직이 가지고 있는 선례가 매우 중요하다. 일단 여러 가지 방법으로 대안이 작성되면 그 대안은 여러 가지 방법으로 비교·평가되어야 한다.

5. 최종안의 선택

대안을 작성·평가한 후에는 이들 중에서 최적의 대안을 선택한다. 이때 대안의 선택에서는 결정자의 가치관·선호가 개입될 수 있다. 따라서 그러한 주관적 영역의 범위가 작을수록 대안의 평가 단계에서 나온 분석적인 평가가 그대로 선택에서 원용될 가능성이 높아진다. 최종안의 선택은 정책결정을 하는 작업이며, 많은 대안을 분석·검토한 후에 가장 이상적인 최종안을 선택하는 것이다. 여기에는 결정자의 의지 및 철학 등이 반영된다.

6. 기획집행 행동화 과정

행동화 과정은 선택된 최종안과 관련되는 수많은 파생계획 또는 부수계획과 보조계획 등을 수립하고, 이를 실행하기 위한 준비단계를 의미한다.

7. 기획평가

기획평가는 기획의 집행상황 및 결과를 평가하는 과정이다. 따라서 모든 기획과정이 완료되면 계획에 대한 통제·심사·분석 그리고 평가가 뒤따라야 된다. 항상 불확실성을 고려한 후에 이를 극소화시키는 것이 필요하다. 이러한 불확실성을 극소화하는 방법으로서는 확률을 활용할 수도 있으나, 그러한 확률조차 알려져 있지 않은 경우에는 그 대안의 결과예측은 크게 제약받는다.

제 5 장

경찰장비관리와 보안관리

제 5 장 경찰장비관리와 보안관리

제 1 절 경찰장비관리

Ⅰ. 경찰장비관리의 의의

경찰업무를 수행하기 위해서는 기본적으로 사람, 예산 그리고 물자가 필요하다. 경찰활동이 기동화, 전문화되어 가는 범죄에 효율적으로 대응하기 위해서는 좀 더 질적으로 발전된 다양한 현대적·과학적 도구를 갖추어야 한다.

1. 물품관리(장비관리)의 의의

물품관리 또는 장비관리라 함은 경찰업무를 수행하는 데 필요한 물품을 취득하여 효율적으로 보관·사용하고, 사용 후에 합리적으로 처분하는 과정이라 할 수 있다. 정부물품관리의 기본법인 물품관리법 제1조에 의하면 「이 법은 국가물품의 취득·보관·사용 및 처분에 관한 기본적인 사항을 정하여 국가물품을 효율적이며 적정하게 관리하는 것을 목적으로 한다」고 규정하고 있다.

2. 경찰장비관리의 의의

경찰장비 또는 물품관리란 치안업무수행을 위하여 필요로 하는 물품요소를 말한다. 따라서 경찰장비관리는 경찰 업무를 수행하는 데 필요한 물품을 취득하여 효율적으로 보관·사용하고, 사용 후에 합리적으로 처분하는 과정을 말한다. 경찰장비관리는 정부물품관리의 기본법인 물품관리법의 적용을 받는다.[1]

Ⅱ. 위해성 경찰장비의 관리

「경찰관직무집행법」 제10조(경찰장비사용등)는 국가경찰공무원이 직무를 수행할 때 사용할 수 있는 경찰장비의 종류·사용기준 및 안전관리 등에 관한 사항을 규정[2]하고 있다.

1. 위해성 경찰장비의 종류

「위해성 경찰장비의 사용기준 등에 관한 규정」 제2조에서는 위해성 경찰장비를 다음과 같이 구분하고 있다.

첫째, 위해성 경찰장구에는 수갑·포승(捕繩)·호송용포승·경찰봉·호신용경봉·전자충격기·방패 및 전자방패,

둘째, 위해성 무기에는 권총·소총·기관총(기관단총을 포함)·산탄총·유탄발사기·박격포·3인치포·함포·크레모아·수류탄·폭약류 및 도검,

셋째, 위해성 분사기·최루탄 등에는 근접분사기·가스분사기·가스발사총(고무탄 발사겸용을 포함) 및 최루탄(발사장치 포함),

넷째, 기타장비에는 가스차·살수차·특수진압차·물포·석궁·다목적발사기 및 도주차량차단장비가 해당된다.

---

1) 김형중 외, 전게서, p.446.

2) 「경찰관직무집행법」 제10조(경찰장비사용등)에 따른 「위해성 경찰장비의 사용기준 등에 관한 규정」.

2. 위해성 경찰장비의 사용기준 및 제한[3)]

1) 수갑·포승의 사용기준

(1) 경찰관은 체포·구속영장을 집행하거나 신체의 자유를 제한하는 판결 또는 처분을 받은 자를 법률이 정한 절차에 따라 호송하거나 수용하기 위하여 필요한 때에는 최소한의 범위 안에서 수갑·포승 또는 호송용포승을 사용할 수 있다.

(2) 범인·주취자·정신착란자의 자살 또는 자해기도를 방지하기 위하여 필요한 때에는 수갑·포승 또는 호송용포승을 사용할 수 있다. 이 경우 경찰관은 소속 국가경찰관서의 장에게 그 사실을 보고하여야 한다.

2) 경찰봉·호신용경봉의 사용기준

경찰관은 불법집회·시위로 인하여 발생할 수 있는 타인 또는 경찰관의 생명·신체의 위해와 재산·공공시설의 위험을 방지하기 위하여 필요한 때에는 최소한의 범위 안에서 경찰봉 또는 호신용경봉을 사용할 수 있다. 경찰관이 경찰봉 또는 호신용경봉을 사용하는 때에는 인명 또는 신체에 대한 위해를 최소화하도록 주의하여야 한다.

3) 전자충격기 등의 사용제한

경찰관은 14세 미만의 자 또는 임산부에 대하여 전자충격기 또는 전자방패를 사용하여서는 아니 된다. 전극침(電極針) 발사장치가 있는 전자충격기를 사용하는 경우 상대방의 얼굴을 향하여 전극침을 발사하여서는 아니 된다.

4) 권총 및 소총의 사용제한

(1) 경찰관은 사람을 향하여 권총 또는 소총을 발사하고자 하는 때에는 미리 구두 또는 공포탄에 의한 사격으로 상대방에게 경고하여야 한다. 다만, 경찰

---

3) 위해성 경찰장비의 사용기준 등에 관한 규정 제4조에서 제16조.

관을 급습하거나 타인의 생명·신체에 대한 중대한 위험을 야기하는 범행이 목전에 실행되고 있는 등 상황이 급박하여 특히 경고할 시간적 여유가 없는 경우, 그리고 인질·간첩 또는 테러사건에 있어서 은밀히 작전을 수행하는 경우로서 부득이한 때에는 경고하지 아니할 수 있다.

(2) 경찰관은 권총 또는 소총을 사용하는 경우에 있어서 범죄와 무관한 다중의 생명·신체에 위해를 가할 우려가 있는 때, 총기 또는 폭발물을 가지고 대항하는 경우를 제외하고는 14세 미만의 자 또는 임산부에 대하여 권총 또는 소총을 발사하여서는 아니 된다.

다만, 권총 또는 소총을 사용하지 아니하고는 타인 또는 경찰관의 생명·신체에 대한 중대한 위험을 방지할 수 없다고 인정되는 때에는 필요한 최소한의 범위 안에서 이를 사용할 수 있다. 그리고 공공의 안전을 위협하는 동물을 사살하기 위하여 부득이한 때에는 권총 또는 소총을 사용할 수 있다.

5) 가스발사총 등의 사용제한

경찰관은 범인의 체포 또는 도주방지, 타인 또는 경찰관의 생명·신체에 대한 방호, 공무집행에 대한 항거의 억제를 위하여 필요한 때에는 최소한의 범위 안에서 가스발사총을 사용할 수 있다. 이 경우 경찰관은 1미터 이내의 거리에서 상대방의 얼굴을 향하여 이를 발사하여서는 아니 된다. 최루탄발사기로 최루탄을 발사하는 경우 30도 이상의 발사각을 유지하여야 하고, 가스차·살수차 또는 특수진압차의 최루탄발사대로 최루탄을 발사하는 경우에는 15도 이상의 발사각을 유지하여야 한다.

6) 가스차·살수차·특수진압차·물포의 사용기준

경찰관은 다음의 경우에 해당하는 때에는 가스차·살수차·특수진압차·물포를 사용할 수 있다.

(1) 불법집회·시위 또는 소요사태로 인하여 발생할 수 있는 타인 또는 경찰관의 생명·신체의 위해와 재산·공공시설의 위험을 억제하기 위하여 부득이

한 경우에는 현장책임자의 판단에 의하여 필요한 최소한의 범위 안에서 가스차 또는 살수차를 사용할 수 있다.

(2) 소요사태의 진압, 대간첩·대테러작전의 수행을 위하여 부득이한 경우에는 필요한 최소한의 범위 안에서 특수진압차를 사용할 수 있다.

(3) 불법해상시위를 해산시키거나 정선명령에 불응하고 도주하는 선박을 정지시키기 위하여 부득이한 경우에는 현장책임자의 판단에 의하여 필요한 최소한의 범위 안에서 경비함정의 물포를 사용할 수 있다. 다만, 사람을 향하여 직접 물포를 발사하여서는 아니 된다(해양경찰에 한정함).

7) 석궁 및 다목적발사기의 사용기준

경찰관은 다음의 경우에 해당하는 때에는 석궁 및 다목적발사기를 사용할 수 있다.

(1) 경찰관은 총기·폭발물 기타 위험물로 무장한 범인 또는 인질범의 체포, 대간첩·대테러작전 등 국가안전에 관련되는 작전을 은밀히 수행하거나 총기를 사용할 경우에는 화재·폭발의 위험이 있는 등 부득이한 때에 한하여 현장책임자의 판단에 의하여 필요한 최소한의 범위 안에서 석궁을 사용할 수 있다.

(2) 경찰관은 인질범의 체포 또는 대간첩·대테러작전 등 국가안전에 관련되는 작전을 수행하거나 공공시설의 안전에 대한 현저한 위해의 발생을 방지하기 위하여 필요한 때에는 최소한의 범위 안에서 다목적발사기를 사용할 수 있다.

8) 도주차량차단장비의 사용기준

(1) 경찰관은 무면허운전이나 음주운전 기타 범죄에 이용하였다고 의심할 만한 차량 또는 수배 중인 차량이 정당한 검문에 불응하고 도주하거나 차량으로 직무집행중인 경찰관에게 위해를 가한 후 도주하려는 경우에는 도주차량차단장비를 사용할 수 있다.

(2) 도주차량차단장비를 운용하는 경찰관은 검문 또는 단속장소의 전방에 동 장비의 운용 중임을 알리는 안내표지판을 설치하고 기타 필요한 안전조치를

취하여야 한다.

3. 위해성 경찰장비의 안전관리

1) 안전교육

직무수행 중 위해성 경찰장비를 사용하는 경찰관은 안전교육을 받아야 한다. 또한 위해성 경찰장비를 사용하는 경찰관이 소속한 국가경찰관서의 장은 소속 경찰관이 사용할 위해성 경찰장비에 대한 안전검사를 실시하여야 한다.

2) 안전성 검사

안전성 검사는 신규 도입 장비와 관련된 분야의 외부 전문가가 신규 도입 장비의 주요 특성이나 작동원리에 기초하여 제시하는 검사방법 및 기준에 따라 실시한다. 따라서 신규 도입 장비에 대하여 일반적으로 인정되는 합리적인 검사방법이나 기준이 있을 경우 그 검사방법이나 기준에 따라 안전성 검사를 실시할 수 있다. 안전성 검사에 참여한 외부 전문가는 안전성 검사가 끝난 후 30일 이내에 신규 도입 장비의 안전성 여부에 대한 의견을 경찰청장에게 제출하여야 한다.

3) 신규 장비 도입 시 안전성검사 실시와 결과보고

경찰청장은 위해성 경찰장비를 새로 도입하려는 경우에는 안전성 검사를 실시하여 새로 도입하려는 장비가 사람의 생명이나 신체에 미치는 영향을 평가하여야 하며, 검사를 실시한 후 3개월 이내에 (1) 신규 도입 장비의 주요 특성 및 기본적인 작동 원리, (2) 안전성 검사의 방법 및 기준 (3) 안전성 검사에 참여한 외부 전문가의 의견, (4) 안전성 검사 결과 및 종합 의견이 포함된 안전성 검사 결과보고서를 국회 소관 상임위원회에 제출하여야 한다.

Ⅲ. 무기 및 탄약관리

1. 의 의

1) 무기·탄약을 관리 및 사용할 때에는 반드시 법정요건을 준수하고 안전수칙을 지켜야 할 뿐만 아니라, 총기지급 및 회수 시에는 반드시 책임간부의 입회하에 출·입고를 조치하여야 하며, 부적격자에게는 총기휴대를 금지시켜야 한다.

2) 무기·탄약관리규정(경찰청훈령, 무기탄약관리규칙)에 의거 경찰서의 경우 무기고시설을 갖추고, 열쇠관리는 일과시간 중에는 관리책임자(경무과장)가, 일과 후에는 상황실장(지구대는 지구대장 및 사무소장)이 철저하게 관리하여야 한다.[4)]

2. 부적격자 배제

부적격자에게는 총기휴대 및 총기사용[5)]을 금지시키는 등 세심한 주의가 필요하다.

1) 무기·탄약을 즉시 회수하여야 하는 자(강제회수 대상자)

(1) 직무상 비위로 인하여 징계대상이 된 자, (2) 형사사건으로 인하여 조사의 대상이 된 자, (3) 사의를 표명한 자 등에 대해서는 무기탄약을 즉시 회수하거나 보관하여야 한다.

2) 무기·탄약을 회수 또는 보관할 수 있는 자(임의회수 대상자)

(1) 평소 불평이 심하고 염세비관 하는 자, (2) 주벽이 심한 자, (3) 변태성벽이 있는 자, (4) 가정환경에 불화가 있는 자, (5) 기타 경찰관서의 장이 부적

4) 무기고와 탄약고는 분리되어야 한다. 그리고 집중무기고는 경찰청·지방경찰청·경찰대학·경찰교육원 및 중앙경찰학교·경찰서·경찰기동대 및 경비대·전투경찰대·경찰특공대·경찰청장이 지정하는 경찰관서에 설치하고, 간이무기고는 근무자가 24시간 상주하는 지구대·파출소·출장소·검문소·초소 등과 상황실 및 112타격대·경찰관서의 장이 필요하다고 인정하는 상당한 이유가 있는 장소에 설치할 수 있다.

5) 경찰총기의 4대 안전수칙: ① 총구는 공중(안전지역)을 지향 ② 실탄장전 시에는 반드시 안전장치 ③ 1탄은 공포탄, 2탄 이하는 실탄장전 ④ 조준은 대퇴부(허벅지) 이하.

합하다고 판단한 자는 무기휴대를 금지하거나 회수하여 보관하여야 한다.

3) 무기고에 보관조치해야 하는 경우

술자리 또는 연회장소에 출입할 경우, 상사의 사무실을 출입할 경우, 기타 정황을 판단하여 필요하다고 인정되는 경우에는 무기고에 보관조치해야 한다.

Ⅳ. 차량관리

경찰차량은 기동화, 광역화되어 가는 범죄에 대응하기 위한 필수적인 장비이다. 차량의 운행에 따른 교통사고의 발생 시 인명 등에 손상을 입히는 등 대형사고의 가능성이 높아 차량의 적정한 관리가 요구되고 있다.

1. 집중관리의 원칙

차량은 단위기관별로 집중관리를 원칙으로 하며, 차량운행의 절차의 준수와 차량점검 그리고 운전자 교육에도 주의를 기울여야 한다.

2. 집중관리의 예외

차량은 단위기관별로 집중관리를 원칙으로 하지만, 전용·지휘용은 제외되고, 일반적으로 순찰차량(고속순찰, 교통순찰, 112순찰, 교통 싸이카 등)은 집중관리하지 않는다.

3. 긴급출동 대비와 교통법규 준수

경찰차량은 범죄에의 대응이나 작전 등에 대비하여 항상 긴급출동의 태세를 갖추고 만일의 사태에 대비하여야 한다. 경찰차량의 운전자들이 흔히 빠지기 쉬운 특권의식의 불식에도 힘써야 하며, 운행시 교통법규를 준수하여 다른 운전자들의 모범이 되도록 주의하여야 한다.[6)]

6) 김형중, 전게서, p.155.

Ⅴ. 장비관리의 효율화 수단

1. 장비의 표준화

장비의 표준화는 장비의 규격을 정함에 있어서 관리능률을 향상시키고 활용도를 증진하기 위하여 통일성과 호환성을 확보하고자 하는 행위를 말한다.7) 이런 맥락에서 볼 때 경찰장비의 표준화는 작업능률의 향상과 관리경비의 절감, 호환성 및 활용성의 증대, 품질의 향상, 구매의 공정성 및 예산절감에 중점을 두고 있다.

2. 재물조사(在物調査)

1) 재물조사의 의의

재물조사는 장비관리 장부상의 재고와 현품을 품목별로 그 수량·상태 및 위치 등을 정확히 조사하여 보유장비를 정리하고, 장부상의 재고와 현품을 대조하여 발견된 과부족에 대한 재고조정이나 기타 필요한 조치를 취함으로써 효율적인 장비관리를 도모하는 관리행위이다. 이러한 재물조사는 수요 장비를 적기에 공급하는 한편, 과다보관으로 인한 재고투자 비용을 극소화시키는 데 그 목적이 있다.8)

2) 재물조사의 방법

재물조사의 방법에는 정기재물조사·수시재물소사·특별 재물조사 등이 있다.

(1) 정기재물조사는 매년 특정한 기간에 정기적으로 실시되는 재물조사를 말하며, 우리나라의 경우 매년 12월 21일을 기준으로 연 1회 정기재물조사를 실시하고 있다.

(2) 수시재물조사는 해당 장비를 관리하는 공무원 또는 출납하는 공무원이 교체된 경우, 그리고 재고 장비의 수량·상태 및 위치에 이상이 발생하였을 경우 등에 재물조사를 실시한다.

---

7) 김충남, 전게서, p.327.
8) 이종익, 재무행정론, 서울: 박영사, 1992, pp.328－329.

(3) 특별 재물조사는 특별히 재물조사가 필요하다고 인정되는 경우에 실시하는 것을 말한다.

제 2 절 보안관리

Ⅰ. 보안의 의의

1. 보안의 개념

1) 보안(security)이라는 용어는 1904년 친일단체인 유신회를 배격하는 항일운동을 전개하기 위하여 '보안회'라는 조직체가 만들어지면서 최초로 사용되었다. 그 후 일본경찰의 용어인 '보안경찰' 등에서 영향을 받아 오다가 해방 이후 미군의 주둔으로 인해 'Security'가 보안으로 번역되었다. 그 후 점차적으로 국가보안법을 비롯한 기밀보호를 위하여 정부의 각종 보안규정 등으로부터 용어가 다양하게 사용되면서 오늘날에 이르렀다.[9]

2) 오늘날의 보안은 크게 소극적 보안활동과 적극적 보안활동으로 나눌 수 있다.

(1) 적극적 보안활동은 국가의 안전보장을 해치고 국가를 위태롭게 하는 불순분자에 대하여 첩보수집·조사·체포하는 등의 활동을 말한다.

(2) 소극적 보안활동은 국가의 안전보장을 위하여 국가가 보호를 필요로 하는 비밀이나 인원·문서·자재·시설 및 지역 등을 보호하는 활동을 말한다. 여기서 말하는 보안이란 소극적 활동만을 말한다.[10]

2. 보안책임

국가안전보장에 관련되는 인원·문서·자재·시설 및 지역을 관리하는 자와

---

9) 신제철·김순석, 산업보안론, 서울: 그린출판사, 2013, pp.123－124.
10) 김형중 외, 경찰학총론, 개정2판, 서울: 청목출판사, 2020, p.450.

관계기관의 장은 이에 대한 보안의 책임을 진다. 보안책임에는 행정책임과 형사책임이 있다.11)

1) 행정책임

행정책임은 보안업무를 담당하는 공무원과 관계기관의 장이 고의와 관계없이 보안누설이나 보안사고 등에 대해 또는 보안업무처리상 하자로 인해 부담하는 징계책임을 말한다.

2) 형사책임

형사책임은 공무상비밀누설죄로 처벌받게 되는 것을 말한다. 경찰공무원은 자기가 취급하는 비밀이나 업무상 전해 들은 비밀을 누설하여 실제로 국가정책에 차질을 초래할 수도 있으므로 특히 주의하여야 한다.

3. 보안업무의 원칙

보안업무의 원칙은 비밀보호를 효과적으로 하기 위하여 보안대상에 대한 최소한의 접근만을 허용하는 원칙을 말한다. 이에는 1) 알 사람만이 알아야 하는 원칙, 2) 부분화의 원칙, 3) 보안과 업무효율의 조화의 원칙 등이 있다.

1) 알 사람만이 알아야 하는 원칙

보안에서 가장 기본이며 중요한 원칙이다. 즉, 보안 대상이 되는 사실을 전파할 때 전파의 필요성 유무 또는 피전파자가 반드시 전달받아야 될 이유 등을 검토하여야 한다는 원칙이다.

2) 부분화의 원칙

부분화의 원칙이란 알 사람만 알게 하고 한 번에 다량의 비밀이나 정보가 유출되지 않도록 하는 원칙을 말한다. 예컨대, 문서의 내용과 가치의 정도에 따

---

11) 보안업무규정 제3조.

라서 다른 비밀과 관련되지 않게 독립시키거나 부분화시켜야 한다.

3) 보안과 업무효율의 조화의 원칙

지나친 비밀주의는 꼭 알 필요가 있는 사람이 알지 못하게 하는 단점이 있기 때문에, 보안과 업무효율의 적절한 조화가 필요하다는 원칙을 말한다. 지나친 보안은 꼭 알 필요가 있는 사람의 범위를 제한하므로 업무의 효율을 저하시킨다.

Ⅱ. 비밀의 구분

1. 비밀의 분류

경찰이 보유하는 문서·음어자재·정보자료 등이 외부로 유출되었을 때 국가안보나 사회안전 또는 개인의 비밀을 침해하는 경우에는 비밀로 구분하고 유출을 막는 보호조치를 하여야 한다.[12] 비밀의 구분은 비밀을 작성하거나 생산하는 자가 그 비밀내용의 중요성과 가치의 정도에 따라 Ⅰ급 비밀, Ⅱ급 비밀, Ⅲ급 비밀 또는 대외비로 구분한다.[13]

1) Ⅰ급 비밀

누설되는 경우 대한민국과 외교가 단절되고 전쟁을 유발하며, 국가의 방어계획 및 국가방위상 필요불가결한 과학과 기술의 개발을 위태롭게 하는 등의 우려가 있는 비밀을 말한다. 경찰의 경우에 Ⅰ급 비밀 취급인가권자는 없다.

2) Ⅱ급 비밀

누설되는 경우 국가안전보장에 막대한 지장을 초래할 우려가 있는 비밀을 말한다. 통신 및 항공·경비·경호·작전담당부서·정보·보안·외사 등의 경찰근무자는 그 보직발령과 동시에 Ⅱ급 비밀 취급권자이다. Ⅱ급 이상의 비밀은 통

12) 경찰대학, 경찰학개론, 광문당, 2006, p.258.
13) 경찰공제회, 경찰실무Ⅰ, 경성문화사, 2007, p.199.

신보안을 위하여 통신문의 내용은 문자·숫자·기호 등의 암호로 만들어지며, 이를 암호자재로 한다.

3) Ⅲ급 비밀

누설되는 경우 국가안전 보장에 손해를 끼칠 우려가 있는 비밀을 말한다. 경찰공무원은 임용과 동시에 Ⅲ급 비밀 취급권을 갖는다.

4) 대외비

비밀은 아니지만 직무상 특별히 보호를 요하는 사항으로, 비밀에 보호기간을 명시하고 비밀에 준하여 취급 및 관리하는 것을 말한다.

2. 비밀분류의 원칙

보안업무규정 제12조의 각 호에서는 비밀분류의 원칙들을 규정하고 있다.

1) 과도 또는 과소분류금지의 원칙

비밀은 적절히 보호할 수 있는 최저등급으로 분류하여야 하며, 과도 또는 과소하게 분류하여서는 안 된다는 원칙을 말한다. 다만, 암호자재는 Ⅱ급 비밀 이상·음어자재는 Ⅲ급 비밀로 분류하고, 약호자재[14]는 대외비 이상으로 분류하여야 한다.

2) 독립분류의 원칙

비밀은 그 자체의 내용과 가치의 정도에 따라 분류하여야 하며, 다른 비밀과 관련하여 분류하여서는 아니 된다는 원칙을 말한다. 이는 문서와 분류되는 문서의 등급을 관련시켜 생각해서는 안 된다는 원칙이다. 예컨대 지시문서가 Ⅱ

---

14) 약호란 인쇄에서 쓰이는 글자 이외의 활자로서, 문장을 돕거나 기술을 대신하기 위해 사용되는 문장표현의 약속 기호들이다. 여러 가지 구두점과 문장부호·무늬를 비롯한 각종기호(숫자·단위·상용기호 등) 등을 일컫는다. 약호는 본문에 사용하고 있는 글자꼴과 같은 것을 사용하여야 한다.

급이라고 해서 응신문서(답장문서)까지 Ⅱ급으로 분류해서는 안 된다.

3) 외국 또는 국제기구의 비밀존중의 원칙

외국정부 또는 국제기구로부터 접수한 비밀은 그 발행기관이 필요로 하는 정도 또는 그 이상으로 보호할 수 있도록 분류하여야 한다.

3. 비밀취급의 특별인가

보안업무규정 시행세부규칙 제15조(특별인가)에 의하면 모든 경찰공무원은 임명과 동시에 Ⅲ급 비밀 취급권을 가진다. 또한 경찰공무원 중 이 규정에서 나열하고 있는 부서[15]의 근무자는 그 보직발령과 동시에 Ⅱ급 비밀취급권을 인가받을 수 있다. 이때에 비밀의 취급인가를 받은 자에 대해서는 비밀취급인가증은 별도로 발급하지 않는다. 다만, 업무상 필요한 경우에는 발급할 수 있다.

Ⅲ. 보안의 대상

보안의 대상에는 인원보안·시설보안·지역보안 등이 있고, 국가는 보안의 주체이며 보안의 대상이 된다.[16]

1. 인원보안

1) 인원보안업무의 취급

인원보안에 관한 사무는 각급 경찰기관의 인사업무 취급 부서에 분장한다. 의무경찰순경에 대한 인원보안업무는 그 인사업무를 취급하는 부서에서 담당한다.

---

15) ① 경비, 경호, 작전, 항공, 정보통신 담당부서, ② 정보, 보안, 외사부서, ③ 감찰, 감사담당부서, ④ 치안상황실, 발간실, 문서수발실, ⑤ 경찰청 각 과의 서무담당자 및 비밀을 관리하는 보안업무 담당자, ⑥ 부속기관, 지방경찰청, 경찰서 각 과의 서무담당자 및 비밀을 관리하는 보안업무 담당자

16) 경찰공제회, 상게서, pp.199－201.

2) 비밀취급자

비밀의 취급이란 비밀을 수집·관리·분류·재분류 및 수발하는 등 일체의 비밀관리 행위를 말한다. 비밀취급권자란 권한 있는 행정청으로부터 해당 등급의 비밀취급인가를 받은 자를 말한다. 경찰의 경우에는 경찰청장, 경찰대학장, 경찰교육원장, 중앙경찰학교장, 각 시도 지방경찰청장, 운전면허관리단장 등이 Ⅱ·Ⅲ급 비밀취급인가권을 가지고 있다.

3) 인원보안의 대상

경찰공무원을 포함하여 국가공무원과 지방공무원 또는 정부·공기업의 임직원, 해외출입자(여행자, 선원, 항공종사원 등), 국가보안목표시설 등 중요시설 및 장비관리자, 기타 국가보안에 관련된 사람 등을 그 대상으로 한다. 인원보안대상에 해당하는 경찰공무원 중 신원 특이자는 위원회 또는 자체보안심사기구에서 Ⅱ급 비밀취급의 인가 여부를 심의하고, 비밀취급이 불가능하다고 의결된 자에 대하여는 즉시 인사조치한다.

4) 인원보안의 수단

인원보안의 수단에는 신원조사·보안교육·보안서약 등이 있다.

(1) **신원조사**

신원조사는 어떤 개인의 출생에서부터 현재까지의 행적·인적 배경 등을 조사하는 것으로, 개인에 대한 참고자료에 지나지 않는다.

(2) **보안교육**

보안교육은 신규임용자, 비밀취급인가 예정자, 해외 여행자 등을 대상으로 인원보안 담당기관에서 실시하는 교육을 말한다.

(3) **보안서약**(보안조치)

보안서약(보안조치)은 신규임용자, 비밀 또는 중요업무종사자, 비밀사항청취자, 퇴직자 등에게 보안의 중요성과 보안사고의 위험성을 인식시켜, 이들로부터 서면으로 보안유지 등의 약속을 받는 행위이다. 즉, 보안사고가 있으면 처벌을 감수해야 한다는 서약을 받는 절차를 말한다.

2. 문서보안

1) 의의

문서보안은 국가기밀을 담고 있는 문서를 각종 위험으로부터 보호하는 것을 의미한다. 보안의 대상이 되는 문서는 일반문서와 비밀문서 모두를 포함한다. 따라서 Ⅰ·Ⅱ·Ⅲ급 등의 비밀표지가 되어 있지 않은 문서라도 국가기밀에 해당하는 문서는 보안의 대상이 된다.

2) 공문서의 종류

(1) **법규문서**

법규문서는 헌법·법률·행정상 입법인 대통령령·총리령·부령, 그리고 지방자치단체가 제정하는 조례 및 규칙 등의 문서를 말하는 것으로, 조문형식으로 작성되고 누년(累年)일련번호를 사용한다. 특별한 규정이 없는 때에는 공포 또는 공고를 관보에 게재한 날로부터 20일이 경과한 때에 그 효력을 발생한다.[17] 국민의 권리 제한 또는 의무 부과와 직접 관련되는 법률, 대통령령·총리령·부령은 긴급히 시행하여야 할 특별한 사유가 있는 경우를 제외하고는 공포일로부터 적어도 30일이 경과한 날부터 시행되도록 하여야 한다.

---

17) 경찰청이 제안하는 훈련제정의 절차는 경찰청의 입안→관계기관 협의→입법예고→법제처 심사→국무회의 심의→대통령 재가→법률안 국회제출의 순서를 거친다. 훈령의 제정은 주무부서에서 훈령안의 초안을 작성하여 부내외의 협의를 거치고, 협의가 되면 법무담당관에게 보내 심사를 받고 경찰위원회 심의·의결을 통해 훈령이 확정된다.

(2) 지시문서

훈령·지시·예규·일일명령 등 행정기관이 그 하급기관 또는 소속 공무원에 대하여 일정한 사항을 지시하는 문서를 말한다. 그 효력은 상대방에게 도달한 때 발생한다.

(3) 공고문서

① 고시

법령이 정하는 바에 따라 일정한 사항을 일반인에게 알리기 위한 문서로서, 연도표시·일련번호 등을 사용한다. 특별한 규정이 없는 한 5일이 경과한 날부터 효력이 발생한다.

② 공고

일정한 사항을 일반인에게 알리는 문서로 연도표시·일련번호를 사용한다. 공고의 효력은 일시적이며 시기가 경과하면 효력이 없다. 다른 법령 및 공고문서에 특별한 규정이 있는 경우를 제외하고 그 고시(공고)가 있은 후 5일이 경과한 때에 효력을 발생한다.

(4) 비치문서

비치대장에 비치카드 등 행정기관이 일정한 사항을 기록하여 행정기관 내부에 비치하면서 업무에 활용하는 문서를 말한다.

(5) 민원문서

민원인이 행정기관에 대해서 허가·인가·기타 처분 등 특정한 행위를 요구하는 문서 및 그에 대한 처리문서를 말한다.

(6) 일반문서

위에 속하지 아니하는 모든 문서로서, 회보와 보고서 등이 있다.

3) 효력발생시기

(1) **도달주의의 채택**

문서의 효력발생시기에 관하여는 표백주의[18]·발신주의·도달주의·요지주의[19] 등의 견해가 있다. 공문서는 시행문이 상대방에게 도달된 때(전자문서의 경우 수신자의 컴퓨터 파일에 기록되는 것)에 효력이 발생하는 것으로 보는 도달주의[20]가 통설·판례이다. 사무관리규정 제8조 제2항에서도 도달주의를 채택하고 있다.

(2) **공문서별 효력발생시기**[21]

공문서의 효력의 발생시기는 각 문서별로 차이가 있다. ① 일반문서의 경우에는 시행문서가 상대방에게 도달한 때부터 효력발생시기로 본다.

② 전자문서의 경우에는 수신자의 컴퓨터 파일에 기록된 때부터 효력발생시기로 본다.

③ 공고문서는 문서에 특별한 규정이 있는 경우를 제외하고는 그 고시 또는 공고가 있은 후 5일이 경과한 날부터 효력발생시기로 본다.

---

18) 표백주의는 서면으로 의사표시가 행해졌을 때 그 서면이 작성되면 곧 효력이 발생한다는 견해이다.

19) 요지주의는 의사표시의 내용을 상대편이 완전히 알고 난 뒤에 그 효력이 생긴다는 주장이다.

20) 도달이란 시행문서가 상대방의 지배 또는 생활권 내에 들어간 때, 즉 상대방이 시행문의 내용을 보려고 할 경우에는 언제든지 볼 수 있는 상태에 이르렀을 때를 말하는 것이므로, 상대방의 친족이나 점원·사무실직원·가정부 등이 수령한 것도 본인이 직접 받은 경우와 동일한 효력이 있다. 따라서 문서시행의 경우 앞으로 분쟁이 대상이 되거나 도달시점 계산이 문제시되는 공문서의 발송은 영수증을 받고서 전달하여야 하는 것이고, 우편에 의할 경우에도 등기우편·배달증명·내용증명으로 송달을 하고 발송증을 첨부하여 놓는 것이 최선의 방법이라 할 것이다. 반면, 보통우편은 상대방의 입증이 없는 한 도달된 것으로 보지 않는다는 점에 유의하여야 한다.

21) 송달받을 자의 주소 등을 통상의 방법으로 확인할 수 없는 경우나 송달이 불가능한 경우에는 송달받을 자가 알기 쉽도록 관보·공보·게시판·일간신문 중 하나 이상에 공고하고 인터넷에도 공고하여야 한다. 이 경우에는 다른 법령 등에 특별한 규정이 있는 경우를 제외하고는 공고일로부터 14일이 경과한 때에 그 효력이 발생한다.

④ 민원문서가 정보통신망을 활용하여 접수된 경우에는 당해 민원사항을 규정한 법령에서 정한 절차에 따라 접수·처리된 것으로 본다.

⑤ 법률, 대통령령·총리령·부령 등의 법규문서는 당해법령에 특별한 규정이 없는 한 공포 또는 공고를 관보에 게재한 날부터 20일이 경과한 때부터 효력발생시기로 본다.

3. 시설보안

1) 개설

국가중요시설로서 특별히 보호를 요하는 시설이 시설보안의 대상이 된다. 보안책임자(각급 기관의 장과 국가중요시설·장비 및 자재를 관리하는 자)는 국가중요시설 장비 및 자재의 보호를 위하여 필요한 장소에 일정한 범위를 정하여 제한지역·제한구역·통제구역 등의 보호구역을 설정할 수 있다. 보호구역설정자는 불필요한 인원의 접근 또는 출입을 제한하거나 금지시킬 수 있다.

2) 보호구역의 구분

(1) 제한지역

제한지역은 비밀 또는 정부재산의 보호를 위하여 울타리 또는 경호원에 의하여 일반인의 출입의 감시가 요구되는 지역을 말한다. 예컨대, 경찰관서의 전지역은 제한지역으로 규정하고 있다.

(2) 제한구역

제한구역은 비밀 또는 주요시설 및 자재에 대한 비인가자의 접근을 방지하기 위하여 그 출입에 안내가 요구되는 구역을 말한다. 예컨대, 경찰교환실 및 기계실, 발간실, 송신 및 중계소, 작전·경호·정보·보안업무담당부서 전역, 과학수서부서, 종합정보조회실(음어자재 없을 시),[22] 경찰청 항공대 및 지방경찰청 항공

---

22) 단말기가 미설치된 부서에서 의뢰한 조회 및 입력자료를 종합적으로 처리하는 부서를 말한다.

대 등이 있다.

(3) 통제구역

통제구역은 비인가자의 출입이 금지되는 보안상 극히 중요한 구역을 말한다. 예컨대, 암호취급소, 정보·보안기록실, 무기고 및 탄약고, 치안종합상황실, 정보상황실, 비밀발간실, 종합조회실(음어자재 있을 시), 암호장비 및 정보보호장비관리실 등이 있다.

4. 보안감사

보안감사란 보안의 대상인 인원·문서·자재·시설·지역 및 장비 등의 보안관리상태에 대한 적정 여부를 조사하는 것을 말하며, 정기감사와 수시감사가 있다.[23]

---

23) 경찰대학, 전게서, pp.225－226.

제 6 장

경 찰 홍 보

제 6 장 경찰홍보

제 1 절 경찰홍보의 의의 및 목적

Ⅰ. 경찰홍보의 의의

경찰홍보[1]란 경찰이 그 목적의 수행을 용이하게 하기 위하여 경찰의 시책·업무·관계법규 등을 일반국민에게 공개하거나, 쌍방향 커뮤니케이션을 통해 경찰에 대한 국민의 신뢰와 협조를 구하는 적극적 홍보 및 사기진작을 위한 지속적인 활동을 말한다. 협의로는 경찰의 활동이나 업무와 관련된 사항을 널리 알려서 경찰목적 달성에 유리한 환경을 조성하는 행위를 말한다. 광의로는 지역주민의 경찰활동에 대한 참여를 확대하고 각종 기관·단체 및 언론 등과의 상호 협조체제를 강화하여 이를 경찰이 수행하는 모든 업무에 연계시키는 것까지를 포함한다. 따라서 경찰홍보의 의미와 가치를 이해하는 정도에 따라 다양하게 정의할 수 있다.[2]

---

1) '공보'라는 말은 관청이 국민에게 알려야 할 사항을 널리 알리는 것이고, '홍보'는 글자 그대로 '널리 알리는 것'이다. 그러므로 '공보'나 '홍보'나 '널리 알리는 것'이라는 뜻으로는 같으나 '공보'는 그 주체가 공공기관인 것이 특징이고, '홍보'는 그 주체에 구애 없이 공공기관이건 정당이건 단체건, 또 기업체건 간에 필요한 사안을 널리 알리는 것을 가리킨다.

1. 경찰홍보의 개념

1) 협의의 홍보(PR, Public Relations)

경찰의 활동이나 업무와 관련된 사항을 유인물·팜플렛 등 각종 매체를 통해 개인이나 단체에 일방적으로 알리는 활동을 의미한다.[3] 이러한 활동을 통해 경찰은 대국민 신뢰회복과 경찰목적 달성에 유리한 환경을 조성할 수 있다.

2) 언론관계(Press Relations)

신문·잡지·TV나 라디오의 뉴스 프로그램의 보도기능에 대응하는 활동으로, 대개 사건사고에 대한 기자들의 질의에 답하는 대응적(reactive)이고 소극적인 홍보활동이다. 따라서 경찰의 언론관계종사자들은 대개 부정적인 보도를 막고 긍정적인 보도를 늘리는 것을 주목적으로 하고 있다.

3) 지역공동체관계(CR, Community Relations)[4]

미국에서 발달한 개념으로 지역사회내의 각종 기관(미디어, 관공서, 교육기관, 병원 등) 단체 및 주민들과 유기적인 연락과 협조체계를 구축·유지하여 지역사회 각계각층의 요구에 부응하는 경찰활동을 하는 동시에, 경찰활동의 긍정적인 측면을 지역사회에 널리 알리는 종합적인 지역사회 홍보체계를 의미한다. CR은 넓게 보면 PR의 개념에 포함된다고 볼 수 있다.

(1) 경찰 CR의 의의

경찰 CR(Police Community Relations Program)은 경찰과 주민이 자유로운 분

---

2) 경찰대학, 경찰학개론, 용인: 경찰대학, 2003, p.374.

3) PR은 상대방의 지지를 얻기 위한 노력이나 활동이라는 점과 인간의 집단의견에 영향을 미치려고 하는 점에서는 선전과 동일하다. 그러나 선전은 선전자의 이익이나 특정목적을 위하여 선전자의 입장에서 호의적인 정보만을 일방적으로 제공하고 왜곡된 사실을 단순화시켜 감정에 호소하면서 반복적으로 알리는 것이다. 반면 공공관계(PR)는 쌍방적인 교류를 통하여 상호 간에 영향을 미치고 왜곡 없이 사실상의 정보를 제공한다.

4) 김형중 외, 전게서, p.455.

위기 속에서 직접적인 대화를 통하여 문제점을 해결하고, 경찰업무를 설명하여 상호이해와 협력을 얻는 집단별·지역별 공동체제를 장기적으로 축적하고자 접근하는 활동을 말한다.

(2) **경찰 PR의 의의**

공공관계(PR, Public Relations)란 조직의 활동에 대한 공중의 태도를 평가하고 조직의 정책·사업에 대한 공중의 이해·협력과 신뢰를 확보하여 이를 유지·증진시키기 위한 관리활동을 말한다. 따라서 공공관계는 듣는 기능(공청)과 알리는 기능(공보)이 상호복잡·다양하게 교류되는 쌍방적 과정을 그 특징으로 한다.

(3) **PR과 CR의 차이점과 공통점**

경찰 PR과 CR은 아래의 표와 같은 차이점과 공통점을 가지고 있다.

PR과 CR의 차이점과 공통점

구 분	PR	CR
차이점	① 일반국민을 대상으로 한다 (불특정 다수) ② 대중매스컴을 통한 간접 수단적 성격	① 지역사회의 주민과 사회 각 계층의 인사를 대상으로 한다(특정 다수) ② 주민과 대화를 통한 직접 수단적 성격
공통점	① 국민이나 주민 등의 협력을 얻기 위한 활동 ② 대외적 공보활동	

4) 대중매체관계

대중매체관계(Media Relations, Media Services)란 각종 대중매체 제작자와 긴밀한 협조관계를 구축·유지하여 대중매체의 필요를 충족시켜 주면서 경찰의 긍정적인 측면을 널리 알리는 적극적인 활동을 말한다. 대중매체관계 분야에서는 경찰관보다는 전직 언론인·문화산업종사자 등 전문가를 채용하여 활용하는 것이 국제적 추세이다.

5) 기업이미지식 홍보

소비자 주권시대를 맞아 경찰업무의 서비스 개념, 즉 주민을 소비자로 보는 관점에서 발달한 개념이다. 조직이미지를 고양하여 높아진 주민지지도를 바탕으로 예산획득, 형사사법 환경하의 협력확보 등의 목적을 달성하는 종합적이고 계획적인 홍보활동이다.

Ⅱ. 경찰홍보의 목적 및 중요성

1. 경찰홍보의 목적

1) 경찰홍보의 목적은 경찰활동에 대한 국민의 이해와 협력을 구하는 동시에 경찰의 시책이나 활동사항을 국민에게 전달하고, 국민의 경찰에 대한 의견이나 요망을 경찰활동에 반영시키는 데에 있다.

2) 경찰홍보는 국민의 신뢰와 협조를 확보할 수 있는 효과적인 수단이며, 국민의 요구를 정책에 반영할 수 있게 한다. 아울러 경찰홍보는 국민의 알 권리를 충족시키고, 경찰정책의 공공성·객관성·대응성을 촉진시키는 중요한 역할을 한다.

2. 경찰홍보의 중요성

오늘날은 지식정보화 시대로서 국민들은 대중매체에 의해 전파된 정보를 그대로 신뢰하는 경향이 높아지고 있다. 따라서 대중매체에 의한 경찰홍보는 경찰에 유리한 여론을 형성하고 경찰정책결정자들의 관심을 확보하기 위한 주요 수단이 되고 있다는 점에서 중요한 의미를 가진다.

3. 경찰홍보의 특성

경찰홍보는 다음과 같은 특성을 갖고 있다.[5)]

1) 경찰홍보는 경찰과 국민이 상하관계가 아닌 수평적 관계로 인식되어야 홍보자체가 가능하다. 즉, 수평적 지위에 있을 것을 전제로 한다.

2) 경찰홍보는 국민의 입장에서 볼 때 경찰이 현재 및 장래에 대해 어떠한 계획을 수립하고 있는지(경찰정책), 업무수행결과는 어떠한지에 대해 알 권리가 있고, 경찰은 이를 국민에게 알려줄 의무성을 갖는다.

3) 경찰홍보는 국민에 대해 일방적·명령적이어서는 안 되며, 국민의 의견을 수렴하여 정책이나 각종 계획에 반영하도록 하는 상호교류가 있어야 한다. 즉, 쌍방교류적 성격을 가져야 한다.

4) 경찰홍보는 경찰정책이나 업무수행활동에 대하여 국민을 진실하고 객관성 있게 설득하여, 국민으로 하여금 경찰조직을 지지하는 방향으로 유도하는 계몽적·교육적 성격을 가지고 있다.

5) 경찰홍보는 경찰조직에 유리한 정보나 불리한 정보를 모두 알리고 국민의 판단을 기다리는 진실성이 있어야 한다. 이러한 의미에서 경찰홍보는 유리한 정보만을 일방적으로 제공하고 진실을 숨기고 사실을 왜곡하여 감정에 호소하는 선전(propaganda)과는 차이가 있다.

제2절 경찰과 언론

I. 경찰과 언론과의 관계

1. 학자들의 견해

경찰과 대중매체와의 관계는 일반적으로 동반자적 협력관계로 규정하고 있다. 경찰과 대중매체와의 관계에 관한 학자들의 견해는 다음과 같다.

---

5) 김형중, 경찰학개론, 서울: 청목출판사, 2012, pp.399-400.

1) 로버트 마크경(Sir Robert Mark)

1970년대 영국의 수도경찰청장으로서 영국경찰의 주도적 역할을 한 로버트 마크경은 경찰과 대중매체와의 관계를 "단란하고 행복스럽지는 않더라도 오래 지속되는 결혼생활"이라고 비유하면서 적극적인 대 언론정책을 수행하였다.

2) 라이너(Robert Reiner)와 크랜더(Garth Crandom)

라이너와 크랜더는 "경찰과 대중매체는 서로를 필요로 하는 공생관계"에 있다는 점을 강조하였다.[6)]

3) 에릭슨(Richard V.Erickson)

에릭슨은 "경찰과 대중매체는 서로 연합하여 그 사회의 일탈에 대한 개념을 규정하며, 도덕성과 정의를 규정짓는 사회적 엘리트 집단을 구성한다"고 하였다. 즉, 경찰과 대중매체는 서로 얽혀서 범죄와 정의와 사회질서의 현실을 해석하고 규정짓는 사회기구의 역할을 수행한다고 보았다.[7)]

2. 경찰과 언론과의 관계

1) 개요

(1) 경찰과 언론과의 관계 중 가장 본질적인 것 중의 하나는 감시와 견제이다. 경찰은 국가의 법질서 유지 기관으로서 법에 의해 인정받은 범위에서 강제력과 물리력을 행사한다. 이러한 임무를 수행하면서 인권 침해를 빚거나 부당하게 업무를 처리해 사회에 부정적인 영향을 남길 가능성은 언제나 존재한다. 이 때에 언론은 경찰 취재 보도를 통해 경찰이 권한을 남용하지 않고 시민을 위한 법질서 집행기관으로서 본분을 다 하도록 감시하는 역할을 한다.

---

6) Robert Reiner, The Politics of the police, Harvester Wheatsheaf, 1992, p.173; Garth Crandon, The Media View of the Police, Policing, Vol. 6, No. e, Autumn 1990, p.575.

7) Richard V. Erickson, Mass Media, Crime, Law, and Justice－An Institutional Approach, Birth Journal of Criminology, Vol. 31, No. e, Summer 1991, p.223.

(2) 다른 한편으로 언론은 국민을 향한 경찰의 홍보 창구 역할도 한다. 언론은 취재 보도를 통해 경찰의 활동과 업적을 국민에게 널리 알림으로써 경찰에 대한 국민의 이해를 높이며 이들 양자 간의 거리를 좁히는 데 크게 기여할 수 있다.

(3) 경찰과 언론의 관계가 갈등관계인지 아니면 협조관계인지에 따라서 시민의 경찰에 대한 이미지 고양 내지는 범죄예방, 범죄해결 등 여러 가지 역할을 할 수 있을 것이다.[8)]

① 갈등관계

㉠ 경찰과 언론이 항상 좋은 관계만을 유지하는 것은 아니며, 서로 간에 뿌리 깊은 불신이 존재하고 있는 것만은 틀림없는 사실이다. 취재원으로서의 경찰은 폐쇄성을 원칙으로 한다. 즉, 자신에게 유리한 정보만을 제공하고 그 외의 정보를 감추려는 성향을 가지고 있다.[9)]

경찰과 언론은 서로 추구하는 목표(가치)가 같은 경우일지라도 수단과 방법을 달리함에 따라 쉽게 적대·견제관계에 빠질 수 있다. 경찰과 언론의 관계를 '자연스러운 대립관계'라든가 '건설적인 비판자의 관계' 또는 '견제와 균형의 관계'로 규정하는 관점들은 모두 두 제도 간의 그러한 갈등관계를 반영하는 것이라 할 수 있다.

㉡ 경찰과 언론은 대체로 다음과 같은 이유로 갈등관계에 있게 된다. 언론은 원초적으로 주변의 환경을 감시하고, 환경의 요소들 사이의 관계를 밝히며 행위의 처방전을 마련하고, 한 세대에서 다음 세대로 문화를 전승해 주는 기능을 수행한다. 이에 따라 언론은 국민의 이익과 권리의 수호자로 자임하고 국민의 알 권리를 충족시킬 사명을 지닌다. 특히 국민의 알 권리는 공공의 관심사와 깊이 관련되어 있기 때문에, 경찰의 활동은 언론의 주된 표적이 된다. 또한 날이 갈수록 증대되는 공공부문에서의 경찰의 역할 때문에, 언론의 기능 역시 경찰의 권력 남용이나 오용을 감시·고발하며 경찰관들의 과오와 실정을 비판하는 일에

8) 김양현, 경찰과 매스미디어 관계모형 설계에 관한 연구, 사회와 안전, 울산대학교 경비원 교육센터, 제1호, 2011, pp.12－14.

9) 노성호, 경찰의 총기사용과 언론보도, 수사연구, 216호, 2001, pp.18－22.

중점을 두고 수행되지 않을 수 없다. 그 결과 경찰과 언론은 서로 비판적 거리를 유지한다고 할지라도 적대·견제관계에 쉽게 빠지게 된다. 따라서 경찰이 볼 때 언론은 항상 가시 같은 존재로서 인식될 수도 있다.[10]

② **협력관계**

㉠ 경찰과 언론은 상호공생·유착·일체관계에 놓일 때도 있다. 언론은 경찰을 통해서 필요한 정보를 입수하여 기사를 작성한다. 경찰 역시 일방적으로 언론이 요구하는 정보를 제공하기만 하는 것이 아니라 필요에 따라 언론을 이용하기도 한다. 예컨대, 수사관들은 자신들이 수사를 통해서 올린 실적이 언론을 통해서 널리 홍보될 수 있기를 바란다. 그 결과 적절한 언론의 보도로 인해서 수사의 효율성을 증가시키기도 한다.[11]

㉡ 반면, 경찰과 언론이 서로 필요한 존재라고 해서 반드시 공조관계가 된다고는 말할 수 없다. 서로를 필요로 하는 것은 틀림없지만 만약 경찰이 언론의 건전한 비판까지도 용납하지 못하고 언론을 선전이나 여론조작의 도구로 간주하여 경찰에 불리한 정보를 억제하고 유리한 정보만을 보도해 주기를 원한다면, 경찰과 언론은 협조관계가 아니라 견제관계를 넘어서 대립관계로까지 발전할 수도 있을 것이다.

따라서 경찰과 언론이 협력모형으로 발전하려면 자기의 필요성을 상대에게 일방적으로 강요할 것이 아니라, 상대의 존재이유를 바르게 인식하여 그 필요가 제대로 충족되도록 도와주어야 할 것이다. 이것이 진정한 의미에서 협력인 것이다.[12]

㉢ 언론에 의한 협조는 반드시 독립적인 입장에서 자율적인 판단에 따라 이루어져야 하며, 그렇게 하는 것이 단순히 유착관계 내지 일체관계와 구별되는 진정한 의미에서의 협력이 될 수 있는 것이다. 그렇기 때문에 언론은 경찰에 대한 감시와 견제의 고유한 기능을 조금이라도 소홀히 해서는 안 될 것이다.

---

10) M. John, R. Carter, R. Byron and M. Alinski(eds.), The Foreign Press: A Survey of the World's Journalism, Louisiana State Univ. Press, 1970, p.23.

11) 노성호, 전게논문, p.18.

12) 유재천·이민웅, 정부와 언론, 나남출판, 1994, p.40.

Ⅱ. 경찰과 언론의 역할[13)]

1. 범죄예방 및 범죄해결 활동의 기능

1) 급속한 사회 변화 추세에 맞춰 범죄의 주체·방법·동기 등 범죄와 관련된 많은 정보가 하루가 다르게 바뀌고 있다. 이러한 정보를 신속하게 전달하여 사전에 범죄로 인한 피해를 한 건이라도 구제해야 한다는 정신이야말로 경찰이 지녀야 할 기본자세이다. 발생되는 각종 범죄나 검거 사건 중 빨리 전파를 하지 않으면 동일한 피해자가 계속 늘어날 것이 예상되기 때문에, 사건에 대한 언론의 보도에 의해서 이를 사전에 막아야 한다.

2) 최근 범죄 사건을 보면 사회적 이목을 끈 여러 사건이 미제로 남아 있는데 범인들의 수법은 진보하는 반면, 경찰은 수사기법이나 인력 면에서 한계가 있다. 경찰은 사건이 발생할 때마다 광역수사대·과학수사 인력 등을 동원해 수사를 벌이지만, 범인들이 사건 현장에 불을 지르거나 지문·혈흔·체모 등 단서를 남기지 않는 치밀함 때문에 사건 해결에 어려움을 겪고 있다. 하지만 최근의 사건들은 시민의 제보로 인하여 사건해결이 급물살을 타는 경우가 많다. 이처럼 경찰이 범죄를 인지하는 것은 일반적인 사건·사고 발생으로 인한 신고 등에 의해 가능할 수도 있으나, 대부분은 평소언론에 의한 정보를 입수한 주민들의 제보와 신고 등으로 이뤄진다는 사실에 유념하여야 한다.

2. 국민의 알권리 충족을 위한 범죄정보 제공

사람은 생명·신체·재산 등에 대하여 누구나 피해를 입기 싫어하고, 피해를 당한 경우 빨리 해결해 주기를 바라는 것이 초미의 관심 사안들이다. 따라서 경찰은 국민의 기본권인 알권리를 충족시켜 주는 측면에서 중요사건에 대한 정보를 신속하게 제공해 주어야 한다. 특정인에게만 해당되는 사안인 경우에는 사회적 관심이 덜해지지만, 모두에게 적용될 수 있는 가능성이 있는 사안인 경우에는 당연히 관심을 불러일으키게 되는 것이다.

---

13) 김양현, 전게논문, pp.14－18.

3. 경찰권발동의 정당성 확보

1) 경찰의 물리적 강제력 행사와 비판

(1) 경찰의 업무는 일반 시민들에게 편익을 제공하여 주는 측면보다는 규제하고 제한하는 측면이 강하기 때문에, 업무집행에 따르는 긍정적 반응을 기대하기가 어렵다. 예컨대, 폴리스 라인(police line)을 설정하여 경찰이 그 범위 안에서 평화적인 시위가 이루어지도록 통제하는 과정에서 일부가 위반하였을 경우, 경찰은 이를 공권력에 대한 도전으로 여기고 질서유지를 위해서 강력하게 대응을 하게 된다. 이러한 과정에서 시민은 경찰의 물리적 강제력 행사에 의해 신체적 상해를 입을 수도 있다. 이와 같이 경찰의 대응이 합법적으로 이루어졌을지라도, 경찰과 시민 상호 간에 신뢰성이 형성되지 못한 상황에서는 이는 단순히 공권력에 의한 부당한 인권침해로 받아들여지게 된다. 이에 따라 경찰과 접촉한 시민은 경찰에 대한 평가를 주변사람들에게 알리게 되고, 수많은 사람들은 경찰의 야만성에 분노하며, 이에 가세하여 심각한 경우에는 언론에 보도되어 경찰에 대한 비판이 거세게 제기되는 경우도 발생하게 된다.[14)]

(2) **경찰과 언론과의 협조체제의 필요성**

경찰의 물리적 강제력 행사와 관련된 상황에서 경찰과 언론과의 관계가 협조체제를 가지고 있다면, 언론의 입장에서도 '이래도 되나'라는 막무가내의 보도보다는 경찰권의 발동에 대한 상세한 내용과 함께 '왜 경찰이 시위진압을 강경하게 대처해야 했는가'를 시민들에게 설명해 줄 것이고 시민들은 경찰의 대응에 대하여 신뢰를 표하게 될 것이다. 왜냐하면 사회안전이라는 전체적인 틀에서 보았을 때, 경찰의 강경대응보다는 시민의 법규위반이 더 잘못되었다고 인식할 수 있기 때문이다.[15)]

---

14) 최선우, 경찰과 커뮤니티, 서울: 대왕사, 2003, p.161.
15) 최선우, 상게서, p.162.

4. 시민과의 관계 개선

1) 경찰과 시민 간의 비밀이 많을수록 상호 간의 진정한 이해 및 협력은 이루어지기 어렵다. 경찰조직 스스로가 정보공개를 꺼려함으로써 업무의 원활한 수행에 장애를 가져오고, 아울러 부정부패문제가 보다 심각한 수준에 이르게 된다. 오늘날 부정부패해결에 대해 전 세계가 공통적으로 인정하는 대안이 바로 '투명성'이라는 점에 주목할 필요가 있다.

2) 현대의 경찰활동은 자의적이든 타의적이든 간에 정보공개를 통해서 공공관계를 개선시키지 않으면 안 될 시점에 이르렀다. 즉, 경찰이 무슨 일을 수행하고 있으며, 어떠한 어려움을 안고 있는지를 시민에게 공개하고 시민의 이해를 이끌어 내야 할 시점에 이른 것이다. 이제는 시민의 경찰에 대한 이해를 바탕으로 시민의 능동적인 협력을 이끌어 내지 않고서는 경찰활동이 성공적으로 이루어지는 것을 기대하기는 어렵다.[16]

제 3 절 경찰홍보전략 및 언론에 의한 피해 구제방안

1. 경찰홍보전략의 유형

1) 소극적 홍보전략

경찰청과 지방경찰청의 언론에 대한 소극적 홍보전략으로는[17] 공보실과 기

16) 최선우, 상게서, p.163.

17) 1) 소극적 홍보전략으로는

① 현행공보실과 기자실의 운영－공보실에서 보도자료를 기자실에 배포하고 출입기자의 취재에 협조하는 방식이다.

② 비밀주의와 공개최소화의 원칙－기자들에게 경찰의 각종 정보·기록·자료와 의견에 대한 공개는 최소화하고 가능한 범위에서 비밀을 유지하는 것을 원칙으로 한다.

③ 언론접촉규제－청장이나 서장의 허락 없이 경찰관의 개별적인 언론접촉은 금지되어야 하며, 이는 조직문화를 통하여 수행되고 있다.

④ 홍보와 다른 기능의 분리－경찰공보기능과 타기능의 유기적인 협조체제가 구축되지 않아 공보기능이 실질적인 언론관계를 수행하지 못하는 공보기능의 고립화를 초래하고 있다.

자실 운영·비밀주의와 공개최소화의 원칙·언론접촉규제·홍보와 다른 기능과의 분리 등을 들 수 있다.

2) 적극적 홍보전략

영미의 선진경찰에서는 적극적인 홍보전략을 구사하고 있는데, 그 대표적인 예가 대중매체의 적극이용(예: 전직 언론이나 전문가를 채용하여 홍보업무 수행 등)·공개주의와 비밀최소화의 원칙(예: 영국경찰은 필요최소한을 제외하고는 모두 공개하는 공개정책을 채택하고 있음)·모든 경찰관의 홍보요원화[18]·홍보와 다른 기능의 연계를 통한 총체적 홍보전략(예: 영미 등 선진경찰은 전 기능의 업무처리에 대하여 언론홍보실이 대 언론관계의 창구역할을 담당함)을 수행하고 있다.

2. 경찰홍보와 법적·사회적 문제

경찰홍보는 '개인의 비밀의 자유'와 '국민의 알 권리'의 충돌 가능성이 크기 때문에 양자의 적절한 조화가 필요하다. 이를 위해서는 법적·사회적으로 준수해야 할 몇 가지 원칙들이 있다.

1) 범죄사실이라도 공공의 이익을 위한 것이 아닌 때에는 발표해서는 안 되며, 이를 사생활과 인권보호 우선 원칙이라고 한다. 그러나 연예인이나 정치인은 사생활 보호의 필요성보다 국민의 알 권리의 충족이 더 중요하다고 볼 수 있으므로, 공개의 필요성이 일반인보다 더 크다는 공적 인물론이 적용된다.

2) 발표내용은 범죄사실 및 밀접하게 관련된 사실에 국한되어야 하고, 진실

---

2) 소극적 홍보전략의 문제점으로는 첫째, 경찰 관련 정보를 체계적·총체적으로 관리하지 못하고 있다. 둘째, 언론에 정통하거나 언론 관련 전문지식을 갖추고 있는 것도 아니어서, 경찰과 언론관계를 주도하는 역할도 수행하지 못하고 있다. 셋째, 경찰의 공보기능은 비록 기자실을 운영하며 출입기자들과 친분을 유지하고 있으나 정작 기사에 필요한 정보자료는 파악하지 못하기 때문에 기자들은 사건사고 발생 시 공보담당자보다는 실무자를 찾아 직접 정보자료를 입수하고 있으며, 이로 인해 실제 업무수행에 많은 지장을 초래하고 있다.

18) 우리나라 경찰은 사적으로 언론을 접촉하는 것이 금지되어 있다. 그러나 영·미 등 선진경찰에서는 모든 경찰관들에게 특정 사안(내부비리·경호 등)을 제외한 모든 경우에 자유로이 언론을 접촉하도록 허용함으로써 전 경찰의 홍보요원화를 시도하고 있다(표창원, The Police and CrimeWatch U.K.:A Study of Use of Crime Reconstruction and Witness Appeal Programmes in Britain, 한국문화사 학위논문, 1998, pp.95-96).

의 증명이 불가능한 사실 등은 발표되어서는 안 된다.

3) 청소년 범죄의 소년범이나 성범죄자는 실명으로 발표할 수 없다. 그러나 「아동·청소년 성보호에 관한 법률」에 의해 일정한 자는 판결확정 후 일정한 절차를 거쳐 신상을 공개할 수 있다.

4) 발표담당자는 발표할 수 있는 책임 있는 지위에 있는 자가 하여야 하며, 이를 「책임 있는 지위에 있는 자의 발표원칙」이라고 한다. 따라서 보도자료 발표 등은 경찰서장이나 형사·수사과장 등 책임 있는 간부가 해야 하고, 지방청장이나 경찰청장은 극히 중대한 사안일 경우를 제외하고는 직접 나서서 발표하는 것은 바람직하지 않다.

3. 언론에 의한 피해 구제방안

국민이나 경찰관이 언론사의 언론 보도로 인하여 명예나 권리 그 밖의 법익에 관하여 침해를 받았을 때 어떻게 구제받느냐 하는 방안에 관한 문제이다.

1) 행정상 구제

행정상 구제는 「언론중재 및 피해구제 등에 관한 법률」상의 정정보도청구권·반론보도청구권·추후보도청구권 등이 있다.

(1) **정정보도청구권**[19]

정정보도청구권은 「언론중재 및 피해구제 등에 관한 법률」과 「공직선거법」 등의 법적 근거를 통하여 사실적 주장에 관한 언론보도가 진실하지 아니함으로 인하여 피해를 입은 자가 그 보도에 관한 정정보도를 언론사에 청구하는 것을 말한다. 이러한 경우, 당해 언론보도가 있음을 안 날부터 3월 이내에 또는 언론보도가 있은 후 6개월 이내에 그 보도 내용에 관한 정정보도를 언론사에 청구할 수 있다. 정정보도청구는 언론사의 대표자에게 서면으로 신청하여야 하며, 정정보도의 청구에는 언론사의 고의·과실이나 위법성을 요하지 아니한다.

19) 언론중재 및 피해구제 등에 관한 법률 제14조.

(2) **반론보도 청구권**

사실적 주장에 관한 언론보도로 인하여 피해를 입은 자는 그 보도내용에 관한 반론보도를 언론에 청구할 수 있다. 이때 보도의 청구에는 언론사의 고의·과실이나 위법함을 요하지 아니하며, 보도내용의 진실 여부를 불문한다. 반론보도청구에 관하여는 정정보도에 관한 규정을 준용한다.

(3) **추후보도 청구권**

언론에 의하여 범죄 혐의가 있거나 형사상의 조치를 받았다고 보도 또는 공표된 자는 그에 대한 형사절차가 무죄판결 또는 이와 동등한 형태로 종결된 때에는 그 사실을 안 날부터 3월 이내에 언론사에 이 사실에 관한 추후 보도의 게재를 청구할 수 있다.[20]

(4) **조정**[21]

언론중재법에 따른 정정보도청구·반론보도청구 및 추후보도청구와 관련하여 분쟁이 있는 경우 피해자 또는 언론사는 중재위원회에 조정을 신청할 수 있다. 조정은 관할 주재부에서 하며, 조정은 신청 접수일부터 14일 이내에 하여야 한다. 중재부의 장은 조정신청을 접수한 때에는 지체 없이 조정기일을 정하여 당사자에게 출석을 요구하여야 한다.

① **기간과 방법**

정정보도청구 등과 손해배상의 조정신청은 당해 언론보도가 있음을 안 날부터 3월(있은 날부터 6월)의 기간 이내에 구술이나 서면 등의 방법으로 한다. 피해자가 언론사에 정정보도 등을 청구한 때에는 피해자와 언론사 간의 협의가 불성립된 날부터 14일 이내에 하여야 한다.

---

20) 언론중재 및 피해구제 등에 관한 법률 제16조.
21) 언론중재 및 피해구제 등에 관한 법률 제18조·제19조.

② 조정에 의한 합의 등에 효력

조정 결과 당사자 간에 합의가 성립하거나 합의가 이루어진 것으로 간주되는 경우 및 직권 조정 결정에 이의 신청이 없는 때에는 재판상 화해와 동일한 효력이 있다.[22]

(5) **중재**

당사자 쌍방은 정정보도청구 또는 손해배상의 분쟁에 관하여 중재부[23]의 종국적 결정에 따르기로 합의하고 언론중재위에 중재를 신청할 수 있다. 중재결정은 확정판결과 동일한 효력이 있다.[24]

(6) **소송**

피해자는 당해 언론보도가 있음을 안 날부터 3월(있던 날부터 6월)의 기간 이내에 법원에 정정보도청구 등의 소(訴)를 제기할 수 있을 뿐만 아니라, 사전에 중재위의 중재를 거치지 아니하고 정정보도청구 등의 소를 제기할 수 있다. 법원은 언론보도 등에 의하여 피해를 받았음을 이유로 하는 재판은 다른 재판에 우선하여 신속히 하여야 하며, 정정보도 등의 접수 후 3월 이내에 판결을 선고하여야 한다.[25]

(7) **언론중재위원회**

언론 등의 보도 또는 매개로 인한 분쟁 조정·중재 및 침해사항을 심의하기 위하여 언론중재위를 두고 있으며, 중재위원은 문화체육관광부 장관이 위촉한다.

언론중재위원회는 40인 이상 90인 이내의 중재위원으로 구성하며, 재적위원 과반수의 출석과 출석위원 과반수의 찬성으로 의결한다.

---

22) 언론중재 및 피해구제등에관한 법률 제23조.

23) 중재는 5인 이내의 중재위원으로 구성된 중재부에서 하되, 중재부의 장은 법관 또는 변호사의 자격이 있는 중재위원 중에서 언론중재위원회 위원장이 지명한다. 중재부는 중재부의 장을 포함한 과반수의 출석과 출석위원 과반수의 찬성으로 의결한다(언론중재 및 피해구제 등에 관한 법률 제9조).

24) 언론중재 및 피해구제 등에 관한 법률 제25조.

25) 언론중재 및 피해구제 등에 관한 법률 제27조·제29조.

(8) **언론보도 관련 용어**

경찰홍보와 관련된 언론보도 관련 용어들을 살펴보면 다음과 같다.[26)]

① **엠바고**(embargo)

엠바고는 어느 시한까지 보도하지 않을 것을 전제로 자료제공이 이루어지는 보도유예를 말한다(예: 미성년자 납치사건 발생 등).

② **보도용 설명**(on the record)

제공하는 정보를 즉시 기사화 할 수 있는 경우를 말하며, 취재원의 이름과 직책이 기사에 이용될 수 있고, 대부분의 보도자료 제공에는 이 방법을 사용한다.

③ **오프더 레코드**(off the record)

오프더 레코드는 기록에 남기지 않는 비공식발언을 말한다. 즉, 자료나 정보를 제공하는 사람이 보도하지 않을 것을 조건으로 오프더 레코드를 요구하는 경우 기자는 그것을 공표하지 않겠다고 약속하거나 취재를 유보하는 경우를 말한다.

④ **이슈**(issue)

일정시점에서의 중요한 사안으로 토론이나 논쟁·갈등이 되는 사회·문화·경제·정치적 관심이나 사고(思考)를 말한다.

⑤ **데드라인**(deadline)

기사 마감시간, 즉 취재된 기사를 편집부에 넘겨야 하는 한계시간을 말한다. 이 시간을 넘기면 그 날은 보도할 수 없으므로 그날 취재한 기사를 편집자에게 넘기기 위해서 각 신문사·방송국간에 격렬한 경쟁을 벌이게 되는 것도 이 때문이다.

⑥ **리드**(lead)

기사 내용을 요약해서 1－2줄 정도로 간략하게 쓴 글을 말한다.

---

26) 김형중, 전게서, p.404.

⑦ **가십**(gossip)

"모든 역사는 가십이다(All history gossip)"[27]라는 용어는 미국의 존. F 케네디 전 대통령이 한 말이다. 가십이란 신문·잡지 등에서 개인의 사생활에 대하여 소문이나 험담 따위를 흥미본위로 다룬 기사를 말하며, 신문·잡지 등에 이러한 기사를 싣는 지면을 가십난이라 한다.

---

27) 김상운, 천재이야기, 이가서, 2005, 책표지 뒷면에 기록되어 있음.

제 7 장

경찰책임과 통제

제 7 장 경찰책임과 통제

제 1 절 경찰책임

Ⅰ. 경찰책임의 의의

오늘날 행정권의 확대 및 강화현상은 필연적으로 관료권력의 비대화를 초래하게 되었다. 따라서 자연히 권력남용의 가능성에 대한 통제가 필요하게 되었고, 이에 따라 행정책임론이 대두하게 되었다. 사실상 어느 나라의 경우를 막론하고 정도의 차이는 있겠으나 행정권이 상대적으로 강화되고 있으며, 또 행정인의 재량의 범위가 커져 가고 있기 때문에, 행정책임의 문제는 더욱 중요시되고 있다.

무릇 민주주의 국가에 있어서의 경찰행정은 이념상으로 볼 때 주권자인 국민의 요구를 구체적으로 실현함을 목적으로 하고 있는 것이므로, 책임정치의 구현이라는 관점에서의 경찰행정에 대한 책임론은 중대한 의의를 지니고 있다.[1)]

---

1) 신두범 · 오무근, 전게서, pp.104－109.

1. 외재적 책임의 의의

책임행정이란 "행정부가 수행하는 일정한 사항에 관한 외부기관(입법부·사법부)의 문책에 대하여 충분한 근거를 가지고 설명 또는 답변할 수 있는 행정을 말한다"고 할 수 있다. 그러므로 여기서는 항상 행정에 대한 행정부의 설명 가능성 또는 답변 가능성이 책임의 본질이 되는 것이다. 책임에 대한 위와 같은 해석을 보통 외재적 책임론이라고 한다.[2)]

그러나 행정은 단순히 법률의 집행과정에서 끝나는 것은 아니다. 이에 대하여 마쓰(A. A. Maass)와 래드웨이(L. I. Radway)는 "종래 미국학자 중에는 행정관은 정책의 집행에 관해서만 책임을 지며, 정책의 형성에 관해서는 책임을 지지 않는다고 하는 생각이 지배적이었으나, 현실적으로 볼 때 정책은 형성되면서 집행되는 것"[3)]이 라고 표현하고 있기도 하다. 이런 맥락에서 보면, 현대행정에 있어서의 책임은 정책의 형성으로부터 정책의 재량적 집행에 이르기까지의 모든 과정에 대한 책임이라고 하겠다.

2. 내재적 책임의 의의

길버트(C. E. Gilbert)는 1950년대에 발간한 행정책임론에서 특히 내재적 책임을 강조하였다. 이것은 행정책임의 중점이 외재적 책임으로부터 내재적 책임으로 옮겨졌음을 뜻하는 것이라고 하겠다. 그는 '책임행정이 내포하는 가치 내지 특질'로서 응답성(Responsiveness)·신축성(Flexibility)·일관성(Consistency)·안정성(Stability)·지도성(Leadership)·성실성(Probity)·공정성(Candor)·유능성(Competence)·유효성(Efficacy)·신중성(Prudence)·정당절차(Due process) 및 설명가능성(Accountability)의 열두 가지 항목을 들고 있다.[4)]

---

2) Charles E. Gilbert, "The Framework of Administrative Responsibility," Journal of politics(August 1959), p.382

3) A.A. Maass and L.I. Radway, "Gauging Administrative Reponsibility," Public Administration Review, vol. 9, no. 3, pp.183－184.

4) Charles E. Gilbert, op. cit., pp.374－378.

그런데 위에서 길버트(C. E. Gilbert)가 열거한 신축성·일관성·성실성·지도성 등은 의회나 법원과 같은 외재적 기관에 의해서 전혀 확보되지 않는 것은 아니지만, 그것은 오히려 행정부 내부의 여러 가지 통제수단에 의해서 확보된다고 볼 수 있다. 따라서 외재적 통제보다는 내부적 통제가 필요하며, 그러기 때문에 내재적 책임론 또는 자율적 책임론이 대두되는 이유가 있는 것이다.

Ⅱ. 행정책임의 기준

일반적으로 지적되고 있는 책임의 기준을 열거하면, 1) 공익이라는 규범적인 것, 2) 행정인의 근무규율과 같은 윤리적 기준 및 행정에서 요청되는 기술성, 3) 합법성, 4) 이익단체의 요청 등을 들 수 있다.[5]

그런데 여기서 유의하여야 할 것은 공익이라는 개념을 어떻게 보아야 하느냐하는 것이다. 즉, 종래의 실체설에 의하면 공익을 국가 또는 민족의 이익에 일치되는 것으로 규정하여 전적으로 공익에의 헌신만을 요청해 왔으며, 이의 결정은 당연히 집권자가 하는 것으로 생각하였던 것이다.[6]

제 2 절 경찰통제

Ⅰ. 개 설

1. 경찰통제의 개념

경찰은 강제력을 포함하는 강력한 권한을 가지고 있고, 그 업무가 국민들의 일상생활과 밀접한 관계를 가지고 있을 뿐만 아니라 정보수집활동 등 그 업무범위가 매우 광범하고 다양한 특성을 가지고 있다.[7]

---

5) John M. Pfiffner and Robert V. Presthus, Public Administration(New York: Ronald, 1960), p.553.

6) 박동서, 한국행정론, 법문사, 2002, pp.247－252.

따라서 경찰통제는 경찰의 기본임무 수행이라는 경찰조직의 목표를 성취하기 위하여 사전에 설정된 기준으로부터 일탈된 행위를 적발하여 시정조치하거나, 또는 법적인 제재를 가함으로써 경찰활동의 합목적성과 합법성을 확보하기 위한 제도적 장치 또는 활동을 총칭하는 말이라고 정의할 수 있다. 이런 맥락에서 경찰통제는 경찰기본임무를 전제로 그 수행을 확보하기 위한 하나의 수단으로 설명될 수 있다.

2. 경찰통제의 필요성

경찰통제는 경찰에게 부여된 책임이행을 확보하기 위하여 어느 행정기관보다 다음과 같은 이유로 통제의 필요성이 더 강조되고 있다.

1) 국민의 인권보호

경찰작용은 사회공공의 안녕과 질서를 유지하기 위하여 국민의 권리와 자유를 침해하는 전형적인 권력적·명령작용이기 때문에, 필연적으로 인권문제가 수반된다. 따라서 이러한 인권침해문제가 없도록 적절한 경찰통제가 이루어져야 한다.

2) 법치주의 도모

법치주의 원칙상 경찰권의 발동에는 반드시 법률의 근거가 있어야 하나, 경찰작용은 목전의 급박한 위험방지나 장해제거 등의 경찰업무 특성상 상당 부분 경찰에게 재량권을 부여하고 있다. 따라서 과대한 재량권 일탈남용으로 인하여 법적 안정성이 흔들릴 수 있으므로, 이를 방지하기 위하여 적절한 경찰통제가 수반될 필요가 있다.

7) 강용길 외, 경찰학개론, 경찰공제회, 2009, p.331.

3) 민주적 운영의 확보

경찰의 민주적 운영은 경찰법이 정하는 기본 이념이다.[8] 민주주의를 기본 이념으로 하는 경찰은 민주주의를 수호하기 위한 조직으로서, 민주적으로 조직되고 운영·관리되어야 한다. 따라서 경찰의 특성상 경찰의 민주적 운영은 반드시 준수되어야 하고, 이를 달성하기 위해서는 적절한 경찰통제가 필요하다.

4) 정치적 중립확보

경찰의 공정한 법집행을 위해서는 정파적 이해로부터 독립적이어야 한다. 경찰이 정부수립 이후 정권의 시녀라는 오명을 벗고 공정한 법집행이라는 본래의 기능을 확보하기 위해서는 경찰통제의 강화가 반드시 필요하다.

5) 조직의 건전성 유지

경찰통제는 조직 자체의 부패를 방지하고 건전성을 유지하기 위해서도 필요하다. 경찰은 전국망을 갖고 있는 경찰조직으로 대규모 경찰인력, 막대한 예산 및 장비 등의 운영에 있어 낭비나 방만한 요소, 그리고 부조리가 없는지를 점검하여 조직의 건전성을 유지시킬 필요가 있다.

Ⅱ. 경찰통제의 원칙과 기본요소

1. 경찰통제의 원칙

경찰통제는 경찰의 목적을 달성하기 위하여 경찰에게 부여된 책임을 이행케 하는 기능이다. 따라서 그 목적에서 벗어나지 않도록 일정한 원칙에 따라 이루어져야 한다.

---

8) 경찰법 제1조.

1) 접합성의 원칙

경찰통제는 목적이나 기준에 적합한 수단을 활용해야 한다.

2) 신축성의 원칙

통제과정에서 부적합한 요인이 발견되면 즉시 이를 시정하고, 적절한 통제가 이루어질 수 있도록 하여야 한다.

3) 적정성의 원칙

경찰통제는 과도하거나 과소할 경우 융통성이나 창의성을 저해할 우려가 있기 때문에, 적정하게 행사되어야 한다.

4) 효율성의 원칙

경찰통제는 경비·시간·노력 등의 투입에 비하여 얻게 되는 산출, 즉 효과 또는 실이익 최소한의 수준을 상회하는 것이어야 한다.

5) 이해가능성의 원칙

경찰조직의 모든 관리자는 왜 통제를 해야 하는가의 목적의식과 어떤 식으로 부하들을 통제해야 할 것인가 하는 통제방법도 이해하고 있어야, 경찰통제가 효과를 볼 수 있다.

2. 경찰통제의 기본요소[9)]

1) 권한의 분산

(1) 절대권력은 반드시 부패하게 되어 있다. 권한이 중앙이나 일부에 집중되어 있을 때, 남용의 위험이나 정치적 유혹 또는 이용의 대상이 되기 쉽다. 과거 절대왕권시대의 유럽대륙이나 일본의 경찰국가의 교훈은 이를 잘 보여 주고 있다.

9) 강용길 외, 경찰학개론, 경찰공제회, 2009, pp.315−337.

(2) 오늘날 일부국가에서는 지방통제라 하여 지방으로의 권한 분산, 즉 자치경찰제를 운영하고 있는 경우가 있다. 그러나 권한의 분산은 반드시 자치경찰제의 시행만을 의미하는 것은 아니며, 경찰의 중앙조직과 지방조직 간의 권한의 분산, 상위 계급자와 하급 계급자 간의 권한의 분산 등이 더욱 필요하다 하겠다.

2) 공개(Opening)

(1) 종래 행정기관은 비밀주의에 입각하여 행정이 가지고 있는 각종 정보를 폐쇄적으로 관리해 왔다고 해도 과언은 아닐 것이다. 그러나 오늘날 국민의 알 권리를 보장하고 국정에 대한 국민의 참여와 국정운영의 투명성을 확보함을 목적으로 행정기관의 정보공개가 강력히 요청되고 있으며, 정보의 공개는 행정통제의 근본이 되고 있다. 왜냐하면 정보가 공개되지 아니하면 참여할 수 없고, 참여 없이는 통제가 불가능하기 때문이다.

(2) 우리나라에서도 이와 같은 취지에 따라 「공공기관의 정보공개에 관한 법률」이 제정되어 1998년 1월 1일부터 시행되고 있으며, 동 법률은 원칙적으로 행정기관의 정보공개를 의무화하고 있다(제3조). 따라서 적용제외대상(제9조)에 포함되지 아니하는 한 경찰기관의 정보도 공개에 예외일 수 없다.

3) 참여(Participating)

(1) 공개와 함께 오늘날 경찰행정을 크게 변화시켜 나갈 또 하나의 축으로 절차적 참여의 보장을 들 수 있다. 종래 행정은 법에서 인정하고 있는 실체적 권리에 역점을 두고, 단순히 그러한 권리가 사후적·결과적으로 침해되었는가에 주안점을 두어 왔다. 이에 따라 주권자인 국민에게는 사전적 절차로서 자기의 권리를 보호해 나가기 위해 행정에 참여할 기회가 인정되지 않아, 행정의 절차적 통제가 소홀히 되어 온 것 또한 사실이다.

(2) 그러나 오늘날 국민에게는 국민의 행정참여를 도모함으로써 행정의 공정성, 투명성·신뢰성을 확보하고 국민의 권익을 보호할 목적으로, 행정절차법에 의한 절차적 원리가 보편적으로 인정되기에 이르렀다. 이와 같은 요구는 경찰기

관에 대해서도 마찬가지로 작용되고 있다. 한편, 이와 같은 국민의 개별적 참여 절차 외에도 민주적 통제장치의 일환으로서 경찰위원회가 구성되어 있는 등 제한적이나마 간접적 참여의 장치도 마련되어 있다.

4) 책임(Accountability)

경찰에 대한 통제과정에서 잘못이 드러날 경우 책임져야 하는 것을 말한다. 이에는 구성원 개인책임과 조직책임이 있다.

(1) 개인의 책임은 경찰개개인의 위법행위나 비위에 대하여 민·형사상책임이나 징계책임 등을 지는 것이다.

(2) 조직책임은 경찰기관이 행정에 대하여 조직으로서 지는 책임을 말한다. 문제는 조직의 구조적인 정책결정의 과오나 구조적인 문제점 등에 대해서는 아무도 책임지려고 하지 않는 경향이 만연하고 있다는 데 그 심각성이 있다. 그 결과 경찰공무원 개인의 징계책임은 지나치게 무거운 대신, 관리자의 정책결정 책임이나 조직을 개혁하지 않은 책임 등은 경시되기 쉽고, 나아가 조직은 구습은 반복하고 개혁이나 발전 없이 똑같은 정체의 과정 속에 빠지게 되는 것이다. 따라서 책임추궁은 단순히 처벌의 문제라기보다는 발전을 위한 과정으로 이해해야 한다.

5) 환류(Feedback)

만약 경찰통제의 결과에 따라 책임을 추궁하는 데 그치고 만다면, 통제의 참다운 의미는 사라질 것이다. 환류는 경찰행정의 목표와 관련하여 그 수행과정의 적정 여부를 확인하는 과정으로, 이의 확인 결과에 따라 책임을 추궁하고 나아가 환류를 통하여 발전적 개선을 유도하는 것이 최종적으로 거쳐야 할 단계이다.

Ⅲ. 경찰통제의 유형

1. 민주적 통제와 사법적 통제

민주적 통제와 사법적 통제의 구분은 영미법계와 대륙법계경찰전통의 구별과 깊은 관계가 있다. 영미법계 국가에서는 주로 민주적 통제에 의존하는 반면, 대륙법계 국가에서는 법원에 의한 통제방식을 채택하고 있다.

1) 민주적 통제

민주적 통제는 경찰의 민주성 확보를 위한 제도적 장치의 마련에 중점을 두는 절차적·사전통제 중심의 제도이다. 즉, '적정절차의 원칙(Due Process of law)'에 중점을 두어, 시민이 직접 혹은 그 대표기관을 통해 경찰행정에 참여하고 경찰조직을 감시하는 시스템을 구축하고 있다. 예컨대, 경찰위원회 제도·경찰책임자의 주민선거·자치경찰제도 등을 들 수 있다.

2) 사법적 통제

사법적 통제는 경찰행정에 대한 법적 통제(사법제도)에 중점을 두는 실체적·사후통제 중심의 제도이다. 즉, '실체적 권리보장'에 중점을 두어 법원이 행정부의 행위를 심사함으로써, 행정부를 통제하는 시스템을 구축하고 있다. 예컨대, 국가배상제도·행정소송제도 등을 들 수 있다. 대륙법계에 속하는 우리나라는 1991년 경찰위원회제도를 도입하고 있으나, 행정안전부장관의 재의요구권 때문에 명실상부한 민주적 통제로 보기는 어렵다. 주로 '행정소송법'과 '국가배상법'에 따르는 '행정소송제도와 국가배상제도'에 크게 의존하고 있다.

2. 외부통제

경찰통제는 내부적 통제의 확보가 가장 바람직하나, 현실적인 여건상 외부적 통제의 필요성이 증가하고 있다. 경찰에 대한 외부통제는 주로 경찰의 민주성을 확보하기 위한 것에 그 목적을 두고 있다. 외부통제는 어느 기관이 통제하느냐에 따라 경찰위원회통제, 입법통제, 사법통제, 행정통제, 시민에 의한 통제(민중통제) 등으로 나눌 수가 있다.

1) 경찰위원회 통제

경찰위원회는 경찰조직이 아니라 행정안전부장관 소속하에 되어 있기 때문에, 외부적 경찰통제 장치로 분류된다. 경찰위원회 통제는 다른 외부통제와는 달리 경찰만을 대상으로 하는 통제 방법이다. 경찰위원회는 1991년 경찰법의 제정과 더불어 행정안전부에 설치된 민간인으로 구성된 합의체 기관이지만, 동위원회가 형식적 수준에 머물러 있어 외부적 통제기능을 제대로 수행하지 못한다는 비판도 있다. 그러나 경찰의 주요정책과 업무 전반을 심의 및 의결한다는 점에서 의의가 매우 크다고 보아야 한다.

2) 입법부 통제

입법부 통제는 가장 오래된 경찰통제방법 중의 하나로써, 경찰조직에 대한 강력하고 실질적인 통제력을 행사한다. 입법부에 의한 경찰통제는 경찰 관련 법률제정 시 입법심의, 치안정책이나 경찰행정에 대한 국정조사 및 감사, 경찰예산 심의, 경찰청장 임명동의 및 해임건의, 경찰조직 신설·폐지, 불신임결의 등을 통하여 경찰을 통제한다.

3) 사법부 통제

국민이 경찰에 의하여 위법 또는 부당하게 권익을 침해당한 경우 사법부가 이를 구제하거나 또는 행정명령의 위헌·위법여부를 심사함으로써, 경찰행정에 대한 통제권을 행사하는 사후적 통제이다.

사법부 통제에는 여러 방법이 있다.

(1) 위법한 경찰처분 등의 행위에 대하여 취소나 손해배상 등의 책임을 묻는 형식으로 이루어진다. 이에 따라 국민은 경찰관청의 위법한 처분이나 그 밖의 공권력의 행사 또는 불행사로 인하여 권리 또는 이익의 침해를 받은 경우에

는 항고소송 등의 행정소송을 통하여 구제받을 수 있다. 또한 경찰공무원의 위법한 행위로 손해를 입은 국민은 국가를 상대로 손해배상을 청구할 수 있다.

(2) 경찰공무원 개인의 위법한 행위에 대하여 민·형사상 책임을 물을 수 있다는 측면에서 가장 실효성이 큰 통제로 볼 수 있다.

(3) 경찰수사권 발동과 관련하여 영장실질심사제도, 체포 및 구속의 적부심사제도, 위법하게 수집된 증거의 배제, 미란다 원칙 고지 등도 사법부 통제에 해당된다고 볼 수 있다.

(4) 법원의 판결은 판례법의 형성을 통하여, 경찰이 법원의 판결내용에 반하는 행위를 하지 못하도록 하는 효과도 있다.

4) 행정부에 의한 통제

행정부에 의한 통제는 다시 다양한 기관에 의한 통제로 세분될 수 있다.

(1) 대통령에 의한 통제

행정부의 수반인 대통령은 경찰청장의 임명권·경찰위원회 위원의 임명 등을 통하여 경찰 조직을 통제할 뿐만 아니라, 청와대 사정반을 통해 경찰공무원에 대한 사정활동, 공·사생활 감찰 실시, 그리고 행정수반으로서 경찰의 주요정책결정을 통하여 경찰을 통제할 수 있다.

(2) 행정안전부장관에 의한 통제

경찰청은 행정안전부장관 소속하에 두게 되어 있다. 따라서 행정안전부장관은 경찰청장과 경찰위원회 위원의 임명제청권을 통하여 경찰을 통제할 수 있다.

(3) 국가인권위원회에 의한 통제

국가인권위원회는 경찰서 유치장이나 사법경찰관리가 그 직무수행을 위해 사람을 조사·유치하거나 또는 수용하는 시설에 대해 방문조사권을 행사하여 경찰통제를 할 수 있다.

(4) **국민권익위원회에 의한 통제**

국민권익위원회는 과거 국민고충처리위원회와 국가청렴위원회, 그리고 국무총리산하의 행정심판위원회가 해왔던 기능 등을 수행하고 있다.

① 고충민원의 처리와 이와 관련된 불합리한 행정제도 개선
② 공직사회 부패예방·부패행위 규제를 통한 청렴한 공직 사회풍토 확립
③ 행정쟁송을 통하여 행정청의 위법·부당한 처분으로부터 국민의 권리보호를 수행함으로써, 그러한 범위 내에서 경찰에 대한 통제기능을 수행한다.

(5) **시민에 의한 통제**(민중통제)

시민에 의한 통제는 국민이 직접 경찰을 통제하는 방법으로 최근에 그 중요도가 부각되고 있는 실정이다. 시민에 의한 통제는 입법통제 및 사법통제가 가진 일정한 한계를 보완하기 위한 수단으로 등장하게 되었다. 시민에 의한 경찰통제는 여론·이익집단·언론기관·정당·비정부기구(NGO)[10] 등에 의해 이루어진다. 여론은 통상 정당이나 매스컴·언론기관과 지식인 등에 의해 형성되며, 이러한 여론은 언론보도를 통해서 정책수립 등에 영향력을 행사하게 되었다. 따라서 오늘날 여론의 역할이 경찰통제방법으로 매우 중시되고 있다.

3. 내부통제

내부통제는 경찰행정의 능률성을 확보하는 데 주된 목적이 있다. 이에는 청문감사관제도·징계제도·훈령권 및 직무명령권, 행정심판의 재결권 등이 있다.

---

10) 비정부기구(NGO, NON－Governmental Organization)는 어떠한 정부의 간섭도 받지 않고 시민 개개인 또는 민간단체들에 의해 조직된 단체를 말한다. NGO는 국제연합헌장에 따라 국제연합경제이사회의의 자문기관으로 인정받고 있다. 비정부기구는 정치, 경제, 교통, 환경, 의료사업 등 모든 분야에 걸쳐 활동하고 있다. 국제적으로 인지도 있는 비정부기구로는 <국제사면위원회>, <국경없는 의사회>, <그린피스> 등을 들 수 있다. 경찰은 NGO의 협력을 강화하여 사회 각계각층의 경찰지원 세력을 확보할 수 있다.

1) 청문감사관 제도

경찰청 내에는 감사관(경무관), 지방경찰청에는 시도별로 감사관을 두고 있다. 경찰청 감사관은 그 밑에 사정·비위조사 등의 처리를 하는 감찰담당관과 감사일반과 다른 기관에 의한 감사의 처리를 담당하는 감사담당관을 두고 있다. 특히 1999년에 신설된 경찰서의 청문감사관제도는 경찰서의 감찰·감사 업무도 관장하면서 민원인의 고충 등을 상담·해소해 주고, 경찰서 내의 인권보호 상황을 확인 점검하는 임무를 수행하는 등 내부적 통제기구로서의 역할을 수행하고 있다.

2) 징계제도

경찰의 내부통제를 위한 또 다른 방법은 징계제도의 활용이다. 경찰공무원에 대한 징계는 경무관 이상은 국무총리소속하의 징계위원회에서, 총경이하에 대해서는 경찰공무원 중앙징계위원회와 경찰공무원 보통징계위원회에서 심의·결정한다. 경찰공무원에 대한 징계의 종류는 중징계인 파면, 해임, 강등, 정직과 경징계인 감봉과 견책이 있다.

3) 훈령권과 직무명령권

경찰의 내부통제는 감사제도와 징계제도 이외에 상급기관이 하급기관에 대하여 훈령권을 행사하거나, 상급자가 하급경찰공무원에 대하여 직무명령을 발함으로써 그 행위를 통제할 수 있다.

4) 행정심판의 재결권

행정심판법은 행정청의 처분이나 부작위에 대해서 당해 행정청의 직근 상급행정기관에게 재결권(裁決權)을 허용하고 있다. 따라서 경찰관청이 부당·위법한 처분이나 부작위를 범했을 경우, 경찰관청의 직근 상급경찰관청이 행정심판의 재결권을 행사함으로써 위법과 부작위를 통제할 수 있다.

4. 사전통제와 사후통제

사전통제와 사후통제의 구별은 경찰조직에 대한 개입시점을 기준으로 한 것이다. 과거에는 사후통제가 중심이 되었으나, 오늘날에는 사전통제적 제도를 중시하는 것이 세계적 경향이다. 그 이유는 사후구제는 시간과 비용이 많이 들 뿐만 아니라, 이미 침해된 권리나 이익의 원상복구가 불가능한 경우도 있다는 점에서 사전적 구제절차를 통한 보완이 필수적이라 하겠다.

1) 사전통제

(1) 사전통제는 바람직하지 않은 경찰의 행위가 발생하기 이전에 개입하는 것을 말한다. 우리나라에서 행정에 대한 사전통제를 규정하고 있는 법은 행정절차법이다. 행정절차법은 '입법예고제'와 '행정예고제' 등을 통하여 특정한 입법이나 행정계획·정책이 수립되는 과정에 이해관계인이 참여할 기회를 제도적으로 보장해 주는 것이다. 다만, 경찰과 관련된 수사상황이나 징계처분 등에 대해서는 행정절차법에 의한 사전절차가 적용되지 아니한다.

(2) 그 밖의 사전적 통제수단으로서, 입법기관인 국회가 입법권에 근거하여 경찰관계법령을 제정하거나, '예산심의권'을 활용하여 경찰예산의 편성과정에서 통제를 가할 수 있다.

2) 사후통제

사후통제는 국민이 자기의 권리나 이익을 침해받은 후에 하는 사법부의 '사법심사'에 의한 통제를 들 수 있는데, 주로 행정소송이 중심을 이룬다. 이외에도 입법부의 국정감사와 조사권, 예산결산권, 경찰 내부의 징계책임, 그리고 행정심판에 의한 통제 등을 들 수 있다.

Ⅳ. 경찰통제의 한계

1. 행정권 강화 현상

오늘날 대다수의 행정국가에서는 행정권의 확대·강화현상이 나타나고 있다. 따라서 상대적으로 입법부나 사법부는 행정통제 및 견제기능을 충분히 발휘하지 못하고 있는 실정이다. 그 결과 민주통제가 약화되는 경향을 나타내고 있는 것 또한 사실이다. 따라서 행정책임을 확보하기 위한 통제방안강화 방법 등이 강구되어야 한다.

2. 기획기능의 강화

행정부의 내부통제에 있어서 기획과 통제는 밀접한 관계를 지니고 있는데, 기획이 완전하고 합리적이면 그에 따르는 통제의 부담은 줄어드나, 반면에 기획이 불완전할수록 통제의 부담은 과중하게 된다.

3. 환류의 한계

행정발전을 위해서는 처음에 의도한 대로 통제 하는 것이 최상의 방법이다. 그러나 현실적으로 그리 쉽지 않기 때문에, 궁극적으로는 시정점이 발견된 경우 전과 동일한 잘못이 반복되지 않도록 환류(feedback)시켜 다음에 일하는 데 도움을 주어야 한다. 따라서 환류의 문제 역시 통제에 있어서 중요한 부분임을 명심하여야 한다. 끝으로 이러한 통제의 한계점을 극복하기 위해서는 1) 국민에 대한 민주교육의 향상 및 선거권의 책임 있는 행사, 2) 언론의 자율성 보장, 3) 입법부 및 사법부의 독립성 옹호, 4) 옴브즈만(Ombudsman)과 같은 새로운 행정감찰제도의 도입 등이 바람직하다.

제 3 절 정보공개·보호 관련 법률

Ⅰ. 공공기관의 정보공개에 관한 법률(약칭, 정보공개법)

1. 의 의

공공기관이 보유·관리하는 정보의 공개의무 및 국민의 정보공개청구에 관하여 필요한 사항을 정함으로써 국민의 알권리를 보장하고 국정에 대한 국민의 참여와 국정운영의 투명성을 확보함을 목적으로 한다.

정보공개제도는 민주주의를 그 근간으로 하고 있다. 정보는 국민의 것이라는 전제하에 국민으로 하여금 개인의 인간다운 삶과 주체로서의 생활을 영위할 수 있도록 정보에의 접근이용권을 보장하는 것이다. 정보공개의 이론적 배경은 국민주권주의·인간의 존엄과 가치·행복추구권·표현의 자유 등으로 볼 수 있다. 이러한 권리를 구체적으로 보장하기 위하여, 각국에서는 「정보공개에 관한 법」을 제정하여 시행하고 있다. 정보공개는 행정통제의 근간이 된다. 따라서 정보공개법의 취지에 따라 비공개대상정보(동법 제9조)가 아닌 한 경찰기관의 정보도 공개에 예외일 수는 없다. 이런 맥락에서 볼 때는 경찰관은 이에 따른 법적 지식을 충분히 습득할 필요가 있다.

2. 법적근거

1) 헌법적 근거

헌법재판소는 알 권리의 헌법상 근거를 헌법 제21조의 「표현의 자유」에서 찾고 있다(헌재 1989.9.4. 88헌마22).

2) 법률상 근거

정보공개에 관한 일반법으로 공공기관의 정보공개에 관한 법률(정보공개법)이 있고, 그 밖에 교육관련기관의정보공개에관한특별법이 있다.

3. 정보공개청구권자[11)]

모든 국민은 정보의 공개를 청구할 권리를 가진다. 현재 외국인의 정보공개 청구는 1) 국내에 일정한 주소를 두고 거주하는 자, 2) 학술·연구를 위하여 일시적으로 체류하는 자, 3) 국내에 사무소를 두고 있는 법인 또는 단체에 한정하고 있다.

4. 비공개대상정보(제9조): 제한적 적용

공공기관이 보유·관리하는 정보는 공개 대상이 된다. 다만 다음에 해당하는 정보는 공개하지 아니할 수 있다(재량이므로 비공개정보를 공개정보로 할 수 있다).

1) 다른 법률 또는 법률에 의한 명령에 의하여 비밀로 유지되거나 비공개사항으로 규정된 정보

2) 국가안전보장·국방·통일·외교관계 등에 관한 사항으로서 공개될 경우 국가의 중대한 이익을 현저히 해칠 우려가 있다고 인정되는 정보

3) 공개될 경우 국민의 생명·신체 및 재산의 보호에 현저한 지장을 초래할 우려가 있다고 인정되는 정보

4) 진행 중인 재판에 관련된 정보와 범죄의 예방, 수사, 공소의 제기 및 유지, 형의 집행, 교정(矯正), 보안처분에 관한 사항으로서 공개될 경우 그 직무수행을 현저히 곤란하게 하거나 형사피고인의 공정한 재판을 받을 권리를 침해한다고 인정할 만한 상당한 이유가 있는 정보

5) 감사·감독·검사·시험·규제·입찰계약·기술개발·인사관리에 관한 사항이나 의사결정 과정 또는 내부검토 과정에 있는 사항 등으로서 공개될 경우 업무의 공정한 수행이나 연구·개발에 현저한 지장을 초래한다고 인정할 만한 상당한 이유가 있는 정보. 다만, 의사결정 과정 또는 내부검토 과정을 이유로 비공개할 경우에는 의사결정 과정 및 내부검토 과정이 종료되면 청구인에게 이를 통지하여야 한다.

---

11) 공공기관의 정보공개에 관한 법률 제5조 및 동법 시행령 제3조.

6) 해당 정보에 포함되어 있는 성명·주민등록번호 등 개인에 관한 사항으로서 공개될 경우 사생활의 비밀 또는 자유를 침해할 우려가 있다고 인정되는 정보. 다만, 다음에 열거한 개인에 관한 정보는 제외한다. (1) 법령에서 정하는 바에 따라 열람할 수 있는 정보, (2) 공공기관이 공표를 목적으로 작성하거나 취득한 정보로서 사생활의 비밀 또는 자유를 부당하게 침해하지 아니하는 정보, (3) 공공기관이 작성하거나 취득한 정보로서 공개하는 것이 공익이나 개인의 권리 구제를 위하여 필요하다고 인정되는 정보, (4) 직무를 수행한 공무원의 성명·직위, (5) 공개하는 것이 공익을 위하여 필요한 경우로서 법령에 따라 국가 또는 지방자치단체가 업무의 일부를 위탁 또는 위촉한 개인의 성명·직업

7) 법인·단체 또는 개인의 경영상·영업상 비밀에 관한 사항으로서 공개될 경우 법인 등의 정당한 이익을 현저히 해칠 우려가 있다고 인정되는 정보. 다만, 다음에 열거한 정보는 제외한다. (1) 사업활동에 의하여 발생하는 위해(危害)로부터 사람의 생명·신체 또는 건강을 보호하기 위하여 공개할 필요가 있는 정보, (2) 위법·부당한 사업활동으로부터 국민의 재산 또는 생활을 보호하기 위하여 공개할 필요가 있는 정보

8) 공개될 경우 부동산 투기·매점매석 등으로 특정인에게 이익 또는 불이익을 줄 우려가 있다고 인정되는 정보

공공기관은 이상의 어느 하나에 해당하는 정보가 기간의 경과 등으로 인하여 비공개의 필요성이 없어진 경우에는 그 정보를 공개 대상으로 하여야 한다.

5. 정보공개의 절차

1) 정보공개의 청구방법[12)]

정보의 공개를 청구하는 자는 당해 정보를 보유하거나 관리하고 있는 공공기관에 (1) 청구인의 이름·주민등록번호, 주소 및 연락처(전화번호·전자우편주소 등), (2) 공개를 청구하는 정보의 내용 및 공개방법을 기재한 정보공개청구서를 제출하거나 구술로써 정보의 공개를 청구할 수 있다. 구술로서 정보의 공개를

---

12) 공공기관의 정보공개에 관한 법률 제10조.

청구할 때에는 담당공무원 또는 담당 임직원의 앞에서 진술하여야 하고, 담당공무원 등은 정보공개 청구서를 작성하여 이에 청구인과 함께 기명날인하여야 한다(실명제).

2) 정보공개심의회의 정보공개 여부 결정

(1) **정보공개심의회**[13]

국가기관·지방자치단체 및 공기업은 정보공개 여부 등을 심의하기 위하여 정보공개심의회를 설치·운영한다. 심의회는 위원장 1명을 포함하여 5명 이상 7명 이하의 위원으로 구성한다.

(2) **정보공개 여부의 결정**[14]

① 공공기관은 정보공개의 청구를 받으면 그 청구를 받은 날부터 10일 이내에 공개 여부를 결정하여야 한다. 부득이한 사유로 기간 이내에 공개 여부를 결정할 수 없을 때에는 그 기간이 끝나는 날의 다음 날부터 기산(起算)하여 10일의 범위에서 공개 여부 결정기간을 연장할 수 있다. 이 경우 공공기관은 연장된 사실과 연장 사유를 청구인에게 지체 없이 문서로 통지하여야 한다.

② 공공기관은 공개 청구된 공개 대상 정보의 전부 또는 일부가 제3자와 관련이 있다고 인정할 때에는 그 사실을 제3자에게 지체 없이 통지하여야 하며, 필요한 경우에는 그의 의견을 들을 수 있다.[15]

---

13) 공공기관의 정보공개에 관한 법률 제12조.

14) 공공기관의 정보공개에 관한 법률 제11조.

15) 공개 청구된 사실을 통지받은 제3자는 그 통지를 받은 날부터 3일 이내에 해당 공공기관에 대하여 자신과 관련된 정보를 공개하지 아니할 것을 요청할 수 있다. 비공개 요청에도 불구하고 공공기관이 공개 결정을 할 때에는 공개 결정 이유와 공개 실시일을 분명히 밝혀 지체 없이 문서로 통지하여야 하며, 제3자는 해당 공공기관에 문서로 이의신청을 하거나 행정심판 또는 행정소송을 제기할 수 있다. 이 경우 이의신청은 통지를 받은 날부터 7일 이내에 하여야 한다. 공공기관은 공개 결정일과 공개 실시일 사이에 최소한 30일의 간격을 두어야 한다(「공공기관의 정보공개에 관한 법률」 제21조).

(3) **정보공개 여부 결정의 통지**[16)]

① 공공기관은 정보의 공개를 결정한 경우에는 공개의 일시 및 장소 등을 분명히 밝혀 청구인에게 통지하여야 한다. 청구인이 사본 또는 복제물의 교부를 원하는 경우에는 이를 교부하여야 한다. 다만, 공개 대상 정보의 양이 너무 많아 정상적인 업무수행에 현저한 지장을 초래할 우려가 있는 경우에는 정보의 사본·복제물을 일정 기간별로 나누어 제공하거나 열람과 병행하여 제공할 수 있다.

② 정보를 공개하는 경우에 그 정보의 원본이 더럽혀지거나 파손될 우려가 있거나 그 밖에 상당한 이유가 있다고 인정할 때에는 그 정보의 사본·복제물을 공개할 수 있다.

③ 공공기관은 비공개 결정을 한 경우에는 그 사실을 청구인에게 지체 없이 문서로 통지하여야 한다. 이 경우 비공개 이유와 불복(不服)의 방법 및 절차를 구체적으로 밝혀야 한다.

(4) **정보공개의 범위**[17)]

① **부분공개**

공개 청구한 정보가 비공개 정보와 공개 가능한 부분이 혼합되어 있는 경우로서 공개 청구의 취지에 어긋나지 아니하는 범위에서 두 부분을 분리할 수 있는 경우에는 비공개 정보 부분을 제외하고 공개하여야 한다.

② **정보의 전자적 공개**

공공기관은 전자적 형태로 보유·관리하는 정보에 대하여 청구인이 전자적 형태로 공개하여 줄 것을 요청하는 경우에는 그 정보의 성질상 현저히 곤란한 경우를 제외하고는 청구인의 요청에 따라야 한다. 또한 공공기관은 전자적 형태로 보유·관리하지 아니하는 정보에 대하여 청구인이 전자적 형태로 공개하여 줄 것을 요청한 경우에는 정상적인 업무수행에 현저한 지장을 초래하거나 그 정보의 성질이 훼손될 우려가 없으면 그 정보를 전자적 형태로 변환하여 공개할

---

16) 공공기관의 정보공개에 관한 법률 제13조.

17) 공공기관의 정보공개에 관한 법률 제14조에서 제16조.

수 있다.

③ 즉시 처리가 가능한 정보의 공개

공공기관은 공개 가능한 정보로서, 즉시 또는 말로 처리가 가능한 정보에 대해서는 정보공개 여부의 결정을 위한 절차를 거치지 아니하고 공개하여야 한다. 이에는 ㉠ 법령 등에 따라 공개를 목적으로 작성된 정보, ㉡ 일반국민에게 알리기 위하여 작성된 각종 홍보자료, ㉢ 공개하기로 결정된 정보로서 공개에 오랜 시간이 걸리지 아니하는 정보, ㉣ 그 밖에 공공기관의 장이 정하는 정보 등이 있다.

6. 불복 구제절차

청구인은 비공개 결정에 대하여 이의신청 또는 행정심판을 청구할 수 있고, 직접 행정소송을 제기할 수 있다. 또한 청구인은 이의신청을 거쳐 행정심판을 제기할 수도 있고, 직접 행정심판을 제기할 수도 있다.

1) 이의신청

(1) 임의절차

청구인이 정보공개와 관련한 공공기관의 비공개 결정 또는 부분 공개 결정에 대하여 불복이 있거나, 정보공개 청구 후 20일이 경과하도록 정보공개 결정이 없는 때에는 공공기관으로부터 정보공개 여부의 결정 통지를 받은 날 또는 정보공개 청구 후 20일이 경과한 날부터 30일 이내에 해당 공공기관에 문서로 이의신청을 할 수 있다. 이의신청은 임의절차이며 행정심판이 아니다.

(2) 이의신청에 대한 통지

① 공공기관은 이의신청을 받은 날부터 7일 이내에 그 이의신청에 대하여 결정하고 그 결과를 청구인에게 지체 없이 문서로 통지하여야 한다.

② 다만, 부득이한 사유로 정하여진 기간 이내에 결정할 수 없을 때에는 그 기간이 끝나는 날의 다음 날부터 기산하여 7일의 범위에서 연장할 수 있으며,

연장 사유를 청구인에게 통지하여야 한다.

③ 공공기관은 이의신청을 각하(却下) 또는 기각(棄却)하는 결정을 한 경우에는 청구인에 행정심판 또는 행정소송을 제기할 수 있다는 사실을 결과통지와 함께 알려야 한다.

2) 행정심판

(1) 청구인이 정보공개와 관련한 공공기관의 결정에 대하여 불복이 있거나 정보공개 청구 후 20일이 경과하도록 정보공개 결정이 없는 때에는 「행정심판법」에서 정하는 바에 따라 행정심판을 청구할 수 있다.[18]

(2) 청구인은 이의신청절차를 거치지 아니하고 행정심판을 청구할 수 있다.

(3) 정보공개와 관련한 공공기관의 결정에 대하여 불복하는 경우에는 처분이 있음을 안 날부터 90일 이내에 행정심판을 제기할 수 있다.

3) 행정소송

(1) 청구인이 정보공개와 관련한 공공기관의 결정에 대하여 불복이 있거나 정보공개 청구 후 20일이 경과하도록 정보공개 결정이 없는 때에는 「행정소송법」에서 정하는 바에 따라 행정소송을 제기할 수 있다.

(2) 정보공개청구권자의 정보공개 신청에 대한 거부는 행정소송의 대상이 되는 거부처분이다.

(3) 정보공개와 관련한 공공기관의 결정에 대하여 불복하는 경우에는 처분이 있음을 안 날부터 90일 이내에 행정소송을 제기할 수 있다.

---

18) 청구인은 이의신청 절차를 거치지 아니하고 행정심판을 청구할 수 있다.

Ⅱ. 개인정보보호법

1. 의 의

정보사회의 고도화와 개인정보의 경제적 가치 증대로 사회 모든 영역에 걸쳐 개인정보의 수집과 이용이 보편화되고 있다. 그러나 국가사회 전반을 규율하는 개인정보 보호원칙과 개인정보 처리기준이 마련되지 못해 개인정보 보호의 사각지대가 발생할 뿐만 아니라, 최근 개인정보의 유출·오용·남용 등 개인정보 침해 사례가 지속적으로 발생함에 따라 국민의 프라이버시 침해는 물론 명의도용, 전화사기 등 정신적·금전적 피해를 초래하고 있다. 이러한 문제점 등을 보완하기 위하여 공공부문과 민간부문을 망라하여 국제 수준에 부합하는 개인정보 처리원칙 등을 규정하고, 개인정보 침해로 인한 국민의 사생활의 비밀보호와 개인정보에 대한 권리와 이익을 보장하기 위하여 개인정보보호법이 제정되었다.

2. 법적근거

1) 헌법적 근거

개인정보보호제도의 주된 헌법적 근거는 제17조의 프라이버시(Privacy) 보호조항이다. 헌법 제17조는 "모든 국민은 사생활의 비밀과 자유를 침해받지 아니한다"라고 규정하여 사생활의 비밀과 자유를 보장하고 있다.

2) 법률의 근거

(1) 개인정보보호법은 개인정보의 보호에 관한 기본법 및 일반법의 성질을 갖는다.

(2) 이외에도 「정보통신망 이용촉진 및 정보보호 등에 관한 법률」·「신용정보의 이용 및 보호에 관한 법률」·「금융실명거래 및 비밀보장에 관한 법률」 등이 있다.

3. 용어의 정리[19)]

이법에서 사용하는 용어의 뜻은 다음과 같다.

1) "개인정보"란 살아 있는 개인에 관한 정보로서 성명·주민등록번호 및 영상 등을 통하여 개인을 알아볼 수 있는 정보(해당 정보만으로는 특정 개인을 알아볼 수 없더라도 다른 정보와 쉽게 결합하여 알아볼 수 있는 것을 포함한다)를 말한다. 따라서 ① 공공기관·법인·단체 및 개인이 처리하는 정보, ② 직접 또는 제3자를 통한 간접처리정보, ③ 전자적 처리정보뿐만 아니라 수기(手記)처리정보 등이 모두 이에 해당된다.

〈표 1〉 개인정보의 유형

구분	내용
인적사항 정보	• 성명, 주민등록번호, 운전면허증번호, 여권번호, 주소, 본적지, 전화번호, 생년월일, 출생지, 이메일주소, 가족관계 및 가족구성원 정보 등
신체적 정보	• 신체정보 : 얼굴, 지문, 홍채, 음성, 유전자 정보, 키, 몸무게 등 • 의료 및 건강정보 : 건강상태, 진료기록, 신체장애, 장애등급, 병력 등
정신적 정보	• 성향정보 : 도서 비디오 등 대여기록, 잡지구독정보, 물품구매내역, 웹사이트 검색내역 등 • 내면의 비밀 등 : 사상, 신조, 종교, 가치관, 정당, 노조가입 여부 및 활동내역 등
재산적 정보	• 개인금융정보 : 소득, 신용카드번호, 통장계좌번호, 동산부동산보유내역, 저축내역 등 • 신용정보 : 개인신용평가정보, 대출 또는 담보설정내역, 신용카드사용내역 등
사회적 정보	• 교육정보 : 학력, 성적, 출석상황, 자격증 보유내역, 상벌기록, 생활기록부 등 • 법적정보 : 전과, 범죄기록, 재판기록, 과태료 납부내역 등 • 근로정보 : 직장, 고용주, 근무처, 근로경력, 상벌기록, 직무평가기록 등 • 병역정보 : 병역 여부, 군별, 군번, 계급, 근무부대 등
기타	• 전화통화내역, IP주소, 웹사이트 접속내역, 이메일 또는 전화메시지, 기타 GPS 등에 의한 개인 위치정보

19) 개인정보보호법 제2조(정의).

2) "정보주체"란 처리되는 정보에 의하여 알아볼 수 있는 사람으로서, 그 정보의 주체가 되는 사람을 말한다.

3) "개인정보처리자"란 업무를 목적으로 개인정보파일을 운용하기 위하여 스스로 또는 다른 사람을 통하여 개인정보를 처리하는 공공기관·법인·단체 및 개인 등을 말한다.

4) "공공기관"이란 ① 국회·법원·헌법재판소·중앙선거관리위원회의 행정사무를 처리하는 기관, 중앙행정기관(대통령 소속기관과 국무총리 소속기관을 포함) 및 그 소속기관, 그리고 지방자치단체, ② 그 밖의 국가기관 및 공공단체 중 대통령령으로 정하는 기관을 말한다.

그 밖의 국가기관 및 공공단체 중 대통령령으로 정하는 기관(동법시행령 제2조)

① 「국가인권위원회법」 제3조에 따른 국가인권위원회
② 「공공기관의 운영에 관한 법률」 제4조에 따른 공공기관
③ 「지방공기업법」에 따른 지방공사와 지방공단
④ 특별법에 따라 설립된 특수법인

5) '영상정보처리기기'란 일정한 공간에 지속적으로 설치되어 사람 또는 사물의 영상 또는 사물의 영상 등을 촬영하거나 이를 유·무선망을 통하여 전송하는 장치로서, 대통령령으로 정하는 장치를 말한다(폐쇄회로 텔레비전[20]·네트워크 카메라).[21]

20) 폐쇄회로 텔레비전(CCTV)은 (1) 일정한 공간에 지속적으로 설치된 카메라를 통하여 영상 등을 촬영하거나 촬영한 영상정보를 유무선 폐쇄회로 등의 전송로를 통하여 특정장소에 전송하는 장치, (2) 촬영되거나 전송된 영상정보를 녹화·기록할 수 있도록 하는 장치를 말한다.

21) 네트워크 카메라는 일정한 공간에 지속적으로 설치된 기기로 촬영한 영상정보를 그 기기를 설치·관리하는 자가 유무선 인터넷을 통하여 어느 곳에서나 수집·저장 등의 처리를 할 수 있도록 하는 장치를 말한다.

4. 개인정보보호의 8원칙

1) 수집제한의 원칙(목적명확성의 원칙과 최소수집원칙)

개인정보처리자(공공기관·법인·단체 및 개인)는 개인정보의 처리목적을 명확하게 하여야 하고, 그 목적에 필요한 범위에서 최소한의 개인정보만을 적법하고 정당하게 수집하여야 한다.

2) 목적외 활용금지 원칙

개인정보처리자는 처리 목적에 필요한 범위에서 적합하게 개인정보를 처리하여야 하며, 그 목적 이외의 용도로 활용하여서는 아니 된다.

3) 정확성·완전성·최신성 보장의 원칙

개인정보처리자는 처리목적에 필요한 범위에서 개인정보의 정확성·완전성 및 최신성이 보장되도록 하여야 한다.

4) 안전성 확보의 원칙

개인정보처리자는 개인정보의 처리방법 및 종류 등에 따라 정보주체의 권리가 침해받을 가능성과 그 위험 정도를 고려하여, 개인정보를 안전하게 관리하여야 한다.

5) 공개원칙 및 정보주체 권리보장의 원칙

개인정보처리자는 개인정보 처리방침 등 개인정보의 처리에 관한 사항을 공개하여야 하며, 열람청구권 등 정보주체의 권리를 보장하여야 한다.

6) 사생활 최소침해의 원칙

개인정보처리자는 정보주체의 사생활 침해를 최소화하는 방법으로 개인정보를 처리하여야 한다.

7) 익명처리의 원칙

개인정보처리자는 개인정보의 익명처리가 가능한 경우에는 익명에 의하여 처리될 수 있도록 하여야 한다.

8) 법령의무준수의 원칙

개인정보처리자는 이 법 및 관계 법령에서 규정하고 있는 책임과 의무를 준수하고 실천함으로써, 정부주체의 신뢰를 얻기 위하여 노력하여야 한다.

5. 보호대상이 되는 개인정보

1) 개인정보법의 보호대상이 되는 개인정보는 '살아 있는 개인에 관한 정보'로서 성명·주민등록번호 및 영상 등을 통하여 개인을 알아볼 수 있는 정보를 말한다.

2) 사자(死者)나 법인(法人)의 정보는 이 법에서 말하는 개인정보에 포함되지 않는다.

3) 개인정보보호법은 공공기관에 의해 처리되는 정보뿐만 아니라 민간(개인)에 의해 처리되는 정보까지 보호대상으로 하고 있다.

6. 개인정보보호법의 내용

1) 서설

개인정보보호법에 의한 개인정보처리절차를 체계화시키면 다음과 같다.

〈그림 1〉 개인정보보호법상의 개인정보 처리절차의 체계도[22]

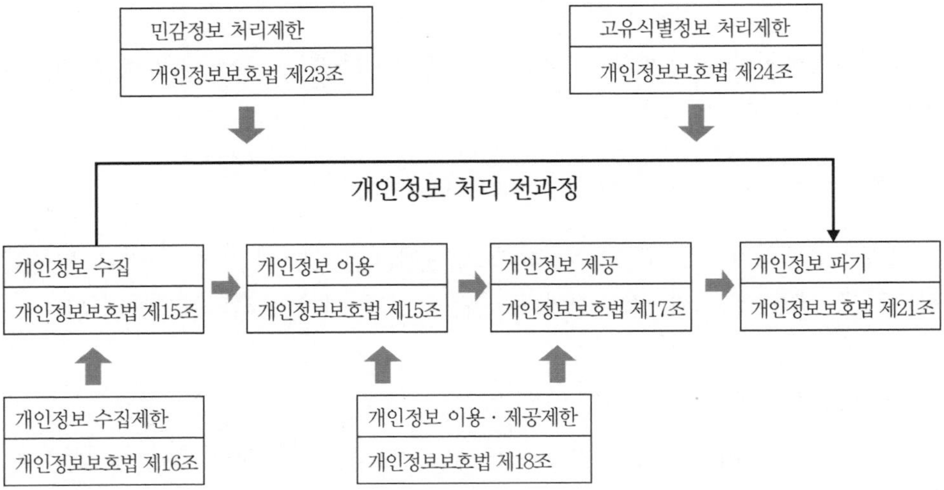

민감정보 처리제한
개인정보보호법 제23조

고유식별정보 처리제한
개인정보보호법 제24조

개인정보 처리 전과정

개인정보 수집
개인정보보호법 제15조

개인정보 이용
개인정보보호법 제15조

개인정보 제공
개인정보보호법 제17조

개인정보 파기
개인정보보호법 제21조

개인정보 수집제한
개인정보보호법 제16조

개인정보 이용 · 제공제한
개인정보보호법 제18조

2) 개인정보의 처리절차

(1) **개인정보를 수집·이용할 수 있는 경우**(동법 제15조)

① 개인정보처리자는 아래사항의 어느 하나에 해당하는 경우에는 개인정보를 수집할 수 있으며, 그 수집의 목적의 범위에서 이용할 수 있다.

㉠ 정보주체의 동의를 받은 경우

㉡ 법률의 특별한 규정, 법령상 의무준수를 위해 불가피한 경우

㉢ 공공기관이 법령에서 정한 소관업무 수행을 위해 불가피한 경우

㉣ 정보주체와의 계약 체결·이행을 위해 불가피한 경우

㉤ 정보주체 또는 그 법정 대리인의 의사표시를 할 수 없는 상태에 있거나 주소 불명 등으로 사전 동의를 받을 수 없는 경우로서 명백히 정보주체 또는 제3자의 급박한 생명·신체·재산의 이익을 위하여 필요하다고 인정되는 경우

22) 신관우, “민간조사의 개인정보보호에 관한 연구”, 한국민간경비학회보 제12권 제3호, 2013, pp.85－90.

ⓑ 개인정보처리자의 정당한 이익 달성을 위해 필요한 경우

② 개인정보처리자는 위의 각 호에 따른 동의를 받을 때에는

㉠ 개인정보의 수집·이용 목적, ㉡ 수집하려는 개인정보의 항목, ㉢ 개인정보의 보유 및 이용 기간, ㉣ 동의를 거부할 권리가 있다는 사실 및 동의 거부에 따른 불이익이 있는 경우에는 그 불이익의 내용 등을 정보주체에게 알려야 한다.

(2) **개인정보의 수집 제한**(동법 제16조)

① 개인정보처리자는 개인정보를 수집하는 경우에는 그 목적에 필요한 최소한의 개인정보를 수집하여야 한다. 이 경우 최소한의 개인정보 수집이라는 입증책임은 개인정보처리자가 부담한다.

② 개인정보처리자는 정보주체의 동의를 받아 개인정보를 수집하는 경우 필요한 최소한의 정보 외의 개인정보 수집에는 동의하지 아니할 수 있다는 사실을 구체적으로 알리고 개인정보를 수집하여야 한다.

③ 개인정보처리자는 정보주체가 필요한 최소한의 정보 외의 개인정보 수집에 동의하지 아니한다는 이유로 정보주체에게 재화 또는 서비스의 제공을 거부하여서는 아니 된다.

(3) **개인정보의 제공**(동법 제17조)

개인정보처리자는 아래와 같은 경우에 정보주체의 개인정보를 제3자에게 제공(공유를 포함)할 수 있다.

① 정보주체의 동의를 받은 경우

② 개인정보를 수집한 목적 범위에서 개인정보를 제공하는 경우(동법 제15조 제1항 제2호·제3호·제5호)

㉠ 법률의 특별한 규정, 법령상 의무 준수를 위해 불가피한 경우

㉡ 공공기관이 법령 등에서 정하는 소관업무의 수행을 위하여 불가피한 경우

㉢ 정보주체 등이 의사표시를 할 수 없는 상태에 있거나 주소불명 등으로 사전 동의를 받을 수 없는 경우로서 명백히 정보주체 또는 제3자의 급박한 생명·신체·재산의 이익을 위하여 필요하다고 인정되는 경우에는 정보주체의 개인정보를 제3자에게 제공(공유를 포함)할 수 있다.

③ 개인정보를 국외의 제3자에게 제공하는 경우

개인정보처리자가 개인정보를 국외의 제3자에게 제공할 때에는 일정사항을 정보 주체에게 알리고 동의를 받아야 하며, 이법을 위반하는 내용으로 개인정보의 국외 이전에 관한 계약을 체결하여서는 아니 된다.

(4) **개인정보의 이용·제공제한**(목적 외의 이용·제한)

개인정보처리자는 개인정보를 수집목적에 따른 범위를 초과하여 이용하거나 제3자에게 제공하는 범위를 초과하여 제3자에게 제공하여서는 아니 된다. 다만, 다음의 어느 하나에 해당하는 경우에는 정보주체 또는 제3자의 이익을 부당하게 침해할 우려가 있을 때를 제외하고는 개인정보를 목적 외의 용도로 이용하거나 이를 제3자에게 제공할 수 있다.

① 정보주체로부터 별도의 동의를 받은 경우
② 다른 법률에 특별한 규정이 있는 경우
③ 정보주체 또는 그 법정대리인이 의사표시를 할 수 없는 상태에 있거나 주소불명 등으로 사전 동의를 받을 수 없는 경우로서 명백히 정보주체 또는 제3자의 급박한 생명·신체·재산의 이익을 위하여 필요하다고 인정되는 경우
④ 통계작성 및 학술연구 등의 목적을 위하여 필요한 경우로서 특정 개인을 알아볼 수 없는 형태로 개인정보를 제공하는 경우
⑤ 개인정보를 목적 외의 용도로 이용하거나 이를 제3자에게 제공하지 아니하면 다른 법률에서 정하는 소관 업무를 수행할 수 없는 경우로서 보호위원회의 심의·의결을 거친 경우
⑥ 조약, 그 밖의 국제협정의 이행을 위하여 외국정부 또는 국제기구에 제

공하기 위하여 필요한 경우

⑦ 범죄의 수사와 공소의 제기 및 유지를 위하여 필요한 경우

⑧ 법원의 재판업무 수행을 위하여 필요한 경우

⑨ 형(刑) 및 감호, 보호처분의 집행을 위하여 필요한 경우에는 목적 외의 용도로 이용하거나 이를 제3자에게 제공할 수 있다. 다만 제5호부터 제9호까지의 경우는 공공기관의 경우로 한정한다.

(5) **개인정보를 제공받은 자의 이용·제공 제한**(제19조)

개인정보처리자로부터 개인정보를 제공받은 자는 다음의 어느 하나에 해당하는 경우를 제외하고는 개인정보를 제공받은 목적 외의 용도로 이용하거나 이를 제3자에게 제공하여서는 아니 된다.

① 정보주체로부터 별도의 동의를 받은 경우

② 다른 법률에 특별한 규정이 있는 경우

(6) **동의를 받는 방법**(동법 제22조)

① 개인정보처리자는 이 법에 따른 개인정보의 처리에 대하여 정보주체(제6항에 따른 법정대리인을 포함한다)의 동의를 받을 때에는 각각의 동의 사항을 구분하여 정보주체가 이를 명확하게 인지할 수 있도록 알리고 각각 동의를 받아야 한다.

② 개인정보처리자는 개인정보의 처리에 대하여 정보주체의 동의를 받을 때에는 정보주체와의 계약체결 등을 위하여 정보주체의 동의 없이 처리할 수 있는 개인정보와 정보주체의 동의가 필요한 개인정보를 구분하여야 한다. 이 경우 동의 없이 처리할 수 있는 개인정보라는 입증책임은 개인정보처리자가 부담한다.

③ 개인정보처리자는 정보주체에게 재화나 서비스를 홍보하거나 판매를 권유하기 위하여 개인정보의 처리에 대한 동의를 받으려는 때에는 정보주체가 이를 명확하게 인지할 수 있도록 알리고 동의를 받아야 한다. 이를 위반하여 동의를 받은 자에게는 1천만원 이하의 과태료를 부과한다.

④ 개인정보처리자는 정보주체가 선택적으로 동의를 할 수 있는 사항을 동

의하지 아니하거나, 동의를 하지 아니한다는 이유로 정보주체에게 재화 또는 서비스의 제공을 거부하여서는 아니 된다. 이를 위반하여 재화 또는 서비스의 제공을 거부한 자에게는 3천만원 이하의 과태료를 부과한다.

⑤ 개인정보처리자는 만 14세 미만 아동의 개인정보를 처리하기 위하여 이 법에 따른 동의를 받아야 할 때에는 그 법정대리인의 동의를 받아야 한다. 이 경우 법정대리인의 동의를 받기 위하여 필요한 최소한의 정보는 법정대리인의 동의 없이 해당 아동으로부터 직접 수집할 수 있다.[23] 법정대리인의 동의를 받지 아니한 자는 5천만원 이하의 과태료를 부과한다.

(7) **민감정보의 처리 제한**(동법 제23조)

① **민감정보의 의의**

사상 및 신념·노동조합·정당의 가입 및 탈퇴·정치적 견해·건강·성생활 등에 관한 정보, 그 밖에 정보주체의 사생활을 현저히 침해할 우려가 있는 개인정보로서 대통령령으로 정하는 정보를 말한다.

② **민감정보의 처리**

㉠ **원칙적 금지**

개인정보처리자는 사상 및 신념·노동조합·정당의 가입 및 탈퇴·정치적 견해·건강·성생활 등에 관한 정보, 그 밖에 정보주체의 사생활을 현저히 침해할 우려가 있는 개인정보로서 대통령령으로 정하는 정보(민감정보)를 처리하여서는 아니 된다.

㉡ **예외적 허용**

㉮ 개인정보자가 정보주체로부터 개인정보를 수집하거나, 개인정보를 제3자에게 제공하는 경우에는 「개인정보의 수집·이용 목적」, 「수집하려는 개인정보의 항목」, 「개인정보의 보유 및 이용기간」, 「동의를 거부할 권리가 있다는 사실 및 동의 거부에 따른 불이익이 있는 경우에는 그 불이익의 내용」을 알리고, 다른 개인정보의 처리에 대한 동의

23) 개인정보처리자는 만14세 미만 아동의 법정대리인의 동의를 받기 위하여 해당 아동으로부터 직접 법정대리인의 성명·연락처에 관한 정보를 수집할 수 있다.

와 별도로 동의를 받은 경우에는 민감정보를 처리할 수 있다.

㉯ 개인정보처리자는 법령에서 민감정보의 처리를 요구하거나 허용하는 경우에는 민감정보를 처리할 수 있다. 이 경우에는 정보주체에게 동의를 받을 필요가 없다.

③ **벌칙**

민감정보의 처리제한 규정을 위반하여 민감정보를 처리한 자는 5년 이하의 징역 또는 5천만원 이하의 벌금에 처한다.

(8) **고유식별정보의 처리**(동법 제24조)

① **의의**

고유식별정보는 법령에 따라 개인을 고유하게 구별하기 위하여 부여된 식별정보로서 대통령령으로 정하는 정보를 말한다. 이에는 ㉠ 주민등록법에 따른 주민등록번호, ㉡ 여권법에 따른 여권번호, ㉢ 도로교통법에 따른 운전면허의 면허번호, ㉣ 출입국관리법에 따른 외국인등록번호 등이 있다.

② **고유식별정보의 처리제한**

㉠ **원칙적 금지**

개인정보처리자는 원칙적으로 고유식별정보를 처리할 수 없다.

㉡ **예외적 허용**

㉮ 정보 주체에게 알리고 다른 개인정보의 처리에 대한 동의와 별도로 동의를 받은 경우

㉯ 법령에서 구체적으로 고유식별정보의 처리를 요구하거나 허용하는 경우에 한하여 처리가 가능하다. 고유식별정보의 처리제한 규정을 위반하여 고유식별정보를 처리한 자는 5년 이하의 징역 또는 5천만원 이하의 벌금에 처한다.

㉢ **안전성 확보 조치**

㉮ 개인정보처리자가 고유식별정보를 처리하는 경우에는 그 고유식별정보가 분실·도난·유출·위조·변조 또는 훼손되지 아니하도록 대통령

령으로 정하는 바에 따라 암호화 등 안전성 확보에 필요한 조치를 하여야 한다.

㉯ 안전성 확보에 필요한 조치를 하지 아니한 자에게는 3천만원 이하의 과태료를 부과한다.

③ **주민등록번호 처리의 제한**(동법 제24조의2)

㉠ 개인정보처리자는 다음의 어느 하나에 해당하는 경우를 제외하고는 주민등록번호를 처리할 수 없다.

㉮ 법률·대통령령·국회규칙·대법원규칙·헌법재판소규칙·중앙선거관리위원회규칙 및 감사원규칙에서 구체적으로 주민등록번호의 처리를 요구하거나 허용한 경우

㉯ 정보주체 또는 제3자의 급박한 생명·신체·재산의 이익을 위하여 명백히 필요하다고 인정되는 경우

㉰ ㉠ 및 ㉡에 준하여 주민등록번호 처리가 불가피한 경우로서 행정안전부령으로 정하는 경우

㉡ **인터넷상 주민번호 대체수단 의무화**

㉮ 주민등록번호 이외의 회원가입 방법 의무제공

개인정보처리자는 주민등록번호를 처리하는 경우에도 정보주체가 인터넷 홈페이지를 통하여 회원으로 가입하는 단계에서는 주민등록번호를 사용하지 아니하고도 회원으로 가입할 수 있는 방법을 제공하여야 한다.[24] 주민등록번호 이외의 회원가입방법으로는 공인인증서·I－PIN·전자서명 등이 있다.

---

24) 공공기관 및 일일평균 홈페이지 이용자 1만 명 이상의 개인정보처리자는 정보주체가 인터넷 홈페이지를 회원으로 가입할 경우 주민등록번호 이외의 회원가입 방법을 제공하여야 한다(제24조의2 제3항).

㉯ 벌칙

이를 위반하여 정보주체가 주민등록번호를 사용하지 아니할 수 있는 방법을 제공하지 아니한 자에게는 3천만원 이하의 과태료를 부과한다.

(9) **영상정보처리기기의 설치·운영 제한**(동법 제25조)

① **영상정보처리기기 설치·운영 허용 사유**

누구든지 다음의 경우를 제외하고는 공개된 장소에 영상정보처리기기를 설치·운영하여서는 아니 된다.

㉠ 법령에서 구체적으로 허용하고 있는 경우
㉡ 범죄의 예방 및 수사를 위하여 필요한 경우
㉢ 시설안전 및 화재예방을 위하여 필요한 경우
㉣ 교통단속을 위하여 필요한 경우
㉤ 교통정보의 수집·분석 및 제공을 위하여 필요한 경우

② **설치·운영 금지 장소**

누구든지 불특정 다수가 이용하는 목욕실·화장실·발한실·탈의실 등 개인의 사생활을 현저히 침해할 우려가 있는 장소의 내부를 볼 수 있도록 영상정보처리기기를 설치·운영하여서는 아니 된다. 다만, 교도소·정신보건 시설 등 법령에 근거하여 사람을 구금하거나 보호하는 시설로서 대통령령으로 정하는 시설에 대하여는 그러하지 아니하다.

③ **설치·운영 시 행정절차**(공청회·설명회)**에 의한 의견 수렴**

영상정보처리기기를 설치·운영하려는 공공기관의 장과 영상정보처리기기를 설치·운영하려는 자는 공청회·설명회의 개최 등 대통령령으로 정하는 절차를 거쳐 관계전문가 및 이해관계인의 의견을 수렴하여야 한다.

④ **설치·운영 시 안내판 설치**

㉠ 영상정보처리기기를 설치·운영하는 자(영상정보처리기기운영자)는 정보주체가 쉽게 인식할 수 있도록 대통령령으로 정하는 바에 따라 안내판 설치 등 필요한 조치를 하여야 한다. 다만, 대통령령으로 정하는 시설에 대하여는 그러하지 아니하다.

안내판 기재사항

① 설치목적 및 장소, ② 촬영범위 및 시간, ③ 관리책임자 및 연락처, ④ 건물 안에 다수의 영상정보처리기기 설치 시, 출입구 등 잘 보이는 곳에 해당 시설·장소 전체가 설치지역임을 표시하는 안내판설치

㉡ 벌칙

안내판 설치 등 필요한 조치를 하지 아니한 자에게는 1천만원 이하의 과태료를 부과한다. 다만, 건물 안에 여러 개의 영상정보처리기기를 설치하는 경우에는 출입구 등 잘 보이는 곳에 해당 시설 또는 장소 전체가 영상정보처리기기 설치지역임을 표시하는 안내판을 설치할 수 있다.

⑤ **영상정보처리기기의 설치목적 이외의 다른 목적 사용금지**

영상정보처리기기운영자는 영상정보처리기기의 설치목적과 다른 목적으로 영상정보처리기기를 임의로 조작하거나 다른 곳을 비춰서는 아니 되며, 녹음기능은 사용할 수 없다. 이를 위반한 자는 3년 이하의 징역 또는 3천만원 이하의 벌금에 처한다.

⑥ **안전성 확보 조치**

영상정보처리기기운영자는 개인정보가 분실·도난·유출·위조·변조 또는 훼손되지 아니하도록 안전성 확보에 필요한 조치를 하여야 한다.

3) 개인정보의 안전관리조치

(1) **안전조치의무**(동법 제29조)

개인정보처리자는 개인정보가 분실·도난·유출·위조·변조 또는 훼손되지 아니하도록 내부 관리계획 수립, 접속기록 보관 등 대통령령으로 정하는 바에 따라 안전성 확보에 필요한 기술적·관리적·물리적 조치를 하여야 한다.

안전성 확보 조치

개인정보처리자는 대통령령으로 정하는 바에 따라 안전성 확보에 필요한 ① 기술적, ② 관리적, ③ 물리적 조치를 하여야 한다.

① 기술적 조치: 개인정보에 대한 접근 통제 및 접근 권한의 제한 조치[25)]·암호화[26)]·방화벽·백신 등 보안프로그램의 설치 및 갱신
② 관리적 조치: 개인정보의 안전한 처리를 위한 내부 관리계획의 수립·시행
③ 물리적 보호조치: 개인정보의 안전한 보관을 위한 보관시설의 마련 또는 잠금장치의 설치 등

(2) **개인정보 보호책임자의 지정**(제31조)

① 개인정보처리자는 개인정보의 처리에 관한 업무를 총괄해서 책임질 개인정보 보호책임자를 지정하여야 한다. 개인정보 보호책임자를 지정하지 아니한 자에게는 1천만원 이하의 과태료를 부과한다.

② 개인정보 보호책임자의 지정요건[27)]

㉠ 공공기관인 경우 중앙부처는 3급 이상 공무원(고위공무원 포함), 시·도는 국장급(3급 이상 공무원 또는 그에 상당하는 공무원)

㉡ 공공기관 외의 개인정보처리자의 경우

25) 개인정보처리자는 (1) 개인정보처리시스템에 대한 접근권한을 업무수행에 필요한 최소한의 범위로 업무 담당자에 따라 차등 부여하여야 하고, (2) 개인정보처리자는 권한부여·변경 또는 말소에 대한 내역을 기록하고, 그 기록을 최소 3년간 보관하여야 한다.
26) 암호화하여야 하는 개인정보는 고유식별정보, 비밀번호 및 바이오정보를 말한다.
27) 개인정보보호법 시행령 제32조(개인정보보보책임자의 업무 및 지정요건 등)

공공기관 외의 개인정보처리자는 사업주 또는 대표자·개인정보처리업무를 담당하는 부서의 장 또는 개인정보 보호에 관한 소양이 있는 사람 중에서 지정하여야 한다.

(3) **개인정보 유출 통지**[28]

① 개인정보처리자는 개인정보가 유출되었음을 알게 되었을 때에는 지체 없이(5일 이내) 해당 정보주체에게 유출사실을 알려야 한다.

② 개인정보처리자는 대통령령으로 정한 규모 이상(1만 명 이상 개인정보)의 개인정보가 유출된 경우에는 지체 없이 행정안전부장관 또는 대통령령으로 정한 전문기관(한국정보화진흥원·한국인터넷진흥원)에 신고하여야 한다.

(4) **개인정보 파기조치**[29]

① 개인정보처리자는 보유기간의 경과·개인정보의 처리 목적 달성 등 그 개인정보가 불필요하게 되었을 때에는 지체 없이(5일 이내) 그 개인정보를 파기하여야 한다.

② 개인정보처리자가 개인정보를 파기할 때에는 복구 또는 재생되지 아니하도록 조치하여야 한다.

㉠ 전자적 파일 형태는 복구가 불가능하도록 포맷이나 삭제전용 소프트웨어를 사용하여 파기(영구삭제)하여야 한다.

㉡ 기록물·인쇄물·서면 등은 파쇄 또는 소각시켜야 한다.

4) 정보주체의 권리보장

(1) **정보주체의 권리**

정보주체는 자신의 개인정보 처리와 관련하여 다음의 권리를 가진다.

---

28) 개인정보보호법 제34조(개인정보유출통지 등) 및 시행령 제39조(개인정보 유출통지의 방법 및 절차)

29) 개인정보보호법 제21조(개인정보의 파기)

① **개인정보의 열람**(동법 第35조)

㉠ 정보주체는 개인정보처리자가 처리하는 자신의 개인정보에 대한 열람을 해당 개인정보처리자에게 요구할 수 있다.

㉡ 정보주체가 자신의 개인정보에 대한 열람을 공공기관에 요구하고자 할 때에는 공공기관에 직접 열람을 요구하거나 대통령령으로 정하는 바에 따라 행정안전부장관을 통하여 열람을 요구할 수 있다.

㉢ 개인정보처리자는 열람을 요구받았을 때에는 10일 내에 정보주체가 해당 개인정보를 열람할 수 있도록 하여야 한다. 이 경우 해당기간 내에 열람할 수 없는 정당한 사유가 있을 때에는 정보주체에게 그 사유를 알리고 열람을 연기할 수 있으며, 그 사유가 소멸하면 지체 없이 열람하게 하여야 한다. 이를 위반하여 열람을 제한하거나 거절한 자에게는 3천만원 이하의 과태료를 부과한다.

㉣ 개인정보처리자는 다음의 어느 하나에 해당하는 경우에는 정보주체에게 그 사유를 알리고 열람을 제한하거나 거절할 수 있다.

㉮ 법률에 따라 열람이 금지되거나 제한되는 경우
㉯ 다른 사람의 생명·신체를 해할 우려가 있거나 다른 사람의 재산과 그 밖의 이익을 부당하게 침해할 우려가 있는 경우
㉰ 공공기관이 업무를 수행할 때 중대한 지장을 초래하는 경우

② **개인정보의 정정·삭제**(동법 第36조)

㉠ 자신의 개인정보를 열람한 정보주체는 개인정보처리자에게 그 개인정보의 정정 또는 삭제를 요구할 수 있다. 다만, 다른 법령에서 그 개인정보가 수집 대상으로 명시되어 있는 경우에는 그 삭제를 요청할 수 없다.

㉡ 개인정보처리자가 개인정보를 삭제할 때에는 복구 또는 재생되지 아니하도록 조치하여야 한다.

㉢ 개인정보처리자는 개인정보 정정·삭제 요구서를 받은 날부터 10일 이내에 정정·삭제 등 필요한 조치를 한 후 그 결과를, 정보주체의 요구가 삭제·요구할 수 없는 경우에 해당될 때에는 지체 없이 그 내용을 정보주체에게 알려야 한다.

㉣ 벌칙

㉮ 정정·삭제 등 필요한 조치를 하지 아니하고 개인 정보를 계속 이용하거나 이를 제3자에게 제공한 자는 2년 이하의 징역 또는 1천만원 이하의 벌금에 처한다.

㉯ 정정·삭제 등 필요한 조치를 하지 아니한 자에게는 3천만원 이하의 과태료를 부과한다.

③ **개인정보의 처리정지 등**(동법 제37조)

㉠ 정보주체는 개인정보처리자에 대하여 자신의 개인정보 처리의 정지를 요구할 수 있다.

㉡ 공공기관에 대하여는 등록 대상이 되는 개인정보파일 중 자신의 개인정보에 대한 처리의 정지를 요구할 수 있다.

④ **권리행사의 방법 및 절차**(동법 제38조)

㉠ 정보주체는 열람·정정 및 삭제·처리정지 등의 요구(열람 등 요구)를 대통령령으로 정하는 방법·절차에 따라 대리인에게 하게 할 수 있다. 정보주체를 대리할 수 있는 자는 정보주체의 법정대리인 또는 정보주체로부터 위임을 받은 자로 한다. 대리인이 정보주체를 대리할 때에는 행정안전부령으로 정하는 정보주체의 위임장을 제출하여야 한다.

㉡ 만14세 미만 아동의 법정대리인은 개인정보처리자에게 그 아동의 개인정보열람 등 요구를 할 수 있다.

㉢ 개인정보처리자는 열람 등을 요구하는 자에게 대통령령으로 정하는 바에 따라 수수료와 우송료(사본의 우송을 청구하는 경우)를 청구할 수 있다. 수수료와 우송료의 금액은 열람 등 요구에 필요한 실비의 범위에서 해당 개인정보처리자가 정하는 바에 따른다.

㉣ 개인정보처리자는 열람의 요구·정정 및 삭제의 요구 또는 처리 정지의 요구를 받았을 때에는 열람 등 요구를 한 자가 본인이거나 정당한 대리인인지를 확인하여야 한다.

5) 손해배상책임(동법 제39조)

(1) 개인정보처리자가 개인정보법을 위반하여 정보주체에게 손해를 입힌 경우, 정보주체는 개인정보처리자에게 손해배상을 청구할 수 있다. 이 경우 그 개인정보처리자는 고의 또는 과실이 없음을 입증하지 아니하면 책임을 면할 수 없다(제39조 제1항). 따라서 개인정보처리자가 고의·과실이 없음에 대한 입증책임을 진다.

(2) 개인정보처리자가 이 법에 따른 의무를 준수하고 상당한 주의와 감독을 게을리하지 아니한 경우에는 개인정보의 분실·도난·유출·변조 또는 훼손으로 인한 손해배상 책임을 감경받을 수 있다.

(3) **징벌적 손해배상**(동법 제39조 제3항)

개인정보처리자의 고의 또는 중대한 과실로 인하여 개인정보가 분실·도난·유출·위조·변조 또는 훼손된 경우로서 정보주체에게 손해가 발생한 때에는 법원은 그 손해액의 3배를 넘지 아니하는 범위에서 손해배상액을 정할 수 있다. 다만, 개인정보처리자가 고의 또는 중대한 과실이 없음을 증명한 경우에는 그러하지 아니하다.

(4) **법정 손해배상**(동법 제39조의2)

징벌적 손해배상에도 불구하고 정보주체는 개인정보처리자의 고의 또는 과실로 인하여 개인정보가 분실·도난·유출·위조·변조 또는 훼손된 경우에는 300만원 이하의 범위에서 상당한 금액을 손해액으로 하여 배상을 청구할 수 있다. 이 경우 해당 개인정보처리자는 고의 또는 과실이 없음을 입증하지 아니하면 책임을 면할 수 없다(제39조의2 제1항).

6) 개인정보 분쟁조정

(1) 개인정보와 관련한 분쟁의 조정을 원하는 자는 '개인정보분쟁조정위원회'에 분쟁조정을 신청할 수 있다.

(2) 개인정보분쟁조정위원회

① 설치 및 구성

㉠ 개인정보에 관한 분쟁의 조정을 위하여 개인정보 분쟁조정위원회를 둔다.

㉡ 분쟁조정위원회는 위원장 1명을 포함한 20명 이내의 위원으로 구성하며, 위원은 당연직위원과 위촉위원으로 구성한다.

② 처리기간

분쟁조정위원회는 분쟁조정 신청을 받은 날부터 60일 이내에 이를 심사하여 조정안을 작성하여야 한다. 다만, 부득이한 사정이 있는 경우에는 분쟁조정위원회의 의결로 처리기간을 연장할 수 있다.

③ 조정 전 합의 권고

분쟁조정 신청을 받았을 분쟁조정위원회는 당사자에게 그 내용을 제시하고 조정 전 합의를 권고할 수 있다.

④ 분쟁의 조정

㉠ 분쟁조정위원회는 조정안을 작성할 수 있다.

㉡ 분쟁조정위원회는 조정안을 작성하면 지체 없이 각 당사자에게 제시하여야 한다.

㉢ 조정안을 제시받은 당사자가 제시받은 날부터 15일 이내에 수락여부를 알리지 아니하면 조정을 거부한 것으로 본다.

㉣ 조정의 내용은 재판상 화해[30]와 동일한 효력을 갖는다.

7) 개인정보보호법상의 벌칙

공공기관의 정보공개에 관한 법률에는 벌칙에 관하여 규정을 두고 있지 않지만, 개인정보보호법에서는 벌칙에 관하여 규정을 두고 있다.

---

30) 재판상 화해라 함은 소송 중 양 당사자가 화해하여 소송을 종료시키기로 하는 합의를 말하며, 이 경우 확정판결과 동일한 효력을 갖는다.

(1) 실체법 위반은 징역형 또는 벌금이 부과되고, 절차법 위반은 과태료가 부과된다.

(2) **실체법·절차법 위반행위**

① 개인정보의 수집·이용, ② 개인정보의 제공·위탁, ③ 개인정보 안전관리, ④ 정보주체 권익보호, ⑤ 파기(개인정보 미파기 등) 등의 위반행위는 다른 법률에 특별한 규정이 있는 경우를 제외하고는 이 법에서 정한 각각의 위반내용에 따라 징역형 또는 벌금, 그리고 과태료가 부과된다(동법 제6조).

〈표 2〉 주요 위반행위 및 벌칙

위반행위	벌칙
① 정보주체의 동의를 받지 않고 개인정보를 제3자에게 제공한 자 및 그 사정을 알고 제공받은 자	5년 이하의 징역 또는 5천만원 이하의 벌금
② 민감정보 처리기준 위반	5년 이하의 징역 또는 5천만원 이하의 벌금
③ 고유식별정보를 처리한 자	5년 이하의 징역 또는 5천만원 이하의 벌금
④ 수집·이용기준을 위반하여 개인정보를 수집한 자	5천만원 이하 과태료
⑤ 개인정보 미파기	3천만원 이하의 과태료
⑥ 동의획득방법 위반	1천만원 이하의 과태료

(3) **과징금의 부과 등**

① **과징금의 의의**

과징금이란 행정청이 행정법상의 의무를 위반한 자에 대하여 당해 위반행위로 얻은 경제적 이익을 박탈하기 위하여 부과하거나 또는 사업의 취소·정지에 갈음하여 부과하는 금전적 제재를 말한다. 환경관련 법률에서는 부과금으로 부르기도 한다.

② 개인정보를 적법하게 수집했어도 개인정보처리자가 처리하는 주민등록번호가 분실·도난·유출·변조 또는 훼손된 경우에는 5억원 이하의 과징금이 부과된다. 다만, 주민등록번호가 분실·도난·유출·변조 또는 훼손되지 아니하도록 개인정보처리자가 안전성 확보에 필요한 조치를 다한 경우에는 그러하지 아니하다.

공저자 약력

김형중

[약력]
제주제일고등학교 졸업
경북대학교 문리대 사학과 졸업
건국대학교 대학원 행정학 석사
부산경성대학교 대학원 행정학 박사(1996)
부산 동의대학교 대학원 법학박사(2004)

[경력]
경찰간부후보생 제27기
총경, 제주지방경찰청 수사과장, 경남지방 경찰청 형사과장·경비교통과장
부산지방경찰청 정보과장·보안과장·외사과장
부산지방경찰청 사하서·부산진서·연산서·남부경찰서장
전) 부산외국어대학교 법·경찰학부 교수
현) (사)대한민국 경비협회 부산지방협회장

[포상]
치안본부장(1983)·내무부장관(1984)·총무처장관(1989)·대통령표창(1990)·경찰청장(2000)·녹조근조훈장(2002)·황조근조훈장(2016) 외 23회
기타 부산외국어대학교 강의우수상(2011)·부산외국어대학교 연구상(2014)

[연구실적]
조선시대 다모의 실체에 관한 小考, 한국공안행정학회보 제59호(2015. 6) 외 20여 편

[저서]
『한국고대경찰사』(수서원, 1991)
『한국중세경찰사』(수서원, 1998)
『객관식 경찰행정법』(경찰공제회, 2007)
『경찰학개론』(청목출판사, 2009)
『범죄수사총론』(청목출판사, 2012)
『범죄학』(그린, 2013)
『새로 쓴 경찰학총론』(형지사, 2014)
『새로 쓴 경찰학각론』(청목출판사, 2014)
『새로 쓴 경찰행정법』(박영사, 2014)
『경찰행정학』(박영사, 2015)
『한국경찰사』(박영사, 2016)
『한국경찰사』(전면개정판, 박영사, 2020)
『일반경비원 현장실무론』(수정판, 박영사, 2020)
『수사학각론』(형지사, 2020)
『민간조사의 이론 및 실무』(박영사, 2020)

김순석

[약력]
동국대학교 경찰행정학과 학사(경찰행정) 33기
동국대학교 대학원 경찰행정학과 석사(경찰학)
동국대학교 대학원 경찰행정학과 박사(경찰학)

[경력]
중앙경찰학교, 경찰대학 외래교수
동국대, 경기대, 가천대, 울산대, 순천향대 외래강사
한국경찰발전연구학회, 한국민간경비학회, 한국범죄학회 이사
한국범죄심리학회, 한국경호경비학회 편집위원
한국해양경찰학회, 한국민간조사연구학회 연구이사
한국공안행정학회 총무이사
경찰공무원시험 출제위원
부산지방경찰청 집회시위 자문위원
현) 신라대학교 공공인재학부 교수
신라대학교 교무처 부처장
신라대학교 평생교육원 부원장

한국피해자지원협회(KOVA) 부산지부
지부장

[저서]
『범죄예방을 위한 공간디자인』(정광출판사, 2010)
『피해자학』(그린출판사, 2011)
『법학개론』(백산출판사, 2013)
『민간경비론』(백산출판사, 2013)
『범죄학』(백산출판사, 2013)
『경호학』(백산출판사, 2013)
『경비업법』(백산출판사, 2013)
『산업보안론』(그린출판사, 2013)
『경찰학』(박영사, 2014)
『새로 쓴 경찰행정법』(박영사, 2014)

정의롬

[약력]
동국대학교 대학원 경찰행정학과 범죄학 박사 (2014)
부산지방경찰청 시민감찰위원회 위원
현) 부산외국어대학교 법·경찰학부 교수

[저서]
『범죄학』(도서출판 그린, 2015)
『경비업법』(백산출판사, 2015)

개정판
경찰행정학

초판발행　2015년 9월 15일
개정판발행　2021년 2월 25일

지은이　김형중·김순석·정의롬
펴낸이　안종만·안상준

편　집　윤혜경
기획/마케팅　박세기
표지디자인　조아라
제　작　고철민·조영환

펴낸곳　(주) 박영사
서울특별시 금천구 가산디지털2로 53, 210호(가산동, 한라시그마밸리)
등록　1959. 3. 11. 제300-1959-1호(倫)
전　화　02)733-6771
f a x　02)736-4818
e-mail　pys@pybook.co.kr
homepage　www.pybook.co.kr
ISBN　979-11-303-1216-3　93350

정　가　20,000원